형사법의 판례와 사례의 이해

이승준

정독
DEEP READING

형사법의 판례와 사례의 이해

머리말

이 책은 저자가 쟁점 교재를 펴내면서 컴팩트한 분량의 또 다른 책이 있으면 좋겠다는 생각을 반영한 결과물입니다. 종래 연구와 강의의 결과물을 다시 손보고 증보하여 책으로 펴냅니다. 강의를 하다 보면 “판례는 무엇이고 학설은 무엇이다”는 설명을 놓고 묘한 자기검열을 해야 할 때가 많습니다. 마치 형사법 사례에 하나의 답만이 가능하다며 답안을 제시하는 것과 같이 조심스럽습니다. 언젠가부터 강의시간에 학설을 길게 설명하면 수강생들의 눈빛이 흔들리는 것을 볼 수 있었습니다. 저의 착각일 수도 있겠지만, “학설을 왜 저렇게 장황하게 설명할까? 모로가도 서울만 가면 된다고 어차피 판례의 결론대로 암기하기만 하면 끝나는 것 아닌가?”라는 눈초리도 보입니다. 실제 변호사시험의 선택형 문제는 판례의 이기(移記)에 가깝습니다. 이에 대해 저자는 구차하더라도 항상 구구하게 변명을 합니다. “형사법에서 이론과 판례는 따로 유리되어 존재하는 것이 절대 아니다. 학설을 명확히 이해해야 판례를 비판적으로 바라볼 수 있다”고 말합니다.

이에 본서는 제1편에서는 저자의 관심 주제인 형법의 해석을 바탕으로 판례를 제대로 이해하기 위한 기초적 내용을 제시하였습니다. 법형성과 법발견, 해석과 유추의 한계를 제대로 파악하고, 구체적 타당성과 법적 안정성 사이에서 조화로운 결론을 도출하기 위해서는 법형성이 아닌 법발견이 필수이기 때문입니다.

그리고 제2편에서는 이러한 판례에 대한 분석능력을 바탕으로, 형사법의 쟁점을 실제로 연습할 수 있도록 했습니다.

저자는 미력하나마 본서에서, 판례의 맹목적 암기도 이론의 맹목적 추종도 바람직하지 않으므로 양자를 조화롭게 적용할 수 있는 기초 지식을 제공하고자 하였습니다. 이러한 차원에서 형법에 한해서는 스스로 고민하여 쟁점을 찾아볼 수 있게 의도적으로 장치를 마련해 두었다는 점도 미리 밝힙니다. 아울러 방학 동안 꼼꼼하게 교정을 봐 준 지다경 원생에게 감사의 인사를 전하며, 어려운 출판업계의 사정에도 불구하고 매번 만족스러운 책을 만들어주시는 김중용 대표님과 심성보 이사님에게도 깊이 감사드립니다.

2024. 2.
광복관에서
저자

차 례

제 1 편 판례의 이해

제 2 편 사례의 이해

참고문헌

김정환/김슬기, 형사특별법(제2판), 박영사, 2022

박상기, 형법연습(제3판), 박영사, 2004

박상기/전지연, 형법학(제5판), 집현재, 2021

법학전문대학원 협의회, 변호사시험 모의시험 (형사법) 해설집, 각 연도

손동권, 형법연습(Ⅱ), 율곡미디어, 2010

신동운, 신판례백선 형법총론(제2판), 경세원, 2011

오영근, 형법연습(제2판), 박영사, 2012

이주원, 특별형법(제9판), 홍문사, 2023

이재상, 형법연습(제8판), 신조사, 2012

______, 형사소송법 연습(제7판), 박영사, 2012

이창현, 사례 형사소송법(제3판), 정독, 2020

조균석/이완규/조석영/서정민, 형사법통합연습(제3판), 박영사, 2016

정웅석, 사례 형사소송법, 대명출판사, 2016

하태훈, 형법사례연습(제4판), 박영사, 2014

한상훈/안성조, 형법개론(제2판), 정독, 2020

"제2편 사례의 이해" 부분은 위의 귀중한 책들을 참고하였습니다. 일일이 각주를 달지 못한 점 저자들의 양해를 구합니다.

제 1 편 판례의 이해

제 1 절 형법의 해석

1. 형법의 해석

(1) 의 의

법원이 특정 소송사건에 대하여서 법을 해석하고 적용하여 내린 구체적 판단이 '판례'이므로, 판례를 제대로 이해하기 위해서는 형법의 해석과 적용에 대하여 살펴보는 작업이 선행되어야 한다.

모든 법은 입법기술상의 한계로 인해 추상적인 법문의 내용을 보다 상세하게 밝히는 해석[1)]이 필요하다. 죄형법정주의가 적용되는 형법도 예외가 아니다. 형법의 해석이란 조문에 의해 추상적으로 표시되어진 형법규범의 규범적 의미를 체계적으로 인식하는 것을 의미한다. 형법의 해석은 범인 처벌의 시작이자 끝으로 형사실무에서 가장 중요한 부분이다.

어떤 사람이 특정한 범죄행위를 저질렀다고 판단하여 처벌하고자 할 경우, 사안의 포섭 절차를 거치게 된다.[2)] 여기서 포섭이란 법률을 대전제, 사안을 소전제로 하는 형식적 삼단논법에 따라 당해 사건이 법률의 표지에 일치할 때 범죄에 해당한다는 결론을 이끌어 내는 절차를 말하며, 형법의 해석은 일반적으로 사안을 법률에 대입시키는 포섭의 한 과정으로 이해될 수 있다.[3)]

---

1) 사비니(F.C. v. Savigny)는 모범적 카논(Canon)으로 문리, 논리, 역사적, 체계적 해석이라는 통상의 해석방법을 제시하였다. 주관주의자로서 사비니 외에 다양한 해석의 관점, 즉 입법자의 의사를 중시한 주관적 관점과 효력을 발휘하고 있는 현재 시점에서의 법률의 규범적 의미를 찾아야 한다는 객관주의자들의 주장에 대한 설명으로는 칼 엥기쉬(Karl Engisch)(안법영/윤재왕 역), 법학방법론, 세창출판사, 2011, 147면 이하 참조.

2) 예컨대 20세의 주부 甲녀는 동갑내기 남편이 막노동판에서 벌어온 돈으로 어렵게 생활을 해왔으나, '전대미문의 경제위기'로 일거리가 없어 생활비가 떨어지자, 동네 슈퍼마켓에서 아이에게 먹일 분유를 몰래 옷 속에 넣고 빠져나온 사안을 보자. 甲녀의 형사책임이 확정되기 위해서는 형법 제329조에서 규정하고 있는 "타인의 재물을 (불법영득의사를 가지고) 절취한 자"에 대한 포섭과정을 거쳐야 한다. 즉 甲이 타인의 재물을 훔쳐 절도죄가 성립한다는 결론이 나오기 위해서는 '슈퍼마켓 주인 소유의'(타인의), '분유를'(재물을), '권리도 없이 주인처럼 사용·처분할 생각으로'(불법영득의사를 가지고), '몰래 옷 속에 넣고 빠져나온'(절취한), '甲녀'(자)라는 법 적용 과정을 거친다.

3) 포섭의 예시와 해석 방법론에 대해서는 칼 엥기쉬(안법영/윤재왕 역), 앞의 책, 107면 이하

그런데 대전제인 형법이 모든 사안을 다 포섭할 수 있을 만큼 구체적이고 명확하게 규정될 수 없기 때문에 포섭 이전에 해석이 이루어져야 하며, 따라서 법해석이 포섭의 전제가 된다. 그리고 이때 형법의 해석은 법률과 사안 사이의 상호작용에 의해 결정될 수밖에 없다. 예컨대 '음란한 영상을 공연히 전시'하였다는 구성요건에 포섭하기 위해서는 '음란', '영상', '공연히', '전시'라는 추상적인 개별 표지의 합당한 해석이 먼저 결정되어야만 하는 것이다. 결국 법률은 사안을 지향하고 사안은 법률을 지향하여 발전하는 이해과정의 소산으로서 죄형법정주의는 실현된다.[4]

(2) 형법 해석의 방법

1) 해석방법의 종류

법의 해석방법은 논자에 따라 다양하게 제시되어 왔다. 법 해석의 대상은 개별적인 의미를 지니는 법문이며, 해석 과정에서 해석자는 법 문언에 들어 있는 내용을 찾아내어 그것을 다른 말로 표현한다. 즉 해석을 통해 입법자가 생각했던 내용들이 밝혀지고 전달된다.[5] 여기서 법문의 해석이 해석자, 즉 법관의 자의(恣意)에 내맡겨져 국민이 예측할 수 없는 것이 되지 않기 위해서는 해석자가 따라야 하는 일정한 기준이 있어야 한다. 통상 법학방법론은 이러한 해석기준으로 법문리, 입법체계, 입법자의 의사, 법의 취지와 목적 등의 기준을 제시한다. 이하에서는 사비니의 전통적 해석방법에 따라 살펴본다.[6]

먼저 ① 문리해석(grammatische Auslegung)이 있다. 문리해석은 형법 조문을 문자 의미 그대로 해석하는 방법이다. "법률이 규정하는 언어의 의미에 따라서 해석하라"는 명제에 따라, 해석의 출발점이 '법문(法文)'인 언어학적 해석방법이라고 할 수 있다. 쓰여진 법문언과 그로부터 도출되는 법문의 의미는 해석의 출발점이다. 도로교통법 제37조에 따르면 모든 차의 운전자는 밤에 도로에서 차

를 참조하기 바란다.

4) 배종대, 형법총론(제17판), 홍문사, 2023, 76면.

5) 김영환, "한국에서의 법학방법론의 문제점 - 법발견과 법형성: 확장해석과 유추, 축소해석과 목적론적 축소 간의 관계를 중심으로 -", 법철학연구, 제18권 제2호, 2015, 138면.

6) 사비니와 유사한 분류체계를 취하면서도 스위스 민법을 주된 소재로 삼아 법해석론을 상세하게 서술한 문헌으로 에른스트 A. 크라머의 법학방법론이 있다. 이를 번역한 문헌으로는 최준규 역, 법학방법론, 박영사, 2022를 참조할 만하다.

를 운행하는 경우 등화를 켜야 한다. 그리고 이를 위반시 벌금형에 처해질 수 있다. 그렇다면 여기서 '밤'이 언제를 의미하는지를 찾아내야 한다. 밤의 의미를 파악하는 방법은 천문학적 판단방법과 심리적 판단방법이 있을 수 있다. 이 중 보다 객관성이 담보되는 방법은 당연히 천문학적 방법이라고 할 것이다. 문리해석은 법문에 기초하므로 가장 명확한 해석방법이 될 수 있으나, 이처럼 불명확하거나 모호하게 규정된 경우에는 또다른 난관에 부딪치게 된다. 결국 입법자는 보다 명확한 입법, 기술적 규율에 힘쓰게 된다. 즉 단순히 '밤'이라는 법문을 '밤(해가 진 후부터 해가 뜨기 전까지를 말한다)'이라고 규정하는 대안을 선택하게 된다. 형법상 문리해석의 대표적인 예로는 구 형법상 강간죄의 '부녀'를 생물학적 여성으로 이해하는 해석이다. '부녀'를 문언 그대로 해석할 경우 '결혼한 여자와 성숙한 여자의 통칭', 즉 생물학적으로 성염색체가 XX인 경우에 국한된다고 볼 수 있다. 이러한 해석이 문언의 의미에 충실한 해석이다. 그러나 '부녀'의 의미를 규범적·사회적으로 해석할 경우 반드시 성염색체가 XX가 아니더라도 성적 귀속감, 사회적 성역할과 활동 등을 통해 달리 판단하여 강간죄의 성부를 판단할 수 있는 것이다. 문리해석은 이처럼 규범적 구성요건의 경우 일정한 한계를 드러낼 수 있다. 그리고 또 일반적 언어관용과 법조계의 전문특수적 의미가 충돌하는 경우,7) 과거의 언어관용과 현재의 언어관용이 달라진 경우 등에서 또 다른 해석방법의 보완이 요구될 수 있다.

다음으로 ② 논리해석(logisch–systematische Auslegung)이 있다. 논리해석은 체계 관련성에 초점을 맞추어 문언의 논리적 의미를 밝히는 해석이다. "법조문이 위치하고 있는 체계적 연관을 존중하라"는 명제에 따라, 동일한 문언이라도 법조문의 체계적 위치에 따라 의미를 달리 파악하게 된다. 바로 "맥락 없는 법문언은 없다"라는 가언에 충실한 해석방법이다. 법률의 전체 구조, 전체 법률에서 당해 법률이 가지는 체계적 위치, 법률 내 일부 조문의 구조, 전체 조문 내에서 당해 조문이 가지는 체계적 위치는 규범의미에 중대한 영향을 준다는 점을 고려하여 법문을 해석하는 것이다. 이러한 해석의 예로는 결과적 가중범으로서 상해치사죄(제259조 제1항)의 상해에는 별도의 규정을 두고 있는 과실치상(제266조 제1항)은 제외된다고 해석하는 것이다. '상해'의 문언을 고립적으로 해석한다

7) 물론 원칙적으로는 후자가 우선한다고 보아야 한다.

면 과실치상또한 상해를 유발하였으므로 상해에 포함시킬 수 있을 것이나, 법질서의 체계, 체계 정합성을 고려한다면 규범맥락과 무관하게 '상해'를 해석할 수 없는 것이다. 이러한 해석은 불법원인급여, 명의신탁 등 민법의 해석과 형법의 해석이 달라지고, 그 결과 규범적 보호 필요성이 달라지는 경우에도 동일하게 논의될 수 있다. 논리해석은 위와 같이 체계적 연관을 중시하므로 체계적 해석이라고도 한다. 논리해석에서는 법질서의 통일성의 사고가 중시되고 결국 전체 법문에서 특정 부분, 특정 법문의 평가모순을 최소화하는 해석을 추구하게 된다.

그리고 ③ 역사적 해석(historische Auslegung) 방법이 있다. 이는 입법자의 목적과 의사를 우선으로 하는 주관적 해석방법이다.[8)] 어떤 규정의 발생사, 제정의 사회적 배경과 논의, 의회 입법과정에서의 논의 등이 고려된다는 점에서 역사적 해석이라고 한다. "입법자가 달성하고자 했던 목표를 기준으로 해석하라"는 명제에 따라, 법관은 입법자의 의사를 토대로 법문을 해석하여야 한다. 입법이유서에 나와 있는 입법자의 의사를 찾아내 그것을 해석의 전범으로 삼고, 법률의 제정시점을 기준으로 입법의 이유를 토대로 해석하여야 하는 것이다. 이러한 역사적 해석도 다시 주관적·역사적 해석, 객관적·역사적 해석 등으로 세분된다. 전자의 경우 오늘날 극복된 해석방법이라는 비판도 가해지지만, 역사적인 입법자의 사실적 의사에 초점을 두는 해석방법인 반면, 후자는 입법 당시의 사회적 상황과 배경, 의회의 입법과정에서의 논의, 입법의 목적 등을 기초로 법문의 의미를 해석하고자 한다. 이러한 역사적 해석의 예로는 특수폭행죄의 경우 염산에 의한 폭행도 특수폭행에 해당한다고 해석하는 것이다. 일제 치하에서 의용되던 폭력행위등 처벌에 관한 법률이 해방 이후 형법의 제정으로 폐지되었으나, 여전히 위험한 물건에 의한 가중적 행위방법의 위험성을 차단하기 위해서는 기계적 작용은 물론 염산과 같이 화학적 작용을 하는 물건도 '위험한 물건'에 포함시킬 필요가 있었으며, 입법자료를 통해 입법자들의 이러한 필요와 의사를 찾아내는 것이다. 역사적 해석은 오늘날의 시점에서 여전히 과거의 입

---

8) 이에 대해 입법자의 의사와 법률의 의사(법률문언의 당대의 의미) 중 후자가 법률 해석의 목표로 한다는 관점에서 역사적 해석을 객관적으로 이해하기도 한다(이재상/장영민/강동범, 형법총론(제11판), 박영사, 2022, §2/32g).

법자의 의사와 입법이유만을 추구하게 되면 법률은 죽어 있는 활자에 불과하며 새롭게 변화하는 세상에 대응하기 어렵다는 비판을 받는다. 즉 역사적 해석은 입법 이후 법 적용 시점인 현재까지 사회가 본질적으로 변하지 않았다는 점을 전제로 하므로 회고적일 수밖에 없고 새로운 사회현상의 해석에 대한 답을 제시하기 어려운 측면이 있다.

이러한 단점으로 인해 또 다른 해석방법인 ④ 목적론적 해석(teleogische Auslegung)의 필요성이 대두된다. 모든 법률은 제정 시에 입법의 목적을 지니고 있다. 목적론적 해석은 이 같은 법률의 목적(존재 이유)에 따라 법문의 객관적 의미를 밝히는 해석이다. "법률을 그 객관적 의미에 따라서 해석하라"는 명제에 따라, 고정된 입법자의 의사를 떠나 당해 법규범이 실현하고자 하는 목적을 해석의 지침으로 삼는다. 목적론적 해석은 용어의 혼란을 가져온다는 견해도 있지만, '법의 목적'을 중시하는 객관적 해석이라는 점에서 객관적·목적론적 해석이라고도 한다. 이때 객관적 의미는 법관(해석자)에 의해 법문의 의미가 결정된다. 목적론적 해석의 예는 강도죄의 폭행 개념에 마취행위를 포함시키면서도,[9] 장난감총은 '총이 가지는 위험성'이 없으므로 형을 가중하여야 할 특수강도로 보지 않는 것이다. 목적론적 해석은 법률은 죽어 있는 활자가 아니라 생활관계와 함께 살아서 전개되는 정신이라는 점[10]을 잘 반영하여 해석을 '어떻게든 정당화할 수 있다'는 이점 때문에 해석의 왕관으로 불린다. 법률 제정 당시 입법자가 전혀 예상하지 못한 새로운 사태가 발생한 경우에도 법의 목적을 중시하면 해석의 실마리를 찾을 수 있기 때문이다. 역사적 해석은 '법관의 법률에의 구속'을 전면에 내세우지만, 목적론적 해석은 '법 적용의 구체적 타당성'을 우위에 두고 당해 사례에 적합한 법의 의미를 법률 안에서 형성하는 데에 있다.[11] 그러나 객관적 의미는 오로지 법관의 머릿속에 존재한다는 큰 맹점이 있다. 목적론적 해석은 규율되어야 할 사실관계가 복잡하고 다양한 민법이나 행정법에서는 널리, 유연하게 적용될 수 있지만 형법에서는 죄형법정주의의 요구로 인해 신중하게 조심스럽게 활용된다. 법의 목적에 따른 법형성은 법해석의 출발

9) 대법원 1997. 5. 30. 선고 97도597 판결.
10) 이재상/장영민/강동범, 앞의 책, §2/32i.
11) 김영환, 법철학의 근본문제, 홍문사, 2012, 300면 이하.

점인 법문언에 반하는 해석이 되기 쉽기 때문이다.

마지막으로 ⑤ 합헌적 해석방법이 있다. 헌법은 국가의 헌법질서를 규정하는 가장 최상위의 규범으로, 형법도 헌법의 정신을 존중하여야 하며 헌법적 가치에 기속된다. 따라서 형법 해석에 있어서도 법관은 헌법적 가치결단을 벗어나는 위헌적 해석을 해서는 안 된다는 것이 합헌적 해석의 지침이다. 예컨대 국가보안법상의 찬양고무죄는 국가의 존립 안전을 위태롭게 하거나 자유민주적 기본질서에 위해를 줄 '명백한 위험'이 있는 경우에 한한다고 해석하는 것이다. 합헌적 해석은 체계적 해석의 일종으로 이해되기도 한다.[12)]

그렇다면 우리 법원, 대법원은 어떠한 해석방법을 따르고 있을까?

대법원은 기본적으로 형법상 법문을 엄격하게 해석해야 한다는 원칙에 입각하여 문언해석을 기본으로 하면서 목적론적 해석 등과의 상보관계를 인정하고 있다.

구체적으로 살펴보면, 형법 해석은 법규의 문언에 따라 엄격하게 하여야 하며, 피고인에게 유리한 유추해석이나 확장해석은 가능하지만, 피고인에게 불리한 지나친 확장해석이나 유추해석은 허용되지 않는다고 보고 있다.[13)] 또한 형법 해석은 문언에 따라 엄격하게 이뤄져야 하나, 법률문언의 통상적인 의미를 벗어나지 않는 한 그 법률의 입법취지와 목적, 입법연혁 등을 고려한 목적론적 해석도 가능하다는 입장이다.[14)]

나아가 최근에는 형법 해석방법 간의 우위에 대해, 법률을 해석할 때 입법취지와 목적, 제·개정 연혁, 법질서 전체와의 조화, 다른 법령과의 관계 등을 고려하는 체계적·논리적 해석방법을 사용할 수 있으나, 문언 자체가 비교적 명확한 개념으로 구성되어 있다면 원칙적으로 이러한 해석방법은 활용할 필요가 없거나 제한될 수밖에 없으며, 법령에서 쓰인 용어에 관해 정의규정이 없는 경우에는 원칙적으로 사전적인 정의 등 일반적으로 받아들여진 의미에 따라야 한다는 입장을 밝혔다. 즉 문리적 해석이 체계적 해석에 우선하며, 법령의 정의규정에 의한 문언해석이 사전적 정의에 따른 문언해석보다는 우위에 있다는 점을

12) 김일수, 한국형법 I, 박영사, 1995, 155면.

13) 대법원 2002. 2. 21. 선고 2001도2819 전원합의체 판결.

14) 대법원 2004. 11. 11. 선고 2004도4049 판결.

설시한 것으로 보인다.[15)]

2) 해석방법론의 문제점

사비니가 제시한 모범적 카논에 의해 형법의 해석이 통일되고 완벽하게 이뤄질 수 있다면 아무런 문제가 대두되지 않을 것이다. 그러나 해석의 메타이론의 존재에 대한 의문은 차치하더라도, 각각의 해석방법에 따라 포섭의 결과가 달라질 수 있다. 해석방법 사이에는 서로 간의 우열이 없고 각각의 해석방법이 병렬적으로 존재하기 때문이다. 이 지점에서 형법이론에 의한 해석의 보완이 요구된다.

현실적으로는 목적론적 해석이 형법 해석의 왕좌로 간주되나, 형법의 해석방법은 법치국가적 정의에 합당한 결론을 이끌어 내기 위해 4가지 해석방법이 조화롭게 활용되어야 한다.[16)] 구체적으로는 법문의 통상적 의미가 해석의 시작이자 법문의 가능한 의미(möglicher Wortsinn)가 그 한계이지만, 법문의 의미의 폭과 깊이는 역사적 해석과 체계적 해석을 고려한 목적론적 해석에 의해 구체적으로 결정된다고 하겠다.[17)] 그리고 이때 중요한 것은 목적론적으로 의미를 밝힌다고 하더라도 법관법이 아니라 건전한 상식과 통상적인 법감정에 기초한 법문의 언어적 의미에 기초하여야 한다는 점이다. 법률초월적 법관법은 인정될 수 없다. 더욱이 형법의 해석은 다른 법률의 해석보다 신중하여야만 한다. 입법기술상의 한계로 인한 입법의 추상성 때문에 유추와 법관에 의한 법형성이라는 뇌관을 피해 형사사법정의를 구현해 나가야 하는 멀고도 치열한 여정은 지속되어야 한다. 형법은 가장 강력한 제재수단으로 국가형벌권의 행사를 기본으로 하고 있으며, 사형까지 규정하고 있음을 한시라도 잊어서는 안 되기 때문이다.

3) 형법해석학의 역할과 기초 명제

형법해석학은 예견 가능하고도 통제 가능한 형법의 적용, 확실하고 공평한

---

15) 대법원 2017. 12. 21. 선고 2015도8335 전원합의체 판결.

16) 김일수, 앞의 책, 155면도 적어도 문리해석을 출발점으로 삼고 목적론적 해석을 해석활동의 귀착점으로 삼으면서 동시에 역사적 해석과 체계적 해석을 함께 고려해야 한다는 점을 밝히고 있다.

17) 상세한 내용은 이승준, “형법해석을 둘러싼 의문에 관한 小考 - 공모관계의 이탈에 관한 판례의 태도를 중심으로 -”, 법학연구 제26권 제2호, 2015, 433면 이하 참조.

형법의 적용, 해석에 있어서 합리화와 자의의 배제에 기여해야 한다.[18] 이를 위하여 두 가지 공준(公準)이 제시될 수 있는데, ① 형법해석학에 있어 정확한 개념의 사용과 ② 법체계상 모순 없는 통일성과 사리에 합당한 실제 문제의 해결이 바로 그것이다. 이러한 명제가 지켜진다면 형법 해석을 통해 법적 안정성과 실질적 정의라는 이율배반적 목적도 조화를 이룰 수 있을 것이다.[19]

2. 구별개념으로서의 법학방법론

형법의 해석은 실정 형법 규정을 위주로 할 수밖에 없으며, 이러한 의미에서 실정 형법의 테두리 내에서 규정된 표지의 해석과 적용만을 연구하는 형법도그마틱(Strafrechtdogmatik)이 형법이론의 핵심으로 인식될 수 있다. 그러나 법학은 '법률학'에만 그치지 않는다. 악법도 제정될 수 있고, 존재하는 한 악법도 적용하는 것이 법해석자의 몫이다. "어떤 범죄행위를 어떻게 처벌할 것인가"라는 문제, 법정형의 형종과 형량은 그 범죄의 죄질과 보호법익의 성격에 대한 고려뿐만 아니라 그 나라의 역사와 문화, 시대적 상황과 국민 일반의 가치관 또는 법감정 및 범죄예방을 위한 형사정책적 측면 등 여러 면을 종합적으로 고려하여 입법부가 결정하는 사항으로서 기본적으로 국가의 입법정책에 속하는 문제이다. 따라서 그 내용이 형벌의 목적과 기능에 본질적으로 배치된다든가 또는 평등의 기본원리인 합리성과 비례성의 원칙을 현저하게 침해하는 것이 아닌 한 이를 쉽사리 헌법에 위배된다고 단정할 수 없다.[20] 여기서 실정법을 뛰어넘어 정당한 법과 올바른 법발견의 방법과 법적 판단의 정당화의 방법을 모색하는 것을 주 내용으로 하는 법인식 방법론으로서 법학방법론이 요구된다. 법적 안정성과 구체적 타당성, 형평성과 실질적 정의의 요청 사이에 '올바른'법이 위치하기 위해서는 바람직한 방법론이 필요한 것이다.

형법이론은 형법의 이론을 탐구하는 학문영역으로, 범죄 및 형벌에 관한 이론을 철학적 기초 위에서 다룬다. 따라서 형법이론에는 형법도그마틱(형법률

18) 임웅, 형법총론(제13정판), 법문사, 2022, 11면.

19) 위의 책, 11면. 첫 번째 공준을 그르치면 형법의 확실성 및 공평성의 붕괴가 초래되며, 두 번째 공준을 그르치면 실질적 정의와 사회적 현실성을 상실하게 될 위험이 생긴다.

20) 헌법재판소 1992. 4. 28. 선고 90헌바24 결정.

해석학), 범죄이론, 형벌이론, 보안처분이론 등이 포함된다. 형법이론은 형법도그마틱의 한계를 넘어 형법의 정당성에 대한 문제를 고민하며, 실정 형법의 목적과 과제를 탐구한다. 이는 이하에서 다시 살펴보도록 한다.

제 2 절 판례의 이해와 분석

1. 서 설

형법은 어떠한 행위가 범죄이고, 그러한 행위를 어떻게 처벌하여야 하는가를 규정하고 있다. 그런데 어떤 행위를 범죄로 하고 어떻게 처벌할 것인가는 그 사회의 가치관, 인간관, 시대정신, 국민의 법의식에 따라 달라질 수 있으며, 형법의 해석과 적용도 여기에 영향을 받을 수밖에 없다. 따라서 범죄와 형벌에 대한 심도 있고 정교한 철학적 성찰, 즉 형법이론이 필요하다. 형법이론은 역사적으로 근대성의 전형을 보여준 독일 관념론 철학과 이에 대비되는 실증주의가 모델이다.[21)]

형법이론은 형법도그마틱(형법률해석학), 범죄이론, 형벌이론, 보안처분이론 등으로 구성되며, 형법이론은 형법도그마틱의 한계를 넘어 형법의 정당성에 대한 문제를 고민하며, 실정 형법의 목적과 과제를 탐구한다. 이 같은 형법이론을 포함하여 형법을 연구하는 학문이 형법학이다. 형법학은 형사법의 개별적 학문 분야로 형사소송법학, 교정학, 형사정책[22)] 등도 형사법학의 영역에 속한다. 형

21) 이재상/장영민/강동범, 앞의 책, §4/1.

22) 형사정책(Krimnalpolitik)은 근대형법학의 아버지인 포이에르바흐에 의해 19세기 초 사용된 이래 사회정책, 고용정책, 교육정책까지 포괄하여 사실학과 규범학이 결합된 독립적 학문으로 인정되고 있다. 오늘날 형사정책은 범죄의 현상을 파악하고 범죄의 원인을 과학적으로 규명함과 동시에 범죄에 대하여 현재의 형벌제도가 범죄대책으로서 가치가 있는가를 살피면서 형벌제도의 개혁 및 보완대책을 수립하는 광의의 형사정책학의 의미로 쓰이고 있다. 협의의 형사정책학(범죄학)을 포함하는 광의의 형사정책학은 규범학인 형법학과 구별되면서도 높은 상호의존성을 지닌다. “형법은 형사정책의 극복할 수 없는 한계이다”(Liszt)라는 말과 “범죄예방에 필요 없으면 형벌도 없다”는 말은 양자가 상호제한성을 가

법학은 다시 협의의 형법학과 광의의 형법학으로 나눠진다. 협의의 형법학은 형법률해석학(Dogmatik)으로 실정 형법의 해석과 체계화에 기여하는 학문이며, 광의의 형법학은 협의 외에 형법이론, 형법사학, 비교형법학 등을 포함하는 개념이다.[23] 일반적으로 형법학 교과서에서 다루는 내용과 범위는 대체로 형법률해석학에 머무른다. 형법이론 중 범죄이론은 범죄의 본질이 무엇인가를 성찰하는 이론이며, 형벌이론은 형벌의 본질과 목적이 무엇인가를 규명하려는 이론이다. 양자는 기본적으로 “인간은 자유의지를 가지는 존재인가?”라는 철학적 물음에서 출발한다.

판례는 이상의 형법률해석학과 형사소송법학, 형사정책학이 결합되어 인간의 행위를 인간의 규칙에 따라 심판한 의사결정의 요체라고 할 수 있다. 전술하였듯이 법학은 단순히 ‘법률학’에 그치는 것이 아니어서 악법이 존재하는 한 법해석자는 그러한 악법도 해석하고 적용할 수밖에 없는 숙명에 놓인다. 여기서 결단의 순간이 다가오며, 실정법을 뛰어 넘어 정당한 법과 올바른 법발견의 방법과 법적 판단의 정당화의 방법을 모색하는 것에 대한 책무가 법해석자의 새로운 임무로 대두된다.

형법은 범죄행위를 한 사람에 대해 그의 법익을 침해할 수 있는 국가의 권한을 규정하면서 동시에 그러한 침해의 한계를 선언하고 있다. 즉 형법은 자기행위를 정형화함으로써 스스로를 구속하고 있다. 이처럼 형법의 자기구속에는 사실적 이유와 규범적 이유가 있다. 사실적으로 보면 일반인과 범죄인의 구별은 고정불변이 아니기 때문에 자기구속이 필요하다. 그리고 규범적으로는 헌법이 보장하는 기본권의 주체인 ‘국민’에는 범죄인도 포함되기 때문에 형법의 한계가 요구된다. 통상 우리의 법 현실에서는 보호목적이 상대적 우위를 보인다. 일반인의 법익보호 욕망에는 끝이 없기 때문에 보장의 과제는 보호과제만큼 강조되지 않는다. 즉 일반인 보호의 과제를 위해 범죄인의 보장 측면은 무시되는 경향이 있다. 그러나 이 같은 상대적 우위에는 대가가 따른다. 즉 잠재적 범죄자로서의 일반인에 대한 침해위험성이 상존하게 되는 것이다.

지며 의존적 관계에 있음을 보여준다(박상기/손동권/이순래, 형사정책, 한국형사정책연구원, 2016, 12면).

23) 임웅, 앞의 책, 10면.

따라서 형법의 해석, 법관의 법률 해석과 적용에는 균형사상과 정의의 기준 정립이 필요하다. 법익보호 과제와 보장과제의 균형은 그 기준을 필요로 하며, 그 기준은 결국 정의라는 역사적, 사회적 기준이 될 수밖에 없다. 형법학의 형법 해석 또한 이러한 조화의 기준을 찾아내기 위한 노력이 있어야 한다. 그리고 이러한 관점에서 범죄자에 대한 법치국가적 인권보장을 소홀히 했던 과거 우리의 역사에 비추어볼 때 보장목적을 보호목적으로 상향화하여 균형을 맞추는 것이 필요하다.

2. 법발견과 법형성

(1) 양자의 구분

실정법이 존재하는 한 법률가든 법학자든 조문의 문구 하나하나를 놓고 해석의 연찬(研鑽)을 펼칠 수밖에 없다. 주지하다시피 형법의 대다수 조문은 구성요건의 명확성을 벗어나지 않을 정도로만 구체화되어 규정되어 있기 때문이다.

이러한 해석의 순간에 해석자는 법발견과 법형성 사이의 고민에 빠지게 된다. 甲이 X의 과수원에서 일을 하다 쉬는 시간에 담배를 피우고 꽁초를 제대로 확인하지 않고 버려 X의 과수목과 Y의 과수원까지 나무에 불이 옮겨 붙었다고 생각해보자.

형법 제170조는 실화의 제하에 제2항에서 "과실로 자기 소유인 제166조의 물건 또는 제167조에 기재한 물건을 불태워 공공의 위험을 발생하게 한 자도 제1항의 형에 처한다"고 규정하고 있다. 甲의 행위를 실화죄로 처벌하기 위해서는 '자기 소유인'의 수식어가 일반건조물 등에만 적용되는 것인지 아니면 일반물건에도 적용되는 것인지 결정하여야 한다. 전자와 후자 중에 무엇이 법발견이고 무엇이 법형성인가?

위의 예는 대법원 1994. 12. 20.자 94모32 전원합의체 결정의 사실관계이다. 이 판결 이후 형사법학계에서는 예송(禮訟) 논쟁과 같은 '형법 해석의 한계' 논쟁이 촉발되었다. 법문의 의미로 해석과 유추를 구별할 수 있다는 신동운 교수의 첫 번째 평석 이후, 김영환 교수가 해석의 출발점이 법문의 일상적인 의미의 폭이지만 이 폭은 다시 입법자의 의사 및 법의 목적에 의해 그 가능한 의미범위가 확정된다고 주장하면서 신동운 교수의 평석을 비판하였다. 이에 대해 이상돈 교수는 대법원 판례의 논증이 자연법적 논증에서 시작하여 분석적 논증으로 전환되었다는 점, 유추와 해석의 동질성을 인정한 점, 법형성과 법창조를 같은 것으로 이해하였다는 점에 기초하여 신동운 교수와 김영환 교수의 글을 또다시 비판하였다. 이러한 이상돈 교수의 비판에 김영환 교수가 '법문의 일상적 의미'와 '법문의 가능한 의미'를 구별하여야 하며 '법문의 가능한 의미'가 최소한 해석과 유추의 구별에 있어 형식적 기준으로 작동할 수 있다며, 이상돈 교수의 논리를 매섭게 비판하였다. 여기에 김대휘 판사가 목적론적 해석의 우위를 인정하면서도 문리적 해석, 주관적 해석 등의 방법이 종합적으로 고려되어야 하며, 객관적 해석도 법문언의 의미에 구속된다며 이들 세 학자의 견해를 비판하였다. 이에 더하여 최봉철 교수도 법철학적 관점에서 이러한 해석 논쟁에 뛰어들었다.

학계에서 보기 드문 해석 논쟁이었으며, 이들의 글은 하나의 책[24)]으로 끝맺게 되었다.

대법원의 다수의견은 형법 제170조 제2항에서 말하는 '자기의 소유에 속하는 제166조 또는 제167조에 기재한 물건'이라 함은 '자기의 소유에 속하는 제166조에 기재한 물건 또는 자기의 소유에 속하든, 타인의 소유에 속하든 불문하고 제167조에 기재한 물건'을 의미하는 것이라고 해석하여야 하며, 제170조 제1항과 제2항의 관계로 보아서도 제166조에 기재한 물건(일반건조물 등) 중 타인의 소유에 속하는 것에 관하여는 제1항에서 규정하고 있기 때문에 제2항에서는 그 중 자기의 소유에 속하는 것에 관하여 규정하고, 제167조에 기재한 물건에 관하여는 소유의 귀속을 불문하고 그 대상으로 삼아 규정하고 있는 것이라고 봄이 관련 조문을 전체적, 종합적으로 해석하는 방법일 것이고, 이렇게 해석한다고 하더라도 그것이 법규정의 가능한 의미를 벗어나 법형성이나 법창조행위에 이른 것이라고는 할 수 없어 죄형법정주의의 원칙상 금지되는 유추해석이나 확장해석에 해당한다고 볼 수는 없다고 판시하였다. 이와 달리 반대의견은 형법 제170조 제2항은 명백히 '자기의 소유에 속하는 제166조 또는 제167조에 기재한 물건'이라고 되어 있을 뿐 '자기의 소유에 속하는 제166조에 기재한 물건 또는

24) 신동운/김영환/이상돈/김대휘/최봉철, 법률해석의 한계, 법문사, 2000, 1면 이하에 해당 교수들의 글들이 순서대로 실려 있다.

제167조에 기재한 물건'이라고는 되어 있지 아니하므로, 우리말의 보통의 표현 방법으로는 '자기의 소유에 속하는'이라는 말은 '제166조 또는 제167조에 기재한 물건'을 한꺼번에 수식하는 것으로 볼 수밖에 없고, 같은 규정이 '자기의 소유에 속하는 제166조에 기재한 물건 또는, 아무런 제한이 따르지 않는 단순한, 제167조에 기재한 물건'을 뜻하는 것으로 볼 수는 없다고 판단하였다.

체계적 해석과 우리말의 문언적 해석, 금지되는 유추와 허용되는 해석의 한계를 찾기 위해 법관은 법발견에 나서야 한다.

대륙법계의 법학방법론에 따르면 법관은 법발견과 법형성을 통해 법의 의미를 구체적으로 득하게 된다. 이 중 법발견(Rechtsfindung)은 법관에 의한 법률 '해석'이 '법문언의 가능한 의미' 안에 머물러 있으면서 법률로부터 해당되는 사안에 대한 법을 찾아내는 것을 말하며, 해당 사안에 대한 법적 결정이 '법문언의 가능한 의미'를 넘어선 것이라면, 이것은 바로 규율되어야 할 사안에 대해 적합한 법규정이 존재하지 않는 '법의 흠결'의 경우이며, 이것의 보충은 법관의 '법형성(Rechtsfortbildung)'이 된다는 것이 주류적 이해이다.[25)]

일각에서는 법형성은 실정법 규정에 존재해서는 안 되는 흠결이 발생한 경우에 가능하다고 하며, 이를 법률보충적 법형성이라고 부르기도 한다. 그러나 법'형성'이라는 용어를 사용할 경우 학계에서 금지되는 것으로 널리 받아들여지고 있는 '해석이 아닌 입법'으로 간주될 가능성이 높다. 이러한 연유로 법철학계나 헌법학계에서는 '법의 발전적 형성', '법의 계속형성'이라는 용어를 사용하기도 하고, '법률의 흠결과 보충'이라는 개념으로 설명하기도 한다. 물론 법해석과 법형성을 구분하지 않는 일부 견해(J. Esser)도 있지만, 법 해석과는 무엇인가 구별되는 점, 민주적 법치국가에서 사법부의 권한 남용 가능성에 대한 보다 강한 통제의 필요가 있다는 점에 동의하더라도 법률보충적 법형성은 허용되며, 법률수정적 법형성은 '법문에 반하는 법형성'으로 이해할 경우 금지되는 유추의 다른 표현에 불과한 것이라고 하지 않을 수 없다.

'법형성'을 법문의 가능한 의미의 한계 밖에서 해당 법문의 법률효과를 귀속시키려는 법관의 법적용행위라고 이해할 수 있다면, 결국 정당한 해석과 법

---

25) Engisch, Larenz, Kramer 등이 법문의 가능한 의미를 기준으로 법발견과 법형성을 구별하였다. 이에 대한 상세한 논의는 김영환, 앞의 논문, 137면 이하 참조.

형성, 유추해석과 법형성, 법률수정적 법형성과 법률초월적 법형성 사이의 한계 설정이 가장 중요한 문제가 된다.

예컨대 법학적 삼단논법에서 소전제인 개별 사안의 특수성 때문에 법률을 그대로 적용하면 용인할 수 없는 부당한 결과가 야기되는 경우에 법의 정신이나 전체 법질서의 취지에 반하지 않는 범위 안에서 법률수정적 법형성도 가능한 것인지 문제되는 것이다.

극단적 법치주의에 의하면 "법관은 법률을 말하는 입에 불과하다"는 논리도 가능하지만,[26] 그러한 점을 받아들일 수 없다고 하더라도 "법관이 입법과 입법자의 의도를 뛰어넘어 법형성을 해서는 안 된다"는 것은 형법 해석의 명제로 받아들여야 한다. 법관의 법률수정적 또는 법률창조적 법형성은 사법부의 한계를 넘어선 것이다. 법형성이 규범통제로서 기능할 수 있다는 것은 의심되는 법률을 헌법재판소에 제청하지 않고 법형성이라는 이름으로 법원 스스로의 판단에 따라 적용을 배제함으로써 헌법재판소의 권한을 무력화하는 것이다. 또한 법형성이라는 것은 법적 안정성의 원리와도 충돌된다. 법의 정향성(Orientierungsgewißheit)은 현행법의 엄격한 준수에 기초하고 있기 때문이다.

(2) 법형성의 한계와 허용

다시 한 번 정리하자면 법관의 역할은 법문의 가능한 의미 속에서 법발견을 하는 것이며, 이를 넘어 법형성을 하는 것은 가장 강력한 국가제재인 형벌권을 보유하고 있는 형법의 해석에서는 허용될 수 없다고 보아야 한다. 다만 예외가 있다. 바로 법률내재적 법형성이다. 이를 법률보충적 법형성이라고 부르기도 하나, 보충(fortbildung)의 의미를 어떻게 이해하느냐에 따라 또다시 해석과 유추의 무한 반복 논쟁에 빠질 수 있으므로, 법률의 추상성으로 인해 해석에 불완전함이 있는 경우 그를 보충하여 실정법을 더욱 완전하게 만드는 경우를 허용되는 경우라고 할 수 있을 것이다.[27] 이러한 의미에서 법률내재적 법형성은 일종의 법발견이라고 볼 수 있다.

같은 맥락에서 법관법이 무엇이 문제인가, 왜 금지되어야 하는가라는 의문

---

26) 이러한 표현은 몽테스키외는 물론 베카리아에 의해서도 주장되었다.

27) 같은 취지로는 양천수, 삼단논법과 법학방법, 박영사, 2021, 375면 이하.

이 제기될 수 있다. 법원의 해석에 따라 입법기관이 충족시키지 않은 긴급한 사회적 규율 필요를 다루면서 권력분배의 체계 내에서 법규범과 결정규범을 형성할 권한 있는 심급이 추가로 '유사-규범텍스트'를 정립할 수도 있기 때문이다.[28] 이러한 유사-규범텍스트는 사건을 지도하는 법규범은 물론 사건을 결정하는 결정규범에도 영향을 미치고, 나아가 입법절차에서 정립된 공적인 규범텍스트처럼 취급될 수도 있다. 여기서 우리가 문제삼는 법관법은 규범의 구체화작업을 통해 확정된 사실관계를 일치화(포섭)시키는 것이 아니라, 성문의 규범텍스트, 법문을 제압하는 유사-규범텍스트를 만드는 것을 말한다. 이는 입법작용과 사법작용의 분리라는 권력분립과 민주사회의 요청에 반하는 규범텍스트의 정립이기 때문이다. 최고법원의 판결이 정립한 규범텍스트를 입법부가 정립한 규범텍스트처럼 취급하는 것은 규범텍스트와, 규범-결정규범을 혼동한 것이며, 이렇게 될 경우 법관이 죄형법정의 기초 위에서 법문을 제압하지 않음으로써 스스로를 구속하고 이로 인해 해석자의 법 해석이 정당화된다는 원칙을 위반하게 된다. 결국 형법의 해석에서 문제되는 법관법 역시 법발견을 넘어 법형성에 이르게 되는 경우를 말한다고 하겠다.

(3) 삼단논법과 법학방법

하나의 사건, 생활사태가 발생하게 되면 구성원들은 이러한 사건이 공동체의 질서에 반하고 공동체를 위험에 빠뜨리는 것인가를 고민하게 되며, 이러한 상황이 지속·반복될 경우 급기야 공동체 구성원들은 이를 제재할 수 있는 규범을 만들기에 이르게 된다. 그리고 다음에 이러한 사태가 재연될 경우, 즉 법률사태가 발생할 경우 공동체의 규범을 적용하게 된다. 여기서 전자의 단계가 법을 정립하는 입법작용이며, 두 번째 단계가 법을 적용하는 사법작용이 된다. 단순히 도식화시키면 이러한 단계를 통해 법이 실현되고 행위자의 처벌과 피해자의 피해회복을 통해 사회정의가 구현된다.

법학도, 법률가는 구체적인 사건을 마주할 때 정립된 법규범을 개별적인 사실관계에 적합하게 적용하는 과정을 거친다. 즉 법적 추론의 과정을 거치게 되는 것이다. 법적 추론은 실정법을 뛰어넘어 정당한 법과 올바른 법발견의 방

28) 프리드리히 뮐러/홍성방 역, 법관법, 유로, 2014, 125면.

법과 법적 판단의 정당화의 방법을 모색하는 것을 주 내용으로 하는 법인식의 방법론으로서 법학방법론의 한 내용에 속한다. 적확하고 올바른 법적 추론을 거쳐야지만 정의관념에 부합하는 규범적 결과가 도출될 수 있으므로, 법해석자에게는 바람직한 법적 추론의 숙달이 요구될 수밖에 없다.

법적 추론에는 매우 다양한 방법이 있을 수 있다. 그리고 법해석학 등 다양한 분야에서 주류이던 기존의 삼단논법을 비판하기도 하였다. 그러나 여전히 구체적 법률 분쟁을 신속하게 해결함에 있어서는 삼단논법의 유용성과 타당성을 포기할 수 없다. 입법자들의 입법정신이 담긴 실정법을 기초로 개별적 사건을 의율하기 위해서는 사실을 확정하고, 실존하는 법규범을 탐색·해석하고, 적확한 법조항에 사안을 포섭하는 단계를 거치는 것이 효율적이면서도 체계적이기 때문이다. 사회의 약속인 법규범을 위반한 행위인지 판단하기 위해서는 현행 법규범을 대전제로, 현재 발생한 개별적 사건을 소전제로 하여 결론을 도출하는 과정이 필요 불가결한 것이다.

삼단논법의 예를 한번 보자. 甲은 수 차례의 음주운전으로 자동차운전면허가 취소된 이후에도 계속하여 업무를 위해 자동차를 사용할 필요가 있게 되자, 승용차를 렌트한 A로부터 다시 승용차를 빌려 운행하였다. 甲은 음주운전으로 아직 공판이 진행 중인 관계로, 무면허운전으로 단속이 될 경우 A로 행세하기로 마음먹고 서울지방경찰청장 명의로 된 A명의의 자동차운전면허증을 자신의 스마트폰으로 촬영한 이미지 파일을 스마트폰에 저장하여 보관하였다. 甲은 사건 당일 새벽 1시경 음주 및 무면허운전으로 적발되어 서울△△경찰서 소속 경위 P로부터 운전면허증의 제시를 요구받자, 마음먹은 대로 자신이 소지하던 스마트폰에 저장된 A의 자동차운전면허증 이미지 파일을 자신의 운전면허증인 것처럼 제시하였다.[29] 이때 甲에게는 어떠한 형사책임을 물을 수 있을까?

삼단논법의 첫 번째 단계는 사실확정이다. 사실확정은 과거에 일어난 역사적 사실을 소송절차를 통해 확인하고 결정짓는 절차이다. 따라서 인간의 인식의 한계, 기억의 한계에 부딪칠 수밖에 없으며, 이러한 오류가 소송절차를 통해 최소화됨으로써 재판상 사실과 실체적 진실이 일치를 이루게 된다.

사실확정단계에서는 오판의 가능성이 상존할 수밖에 없다. 예컨대 살인현

29) 대법원 2019. 12. 12. 선고 2018도2560 판결의 사실관계이다.

장에서 A의 지문이 찍힌 살해도구와 DNA가 발견되고, 사건발생 직후 A가 현장에서 뛰쳐 나오는 모습을 목격한 목격자가 있었으므로 A를 살인범으로 기소할 경우에도 진범이 아닐 가능성이 "0"이라고 말할 수 없는 것이다. 인간의 인지적 착오, 목격증언의 오류 및 과도한 신뢰, 피고인의 전과에 대한 편견, 과학적 증거와 전문가 증언의 무비판적 수용, 공범의 허위진술, 피고인의 알리바이 진술의 배격 등 사실인정의 오류를 가져오는 대표적 요인들을 정밀하게 걸러 내지 않는다면 진범을 놓치고 무고한 시민을 가두는 결과를 가져오게 된다. 따라서 개별 사건을 접하는 법률가들은 이러한 오류를 배제하려는 노력이 요구된다.

오류가 최소화되어 실체적 진실과 부합하는 사실확정을 위해서는 형사소송절차에서 당사자의 공격·방어와 법관의 적절한 직권 개입을 통해 증거를 기초로 사실확정 절차가 진행되어야 한다. 그리고 이처럼 소송절차에서 확정되는 사실관계의 판단기준은 경험칙과 논리칙이 된다. 피의자·피고인을 포함한 무수한 사건 관련자들의 주장과 이를 뒷받침하는 증거 사이에서 법해석자는 경험칙과 논리칙에 따라 주장과 증거를 취사선택하여 사실을 확정하여야 한다. 물론 논리칙과 경험칙 외에도 검사나 법관의 개인적 가치관과 경험, 직관이 개입할 가능성도 있다. 실제 이처럼 법관이 어떠한 사실적 관점, 개인의 가치관, 주관적·정치적 선이해에 따라 해석하는가에 대해서 서술적 방법론이라고 명명하면서 많은 연구결과가 제시되었다.[30)]

위의 사례에서 소송절차를 통해 확정되는 사실관계는 "甲은 음주운전으로 자동차운전면허가 취소된 이후에도 자동차를 렌트한 A로부터 다시 빌린 자동차를 운행하면서, 새벽 1시경 음주 및 무면허운전으로 적발되어 서울△△경찰서 소속 경위 P로부터 운전면허증의 제시를 요구받자, 자신이 소지하던 스마트폰에 저장된 서울지방경찰청장 명의로 된 A의 자동차운전면허증 이미지 파일을 자신의 운전면허증인 것처럼 제시하였다. 甲은 무면허운전으로 단속이 될 경우 A로 행세하기로 마음먹고, A 명의의 자동차운전면허증을 자신의 스마트폰으로 촬영한 이미지 파일을 스마트폰에 저장하여 보관하였다"가 될 수 있다. 여기서 외부적·객관적 행위들은 경험칙에 의해 쉽게 확정될 수 있다. 문제는 甲이 애

30) 기존의 규범적 방법론에 대비되는 서술적 방법론에 대해서는 대표적으로 Heldrich, LJZ 1991, 65면 이하 참조

초부터 무면허운전 단속시 A로 행세하기로 마음먹고 A의 자동차운전면허증 이미지 파일을 스마트폰에 저장하여 두었고, 그러한 의사로 P에게 제시하였는가이다. 예컨대 甲이 자신이 A의 자동차운전면허증의 이미지 파일을 촬영하여 보관한 것은 렌터카회사에 각종 비용 납부나 A/S 등 차량 관리와 관련한 문의를 하기 위한 것이었다고 주장할 경우 이를 인정할 것인가라는 어려운 문제가 발생하는 것이다. 그런데 행위자가 이미 음주운전으로 여러 차례 적발된 사실이 있었으며, 정식재판 기간 중이라 재적발에 대한 두려움으로 A의 면허증을 보여준 진술이 있었다면 앞의 주장은 배척될 것이다. 결국 행위자의 인식과 의사는 인간 내면의 문제이므로 경험칙 외에 논리칙, 법관의 경험 등을 통해 보충적으로 판단될 수밖에 없다.

사실확정의 단계를 넘어서게 되면 확정된 사실에 적용할 법규범을 탐색하고 해석하는 단계로 들어서게 된다. 수사기관이나 법관은 자신의 경험과 선이해, 직관 등을 통해 확정된 사실관계에 적용될 수 있는 가장 적절한 법규범을 찾아야 한다. 적확한 법규범이 존재할 경우에는 그대로 적용하면 될 것이나, 그렇지 못할 경우에는 유비추론, 유추의 문제가 발생한다. 유능한 수사기관은 적용될 수 있는 법규범을 잘 찾는 자일 것이며, 유능한 법관은 그러한 규범에 오류가 없는지 찾아 내는 자일 것이다. 이렇게 탐색한 법규범이 충분히 명확하여 해석의 필요성이 없거나 통일된 해석만 존재한다면 추가적인 법규범의 해석 문제는 제기되지 않을 것이다. 그러나 법규범이 지나치게 모호하거나 개방적이어서 대상 사실관계에 대해 적용될 수 있는지 의문이 제기되는 경우에는 법규범의 의미내용을 구체화하는 해석작업이 수행되어야 한다. 즉 위의 사례에서 甲에게 적용될 수 있는 법규범은 형법 제230조, "공무원 또는 공무소의 문서 또는 도화를 부정행사한 자는 2년 이하의 징역이나 금고 또는 500만원 이하의 벌금에 처한다"는 조항이라고 하더라도, 공문서인 자동차운전면허증의 원본이 아닌 촬영 이미지를 제시하는 것이 '부정행사'에 포함되는 것인지는 명확하지 않으므로 그에 대한 해석이 요구될 수밖에 없다. 그리고 이러한 해석에는 문리해석, 역사적 해석, 체계적 해석, 목적론적 해석, 합헌적 해석 등의 방법이 사용된다. 형법에 '부정행사'라는 개념은 정의되어 있지 않기 때문이다.

여기서 여러 해석이 가능할 수 있다. 우선 자동차 등의 운전자가 운전 중에

도로교통법 제92조 제2항에 따라 경찰공무원으로부터 운전면허증의 제시를 요구받은 경우 운전면허증의 특정된 용법에 따른 행사는 도로교통법 관계 법령에 따라 발급된 운전면허증 '자체'를 제시하는 것이라고 보아야 한다는 해석[31)]이 가능하다. 공문서부정행사죄는 공문서에 대한 공공의 신용 등을 보호하기 위한 데에 입법 취지가 있는 것으로, 공문서에 대한 공공의 신용 등을 해할 위험이 있으면 범죄가 성립하지만, 그러한 위험조차 없는 경우에는 범죄가 성립하지 아니한다는 점, 도로교통법 제92조는 경찰공무원으로 하여금 교통안전 등을 위하여 현장에서 운전자의 신원과 면허조건 등을 법령에 따라 발급된 운전면허증의 외관만으로 신속하게 확인할 수 있도록 하고자 하는 데 입법 취지가 있으며, 그 규정내용 또한 객체로 규정한 운전면허증은 적법한 운전면허의 존재를 추단 또는 증명할 수 있는 운전면허증 그 자체를 가리키는 것이라는 점을 해석의 근거로 들 수 있을 것이다. 반대로 운전면허증은 운전면허증에 표시된 사람이 운전면허시험에 합격한 사람이라는 '자격증명'과 이를 지니고 있으면서 내보이는 사람이 바로 그 사람이라는 '동일인증명'의 기능을 동시에 가지고 있는 것이며, 위조문서행사죄에 있어서 '행사' 개념은 위조된 문서를 진정한 문서인 것처럼 그 문서의 효용방법에 따라 이를 사용하는 것을 말하고, 위조된 문서를 제시 또는 교부하거나 비치하여 열람할 수 있게 두거나 우편물로 발송하여 도달하게 하는 등 위조된 문서를 진정한 문서인 것처럼 사용하는 한 그 행사의 방법에 제한이 없는데, 위조문서행사죄의 행사와 마찬가지로 공문서를 부정한 목적으로 행사하는 한 그 행사의 방법에도 제한이 없으므로 촬영된 타인의 운전면허증 이미지를 제시하는 것도 부정행사에 해당한다는 해석도 가능할 것이다.[32)]

위에서 보듯이 '부정행사'의 개념을 두고도 다양한 해석이 가능하다. 목적론적 해석에 치중할 것인지, 체계적 해석에 치중할 것인지에 따라 반대의 해석론이 가능하다. 어느 쪽 해석론이 타당한지 판단하기는 매우 어려운 문제이다. 이는 정답이 없는 문제와 같다. 형법 해석의 메타이론은 존재하지 않는다. 다만 전술하였듯이 법치국가적 정의에 합당한 결론을 이끌어 내기 위해 해석방법이 조화롭게 활용되어야 한다. 적어도 문리해석을 출발점으로 삼고 목적론적 해석

31) 대법원 2019. 12. 12. 선고 2018도2560 판결의 해석이다.
32) 2심법원인 서울남부지방법원 2018. 1. 18. 선고 2017노2053 판결의 해석이다.

을 해석활동의 귀착점으로 삼으면서 동시에 역사적 해석과 체계적 해석을 함께 고려해야 한다. 그리고 이때 중요한 것은 목적론적으로 의미를 밝힌다고 하더라도 법관법이 아니라 건전한 상식과 통상적인 법감정에 기초한 법문의 언어적 의미에 기초하여야 한다는 점이다. 법률초월적 법관법은 인정될 수 없기 때문이다.

사실확정과 법규범의 탐색 및 해석 단계를 지나게 되면 삼단논법의 마지막 단계인 사안의 적용 단계가 남는다. 이를 사안의 포섭(Subsumtion)이라고도 한다. 소송절차를 통해 확정된 사실관계와 찾아 낸 법규범의 구체화된 의미내용을 일치시켜야 하는 것이다. 위의 사례에서 첫 번째 해석방법에 따를 경우, "甲은 음주운전으로 자동차운전면허가 취소된 이후에도 자동차를 렌트한 A로부터 다시 자동차를 빌려 운행하면서 무면허운전으로 단속이 될 경우 A로 행세하기로 마음먹고, A명의의 자동차운전면허증을 자신의 스마트폰으로 촬영한 이미지 파일을 스마트폰에 저장하여 보관하였다. 甲은 단속 당일 새벽 1시경 음주 및 무면허운전으로 적발되어 서울△△경찰서 소속 경위 P로부터 운전면허증의 제시를 요구받자, 자신이 소지하던 스마트폰에 저장된 서울지방경찰청장 명의로 된 A의 자동차운전면허증 이미지 파일을 자신의 운전면허증인 것처럼 제시하였다."는 사실관계에도 불구하고, 형법 제230조의 '부정행사' 개념은 진정한 공문서 그 자체의 행사를 의미하므로 촬영 이미지 파일을 제시한 甲에게는 공문서부정행사죄의 죄책을 물을 수 없다는 결론이 도출된다. 물론 '부정행사'를 넓게 보는 다른 해석론을 적용하게 되면 甲에게 공문서부정행사죄의 죄책을 물을 수 있다는 상반된 결론이 도출될 것이다. 여기서 알 수 있듯이 삼단논법의 결론에 해당하는 사안의 포섭작업은 두 번째 단계인 법규범의 해석이 어떻게 이뤄지는가에 따라 결론의 방향성 자체가 달라질 수 있다는 점이며, 이 점에서 판례의 결론도 중요하지만 판례의 해석론이 더욱 큰 의미를 가진다고 할 수 있다.

3. 판례의 이해와 분석

'판례'란 사전적으로 법원이 특정 소송사건에 대하여서 법을 해석·적용하여 내린 판단·판결례로 정의된다. 그러나 실제 법조계에서는 판례의 의미가 여기에 그치지 않는다. 특히 최종심이자 법률심인 대법원 판례의 의미는 가히 상상을 초월한다. 본인이 수행하고 있는 개별 사건의 결론에 영향을 미치는 것에 그치지 않는다. 대법원은 단순한 법률심이 아니라 정책적 기능을 내포하고 있어 사회의 변화와 진보를 촉진시킬 수도 있지만, 일거에 그러한 흐름을 바꿔놓을 수도 있다.

판례도 전술한 삼단논법을 거친 규범적 논의의 산물이다. 사실 판단－법리 판단－양형으로 이어지는 과정은 삼단논법에 기초한 것이다.

이하에서는 두 가지 사례를 바탕으로 판례의 의미를 분석해 보고자 한다. 미리 말하지만, 판례는 전가(傳家)의 보도(寶刀)도 아니며, 절대불변의 진리도 아니다. 대법원 판례도 시대변화와 국민의 규범의식의 변화에 따라 언제나 도전받는 규범적 판단에 불과하다는 점을 간과해서는 안 된다. 급변해 왔던 우리의 역사를 돌이켜보면, 민주주의와 국민주권이라는 거대한 시대조류의 변화에도 이를 법원이 적절히 반영하지 못하였다면, 법원만 "성공한 쿠데타는 처벌하지 못한다"는 시대착오적 이데올로기의 섬 속에 머무르는 비극적 상황이 초래되었을 것을 예상할 수 있다.[33] "판례! 중요하다. 그러나 판례가 전부가 아니다."

우선 다음의 사례를 상정해 보자. 甲은 알 수 없는 경위로 거래소의 타인의 가상지갑에 들어 있던 199.999 비트코인이 자신의 계정으로 이체되었으나, 착오로 이체된 이 비트코인을 반환하지 않고 대부분인 199.994 비트코인을 자신의 2개 계정에 이체하여 14억 8천여 만원 상당의 이익을 취득하고 피해자에게 동액 상당의 손해를 가하였다.[34] 이 사건의 핵심은 甲에게 특정경제범죄가중처벌등에관한법률위반(배임)죄를 인정할 수 있는가이다.

배임죄는 주지하다시피, 타인의 사무처리자가 임무에 위배되는 행위를 하여 재산상의 이익을 취득하고 그로 인해 본인에게는 재산상의 손해를 가하여야 성립한다.

여기서 형법 제355조 제2항을 어떻게 해석하고 적용할 것인가? 쟁점은 첫째, 비트코인 이른바 가상자산이 재물인가 아니면 재산상의 이익에 불과한가?

---

33) 이 점에서 대법원 1997. 4. 17. 96도3376 전원합의체 판결은 그 역사적 의미를 높이 평가할 수 있다.

34) 대법원 2021. 11. 11. 선고 2021도9855 판결의 사실관계이다.

둘째, 비트코인의 착오 수취인에게 횡령죄에서 신의칙상 보관의무를 인정한 것과 동일하게 신임관계를 인정하고 배임행위를 긍정해야 하는가이다.[35]

우선 첫 번째 쟁점의 경우, 가상자산인 비트코인을 재물로 보기는 어렵다. 형법이 재물죄와 이득죄를 구분하고 있는 것은 이득죄가 전체로서의 재산을 보호하는 반면, 재물죄는 재물에 대한 지배라는 형식적 지위를 보호함에 있음을 간과해서는 안 되기 때문이다. 재물죄는 재물로 인한 이익의 취득이 아니라 형식적 영득을 문제삼기 때문에 관리 가능성이라는 개념을 물리적 관리에서 사무적·법률적·기술적 관리로 확대할 필요는 없다. 재산죄에는 재물과 재산상의 이익을 각자 독립적으로 보호하는 범죄도 있지만 양자 모두를 객체로 하는 범죄도 있는데, 물리적 관리 가능성의 개념을 변경할 경우 공소장 변경에서는 물론 실체법적 판단에서도 양자의 구별을 모호하게 만들 수 있다. 또한 가상자산의 경우 물리적 관리만이 문제되는 것이 아니라, 동력이 아닌 '정보'라는 점에서 재물로 인정할 실익 또한 의문이다.

비록 비트코인을 재물로 볼 수는 없더라도, 실제 거래계에서는 용역 또는 재화의 대가로 지급받는 등 재산적 가치가 있는 것으로 취급되고 있다는 점에서 이득죄의 객체인 '재산상의 이익'이 될 수 있는지 추가적으로 검토되어야 한다. 생각건대 비트코인이 가상공간은 물론 현실세계에서 용역 또는 재화의 대가로 지급되고 재산적 가치가 있는 것으로 취급되어 일부 교환가치가 있다고 하더라도, 근본적으로 가치저장기능이 인정되지는 않으며 고유가치가 있다고 보기는 어렵다. 여기서 형법이 이득죄를 통해 보호하고자 하는 재산상의 이익에는 포함될 수 있는지가 문제되는 것이다.

형법상 재산상의 이익은 재물 이외의 일체의 재산적 가치가 있는 이익으로 이해된다. 비트코인과 같은 가상자산은 전 세계 어디서나 거래소를 통해 그 경제적 가치를 평가받고 그 비율에 따라 세계 각국의 법정화폐로 교환 가능하여 언제든 재산적 가치로 전환될 수 있다. 이러한 점으로 인해 재산상의 이익에 해당한다는 견해들이 주류를 이루고 있다. 예컨대 가상자산은 기초자산이 없어 내재가치는 '0'이지만 현재 또는 장래의 특정 시점에 금전 등 재산적 가치가 있

35) 이하의 서술은 이승준, "착오이체된 비트코인의 임의 소비와 배임죄의 성부", 저스티스 통권 제196호, 2023, 37면 이하의 내용을 정리한 것으로 원전을 참고하기 바란다.

는 것을 지급하기로 약정한다면 이는 객관적 교환가치를 가지는 것으로 형법상 재산상 이익에 해당하며 따라서 컴퓨터 프로토콜에 의해 미리 정해져 있는 '자산(Asset)'으로 보는 것이 타당하다거나, 현실적으로 가상화폐는 가상화폐거래소를 통하여 법정통화와 환전이 되고 가맹점에서 재화와 서비스의 구매도 가능하여 재산상의 이익에 해당한다는 견해들이 그러하다.

생각건대 가상자산은 국가에 의해 통제받지 않고 블록체인 등 암호화된 분산원장에 의하여 부여된 경제적인 가치가 디지털로 표상된 정보로서 재산상 이익에 해당함을 부정할 수 없다. 비트코인 역시 전 세계 어디서나 거래소를 통해 그 경제적 가치를 평가받고 그 비율에 따라 세계 각국의 법정화폐로 교환 가능하여 언제든 재산적 가치로 전환되며 그 프로세스 또한 은행의 전산시스템을 이용하는 법정화폐와 크게 다르지 않다는 점에서 경제적 가치를 인정할 수 있는 재산상의 이익으로 볼 수 있다. 이렇게 이해하는 것이 비트코인 역시 국가에 의해 통제받지 않고 블록체인 등 암호화된 분산원장에 의하여 부여된 경제적인 가치가 디지털로 표상된 정보로서 '가상자산성'이 있음을 강조한 기존 대법원 판례[36]와 정합적인 이해이다.

두 번째 쟁점의 경우, 신임관계를 위배한 임무위배행위과 관련해서 살펴볼 필요가 있다. 대법원은 2021. 12. 16. 선고 2020도9789 판결에서 비트코인과 '법정화폐'의 차이를 근거로 배임죄의 성립에 있어 착오 이체인과 수취인 사이에 신임관계를 인정하기가 어렵다고 판단하였다. 가상자산을 이체받은 자는 실제 가상자산의 권리자 등에게 부당이득반환의무를 부담하게 될 수 있지만, 이는 당사자 사이의 민사상 채무에 지나지 않고 이러한 사정만으로 가상자산을 이체받은 사람이 신임관계에 기초하여 가상자산을 보호하거나 관리하는 지위에 있다고 볼 수 없다는 것이다. 횡령죄의 성립을 인정하고 있는 기존 판례에 비춰 신의칙을 근거로 비트코인의 착오 수취인에게 신임관계를 인정할 수는 없는가? 종래 착오송금에 대해 대법원은 착오로 잘못 송금되어 입금된 경우에는 그 예금주와 송금인 사이에 신의칙상 보관관계가 성립하며, 이는 송금인과 피고인 사이에 별다른 거래관계가 없다고 하더라도 마찬가지라고 보았다.[37] 그러나 이

36) 대법원 2021. 12. 16. 선고 2020도9789 판결.

37) 대법원 2010. 12. 9. 선고 2010도891 판결.

러한 이해는 신의칙을 기초로 보관관계를 인정하는 것은 타당하지 않으며 위탁관계에 의하지 않고 점유한 점유이탈물 또는 잘못 인도된 점유이탈물이라는 비판을 면하기 어렵다.

생각건대 대법원의 이해와 달리 신임관계 발생에 있어 비트코인과 법정화폐의 차이가 양자의 결론을 다르게 결정짓는다고 보기는 어렵다. 비트코인이 현금과 같은 법정화폐와 동일한 법적 지위를 부여할 근거가 없고 현재까지 관련 법률에 따라 법정화폐에 준하는 규제가 이루어지지 않는 등 법정화폐와 동일하게 취급되고 있지 않고 그 거래에 위험이 수반되기 때문에 형법을 적용함에 있어 법정화폐와 동일하게 보호해야 하는 것은 아니라는 주장은 수긍하기 어렵다. 횡령죄나 사기죄의 경우 불법원인급여의 경우에도 재산적 보호를 하고 있으며, 공법상 또는 사법상 규제가 법정화폐와 동일하게 이뤄지지 않는다는 점이 형법적 보호를 결정짓는 것이 아니다. 법정화폐인 금전과 동산의 차이는 민사집행법의 관점에서 압류시 환가의 필요 여부에 있을 뿐이다. 그리고 착오이체인과 수취인 사이에는 아무런 계약관계가 없고 수취인은 어떠한 경위로 비트코인을 이체받은 것인지 불분명하여 부당이득반환청구를 할 수 있는 주체가 피해자인지 아니면 거래소인지 명확하지 않다는 점도 배임죄에서 사무처리의 근거는 사실상의 신임관계가 발생할 수 있는 경우로 확장될 수 있다는 점에서도 타당하지 않다. 이러한 논리는 다른 법률과의 체계적 해석에서도 마찬가지의 결론이 도출된다. 이미 특정금융정보법은 2020. 3. 24. 일부개정(법률 제17113호)을 통해 자금세탁 및 공중협박자금조달의 위험성을 예방하기 위해 가상자산을 제도권으로 편입하였고,[38] 경제적 가치를 지닌 것으로서 전자적으로 거래 또는 이전될 수 있는 전자증표를 가상자산으로 정의하였기 때문이다. 유가증권이나 통화에 대한 죄가 아니라면 외국의 법정화폐와 비트코인과 같은 가상자산을 달리 취급할 합리적인 이유를 찾기 어렵다. 마찬가지로 가상자산거래의 위험성이 가상자산이 법정화폐와 다른 수준으로 보호해야 할 기준을 결정하는 것

---

38) 2024. 7. 19. 시행되는 가상자산 이용자 보호 등에 관한 법률도 "'가상자산'이란 경제적 가치를 지닌 것으로서 전자적으로 거래 또는 이전될 수 있는 전자적 증표(그에 관한 일체의 권리를 포함한다)를 말한다. 다만, 다음 각 목의 어느 하나에 해당하는 것은 제외한다"고 정의하였다(제2조 제1호).

도 아니다. 거래의 위험성이 있다고 하여 사무처리의 근거가 되는 신임관계를 부인하는 것은 사무처리의 객체와 사무처리의 발생근거를 혼동하는 것이다.

배임죄의 성립을 부인할 경우 또 하나 고려되어야 할 점이 있다. 바로 횡령죄와의 형평성의 문제이다. 형법은 독일 형법처럼 동일한 구성요건에 점유이탈물횡령(제246조 제1항)과 위탁물횡령(동조 제2항)을 함께 두고 신뢰관계에 의해 위탁된 경우를 횡령죄의 가중처벌 형태로 규정하지 않고 있으며, 오스트리아의 경우처럼 점유이탈물횡령죄를 기본적 구성요건(제134조)으로, 횡령죄를 가중적 구성요건(제133조)으로 규정한 입법형태를 취하고 있지도 않다. 형법은 신뢰관계에 의해 보관하게 된 재물의 횡령과 점유이탈물횡령을 명백히 구분하여 별개의 구성요건으로 규정하고 있으면서, 동일한 조문에 횡령죄와 배임죄를 항을 달리하여 규정하고 있는바, 이는 양자 모두 신임관계를 기초로 하는 죄로 그 객체에 있어 재물과 재산상의 이익으로 구분되는 특별관계로 이해할 수 있다. 그렇다면 횡령죄의 경우에 착오송금인과 수취인 사이에 기존 거래관계가 없음에도 인정된 신임관계는 배임죄의 경우에도 인정함이 타당하다. 결국 법정화폐인지 여부를 차이로 동일한 사실관계에서 횡령죄는 성립하지만 배임죄는 부정된다는 대법원의 결론은 설득력이 떨어진다고 할 수밖에 없다.

한편 그렇다면 정책법원인 대법원이 피해자에게 거액의 손실이 발생하였고 불법의 정도에 있어서도 기존에 처벌하던 행위와 본질적 차이가 없음에도 횡령죄도 인정할 수 없고 배임죄도 인정할 수 없는 상황을 방치하여야 할 것인가라는 문제가 남게 된다.

경제적 가치가 별로 없는 점유이탈물이나 유실물을 임의로 처분해도 점유이탈물횡령죄로 처벌되고 착오로 이체된 소액의 금전을 임의로 소비해도 횡령죄의 처벌을 피할 수 없는 상황에서, 현금의 전자이체와 유사한 방식으로 이체받은 가상자산을 임의로 소비한 행위를 방치하는 것은 심각한 처벌의 불균형이라고 하지 않을 수 없다. 이러한 사례의 경우 입법의 미비로 인하여 심각한 형사처벌의 불균형과 처벌 공백이 발생하고 있으므로 부정의한 상황을 개선하기 위해 새로운 형벌법규를 신설하는 것이 필요하다고 보지 않을 수 없다. 그리고 그 방법으로 여러 입법적 대안이 있을 수 있으나, 재물로 포섭하기 힘든 가상자산에 대해서는 형법 제360조의2로 가칭 '이체자산 횡령죄'를 신설하는 방안이

하나의 대안이 될 수 있을 것이다.

결국 위의 대법원 판례를 접하고 제대로 분석하기 위해서는 종래 신의칙을 근거로 착오송금에 대해 횡령죄를 인정해 온 판례에 비춰 이번 대법원의 판결이 정당한 것인지, 논리적·이론적 정합성을 갖추고 있는지의 관점에서 비트코인의 법적 성격을 살펴보고, 다음으로 착오이체된 비트코인의 임의처분행위가 배임죄를 구성하는지 논의하여 보고, 마지막으로 배임죄의 성립 여부에 따라 처벌의 공백지대를 해소할 수 있는 방안에 대해 고민해 보는 것이 바람직한 판례 분석 방법의 하나라고 할 수 있을 것이다.

다음의 사례를 한번 살펴보자.[39] 甲은 피해자 A로부터 그의 소유인 아파트 1채를 명의신탁 받아 보관하여 달라는 부탁을 받고 위 아파트를 자신의 명의로 이전등기하여 보관하던 중, 친구 B에 대하여 부담하고 있던 개인적인 채무 변제 등에 사용하기 위하여 약 2억원 상당인 이 아파트를 B의 아들인 C에게 1억 7,000만원에 매도하고, 매매를 원인으로 한 소유권이전등기를 경료하여 임의로 처분하였다.[40] 이 사례는 바로 양자 간 명의신탁에서 수탁자가 임의처분하여 횡령한 경우이다. 명의신탁과 횡령죄의 문제는 법적 판단의 문제이기도 하나, 전형적인 정책적 판단이 요구되는 문제이다.

횡령죄는 타인의 재물을 보관하는 자가 횡령하는 때에 성립한다. 즉 재물의 타인성이 인정되어야 하며, 그 재물이 위탁관계에 의해 보관되어 있어야만 성립이 가능하다. 문제는 명의신탁의 경우 부동산실명법에서 종중과 배우자 등의 예외적 경우가 아닌 한 원칙적으로 금지하고 있어 재물의 타인성은 물론 보호해야 할 위탁관계가 있는지에 대해 다양한 판단이 가능하다는 점이다. 명의신탁약정과 부동산 물권변동의 유·무효에 따라 재물의 타인성과 위탁관계의 발생 여부가 달라질 수 있기 때문이다.

우선 재물의 타인성과 관련해서 살펴보면, 종래 명의신탁계약과 물권변동의 무효의 효과에 대해서는 민법학계에서 다양한 견해가 대립되어 왔다. 즉 부당이득에 불과하므로 소유자는 여전히 신탁자이며 따라서 신탁자는 수탁자에게

39) 이후 논의는 이승준, "양자간 명의신탁과 횡령죄의 성부", 비교형사법연구 제23권 제1호, 2001, 1면 이하에 기초한 것이니 참고하기 바란다.

40) 대법원 2021. 2. 18. 선고 2016도18761 전원합의체 판결.

소유권에 기한 방해배제청구권을 행사하여 등기를 말소하거나 진정명의회복을 원인으로 하는 소유권이전등기청구를 구할 수 있고, 부당이득반환청구권을 행사하여 등기의 말소나 이전을 청구할 수 있다는 부당이득설과, 명의신탁약정은 불법원인급여로 신탁자에게는 반환청구권이 없고 반사적 효과로서 수탁자가 소유권자가 된다는 불법원인급여설이 대립해 왔다. 이러한 견해 대립은 형법학계에도 영향을 주었는데, 부당이득반환관계설은 부동산실명법이 명의신탁행위 자체를 처벌하는 규정을 두고 있는 이상 금지되는 명의신탁행위에 대해서는 부동산실명법상의 처벌로 그쳐야 하며, 이를 불법원인급여로 보는 것은 법이 정한 한계를 넘어 신탁자에게 불이익을 귀속시키는 것으로 타당하지 않으며 소유자는 여전히 신탁자라고 한다. 이와 달리 불법원인급여설은 부동산실명법은 명의신탁을 반사회적 행위라고 규정하고 있는데 이는 민법 제103조가 규정하고 있는 '반사회질서적 행위'보다도 비난 강도가 더 크다고 볼 수 있으므로 명의신탁은 불법원인급여에 해당하며, 따라서 소유권은 수탁자에게 귀속된다고 주장한다.

양자 간 명의신탁의 경우 부동산 신탁자와 수탁자 사이의 명의신탁약정은 무효가 되고 따라서 등기는 원인무효의 등기가 된다(부동산실명법 제4조 제1항 및 제2항). 그리고 이러한 무효는 제3자에게 대항하지 못한다(동조 제3항).

그렇다면 여기서 법원은 어떠한 입장을 취할 수 있을까? 대법원은 무효의 효과와 관련하여, 명의신탁자는 수탁자를 상대로 침해부당이득반환을 원인으로 한 소유권이전등기절차의 이행을 구할 수는 없으나,[41] 수탁자에게 원인무효인 소유권이전등기의 말소등기 또는 진정명의회복을 원인으로 하는 이전등기를 청구할 수 있다고 본다.[42] 나아가 제3자에 대한 관계에서 제3자는 선·악을 불문하고 소유권을 취득한다는 입장이다.[43] 무엇보다 부동산실명법을 위반하여 명의신탁약정을 하였다는 사정만으로는 불법원인급여에 해당하지 않는다고 한다.[44] 수탁물의 소유권은 처음부터 이전되지 않는 것이어서 원래 그 부동산의

41) 대법원 2014. 2. 13. 선고 2012다97864 판결. 같은 맥락에서 처분대금 반환약정도 무효이다(대법원 2006. 11. 9. 선고 2006다35117 판결; 대법원 2015. 9. 10. 선고 2013다55300 판결).

42) 대법원 2002. 9. 6. 선고 2002다35157 판결.

43) 대법원 2000. 3. 28. 선고 99다56529 판결.

44) 대법원 2003. 11. 27. 선고 2003다41772 판결; 대법원 2019. 6. 20. 선고 2013다218156 전원

소유권을 취득하였던 명의신탁자가 그 소유권을 여전히 보유하는 것이 되는 이상, 양자 간 등기명의신탁에 있어서 그 명의신탁자로서는 명의수탁자를 상대로 소유권에 기하여 원인무효인 소유권이전등기의 말소를 구하거나 진정한 등기명의의 회복을 원인으로 한 소유권이전등기절차의 이행을 구할 수 있다는 것이다.[45] 대법원의 입장에 의하면 소유권자는 여전히 신탁자인 것이다.

생각건대 양자 간 명의신탁에 의한 물권변동을 불법원인급여라고 할 경우에는 명의수탁자에게 소유권이 귀속되므로 재물의 타인성이 부정되어 애당초 횡령죄가 성립할 여지가 없다. 그러나 불법원인급여는 강행법규에 위반한 모든 경우의 급여를 말하는 것이 아니라 선량한 풍속에 위반한 경우로 제한된다. 그런데 부동산실명법은 소유권의 실질에 부합하는 신탁자로의 소유권이전등기를 위하여 이행강제금을 부과하고 있다. 또한 부동산 소유권이 명의수탁자에게 귀속된다면 제3자는 당연히 그 소유권을 기초로 한 권리를 취득할 수 있기 때문에 제4조 제3항의 제3자 보호규정을 둘 필요가 없다. 예외적으로 제3자에 대한 수탁자의 처분행위가 유효하게 된다고 하는 것은 유효한 처분권을 부여한 것이 아니라 부동산 실명거래를 위한 정책적 목적 하에 제3자가 소유권을 취득함에는 변동이 없다는 규정을 둠으로써 생긴 반사적 효과에 불과한 것이다. 나아가 부동산실명법은 제3조 제1항을 위반하여 명의수탁자 명의의 등기가 이뤄진 경우 신탁자뿐만 아니라 수탁자도 형사처벌하고 있다. 그렇다면 부동산실명법은 명의신탁 부동산에 대하여 신탁자의 반환청구를 금지하는 취지가 아니며, 신탁자의 재산권 보호를 박탈하겠다는 취지로 볼 수는 없을 것이다. 그 결과 신탁자의 신탁행위를 무조건적으로 불법원인급여로 볼 것은 아니다. 명의신탁약정에 기한 물권변동을 불법원인급여로 보아 회복 가능성을 부정할 경우 헌법 제23조 제1항이 보장하고 있는 국민의 재산권의 본질적 부분을 침해할 우려가 있기 때문이다. 결국 부동산실명법은 이행강제금 제도와 제3자보호 규정(제4조 제3항)을 통해 신탁부동산의 소유권이 실권리자에게 귀속되는 것을 전제로 하고 있으며 이것이 입법자의 의사라고 할 수 있다.[46] 양자 간 명의신탁에 있어서도 신탁

합의체 판결.

45) 대법원 2014. 2. 13. 선고 2012다97864 판결; 대법원 2019. 6. 20. 선고 2013다218156 전원합의체 판결.

46) 대법원 2019. 6. 20. 선고 2013다218156 전원합의체 판결.

재산의 소유권자는 여전히 신탁자라고 할 것이다.

그렇다면 수탁자가 신탁재산을 횡령한 경우 타인의 재물성은 인정되어 횡령죄의 구성요건해당성 판단에서 1단계는 충족한 것이라고 할 수 있다. 횡령죄의 성부 판단을 위한 다음 단계는 바로 수탁자가 위탁신임관계에 의한 보관자인지 여부이다.

이는 바로 명의신탁자와 명의수탁자 사이에 위탁신임관계를 근거 지우는 계약인 명의신탁약정 또는 이에 부수한 위임약정이 무효임에도 불구하고 횡령죄 성립을 위한 사무관리·관습·조리·신의칙에 기초한 위탁신임관계가 존재한다고 볼 수는 있는가, 또한 명의신탁자와 명의수탁자 사이에 존재한다고 주장될 수 있는 사실상의 위탁관계라는 것도 부동산실명법에 반하여 범죄를 구성하는 불법적인 관계에 지나지 아니할 뿐 이를 형법상 보호할 만한 가치 있는 신임에 의한 것이라고 할 수 없는가라는 질문으로 압축될 수 있다.

여기서 다양한 견해가 제시될 수 있다. 우선 횡령죄에 있어 위탁신임관계는 반드시 적법한 것임을 요하지 않고 사실상의 것으로도 족하다는 논리로 횡령죄의 성립을 주장할 수 있을 것이다. 반면 명의신탁자와 명의수탁자 사이에 무효인 명의신탁약정 등에 기초하여 존재한다고 주장될 수 있는 사실상의 위탁관계라는 것은 부동산실명법에 반하여 범죄를 구성하는 불법적인 관계에 지나지 아니할 뿐 이를 형법상 보호할 만한 가치 있는 신임에 의한 것이라고 할 수 없다는 주장도 가능하다.

전자가 종래 양자 간 명의신탁에 대해 횡령죄를 인정하던 대법원의 입장이며,[47] 후자가 최근 변경된 대법원의 입장이다.[48]

어떠한 논리가 타당한 것인지를 판단하기 위해서는 먼저 명의신탁약정과 물권변동을 무효로 규정하고 있는 부동산실명법의 입법과정을 살펴볼 필요가 있다. 주지하다시피 부동산실명법이 입법화된 배경에는 대법원의 태도 변화가 자리잡고 있다.

명의신탁은 본래 일제의 토지조사사업 및 등기와 관련되어 있으며, 1912년 제정된 조선부동산등기령 하에서 우리 사회의 오랜 관습인 종중 부동산을 종중

47) 대법원 2009. 11. 26. 선고 2009도5547 판결.

48) 대법원 2021. 2. 18. 선고 2016도18761 전원합의체 판결.

명의로 등기할 수 없었던 시대상황에서 비롯되었다.[49] 실제의 권리관계와 부합하지 않음에도 지속되어 온 부동산 거래의 현실과 관습을 인정한 조선고등법원 판결을 대법원이 부정하기 어려웠던 현실, 즉 갑작스러운 해방과 그 직후 6·25를 겪으면서 현실적으로 사법제도의 변화를 꾀하기 어려웠고 결과적으로 부동산 명의신탁의 유효성도 대법원에 의해서 받아들여지는 상황이 초래되었다. 결국 법적으로도 적법성이 '공인'된 명의신탁은 종중을 넘어 일반인들에 의해서도 널리 이용되는 현실을 조장하게 된 것이다. 그런데 이 같은 명의신탁의 법률관계는 대륙계인 독일의 신탁이론과도 구분되며, 일본[50]에서도 그 유례를 찾아보기 어렵다. 즉 판례에 의해 독자적으로 발전된 법영역이라고 할 수 있다.

이러한 연혁적 이유로 인해 대법원은 초기에는 대내적 소유권과 대외적 소유권을 구분하지 않고 명의수탁자를 기준으로 소유권을 단일하게 파악하여 명의수탁자가 신탁 부동산을 처분할 경우 자기소유의 재물을 처분하는 것이 되어 횡령죄에 해당하지는 않지만, 본래 소유자를 위하여 신탁재산을 성실하게 관리해야 할 의무를 위반한 것이 되어 배임죄가 성립된다는 입장이었다.[51] 그러다가 1971년에 이르러 대내적 소유권과 대외적 소유권을 구분하고 명의수탁자가 신탁 부동산을 처분하면 횡령죄가 성립하는 것으로 판례를 변경하였다.[52] 이같이 판례가 변경되자 거래계에서는 수탁자에 대한 형사처벌이 확보되고 그 결과 신탁재산이 담보되는 명의신탁 거래가 더욱 활발해질 수밖에 없었다. 이에 따라 정부는 1990년 부동산등기 특별조치법으로 조세부과 면탈 등의 목적을 위한 명의신탁을 금지하고, 위반시에는 징역 또는 벌금형으로 처벌된다는 점을 규정하였는데, 여전히 사법적 법률행위의 효력이 부정되는 것은 아니어서 명의신탁은 근절되지 않았다. 급기야 정부는 이후 부동산실명제를 실시하여 부정축재재산의 은닉, 부동산 투기, 세금포탈을 근절하고자 1995년 부동산실명법을 도입하였다.

대법원은 중간생략형 명의신탁에서 수탁자의 횡령죄 성립을 부정하는 방

49) 곽윤직(편집대표), 민법주해 제Ⅴ권, 박영사, 1997, 511면.

50) 일본은 소유권이전의 형식을 취하는 양도담보를 유효라고 보고 있으며(大判大 5·9·20), 처분권한도 이전한다는 점에서 우리의 명의신탁과는 다르다.

51) 대법원 1969. 1. 21. 선고 68도620 판결.

52) 대법원 1971. 3. 22. 선고 71도740 전원합의체 판결.

법으로, 재물의 타인성 측면이 아니라 재물의 보관자라는 측면에서 논리를 구성하는 방법을 택하였다. 즉 명의신탁약정에 의한 사실상의 위탁관계는 불법적인 관계에 지나지 않으며 형법상 보호할 만한 가치 있는 신임에 의한 것이라고 볼 수 없으므로 위탁신임관계가 부정되고 따라서 수탁자에게 보관자의 지위가 인정되지 않는다는 것이다. 양자 간 명의신탁에서 수탁자에게 횡령죄의 성립을 부정한 것도 이와 같은 논리를 취하고 있다.

대법원은 2021. 2. 18. 선고 2016도18761 전원합의체 판결에서 횡령죄에서 요구되는 위탁관계를 부정하였다. 그 핵심 논리는 다음과 같이 요약될 수 있다. 첫째, 명의신탁자와 명의수탁자 사이에 무효인 명의신탁약정 등에 기초하여 존재한다고 주장될 수 있는 사실상의 위탁관계라는 것은 부동산실명법에 반하여 범죄를 구성하는 불법적인 관계에 지나지 아니할 뿐 이를 형법상 보호할 만한 가치 있는 신임에 의한 것이라고 할 수 없다. 둘째, 명의수탁자가 명의신탁자에 대하여 소유권이전등기말소의무를 부담하게 되나, 위 소유권이전등기는 처음부터 원인무효여서 명의수탁자는 명의신탁자가 소유권에 기한 방해배제청구로 말소를 구하는 것에 대하여 상대방으로서 응할 처지에 있음에 불과하다. 셋째, 명의수탁자가 제3자와 한 처분행위가 부동산실명법 제4조 제3항에 따라 유효하게 될 가능성이 있다고 하더라도 이는 거래 상대방인 제3자를 보호하기 위하여 명의신탁약정의 무효에 대한 예외를 설정한 취지일 뿐 명의신탁자와 명의수탁자 사이에 위 처분행위를 유효하게 만드는 어떠한 위탁관계가 존재함을 전제한 것이라고는 볼 수 없다.

이처럼 말소등기의무의 존재나 명의수탁자에 의한 유효한 처분 가능성을 이유로 '타인의 재물을 보관하는 자'의 지위에 있음을 부정한 것은 배임죄에서 자기의 사무와 타인의 사무를 철저히 구분하고 타인의 사무처리자성을 엄격하게 해석하고 있는 최근 대법원 판례의 연장선으로 판단된다.

그런데 대법원의 이러한 논리가 타당하다고 하기 위해서는 세 가지 의문이 해소되어야 한다. 첫째, 부동산실명법이 이행강제금[53]을 부과하여 신탁자 명의의 등기를 강제하고 있는 것은 소유권이 수탁자가 아니라 신탁자에 있음을 전

53) 부동산실명법 제6조(이행강제금) ① 제5조 제1항 제1호에 따른 과징금을 부과받은 자는 지체 없이 해당 부동산에 관한 물권을 자신의 명의로 등기하여야 한다.

제로 한 것이 아닌가? 둘째, 부동산실명법 제4조 제3항이 물권변동의 무효를 제3자에게 대항하지 못한다는 규정을 둔 것은 수탁자가 소유자라면 무의미하게 되는 것이 아닌가? 셋째, 부동산실명법 제7조에 의하면 명의수탁자 명의의 등기를 금지하도록 규정한 부동산실명법 제3조 제1항을 위반한 경우 신탁자뿐만 아니라 수탁자도 형사처벌되는데 수탁자의 불법이 간과될 수 있는가? 이 질문들에 대한 답이 제시되어야 하는 것이다.

여기서 추가로 주목해야 할 지점이 있다. 신임관계에 의한 위탁관계가 '형법상 보호할 만한 가치가 있는 경우'로 제한되는지 여부이다. 이는 신임관계 발생의 원인이 되는 행위가 무효가 되면 곧바로 사실상의 위탁관계가 발생하는 것이 아니라 추가적으로 형법상 보호할 만한 가치 있는 신임관계가 인정되어야만 하는가의 문제이다. 대법원이 중간생략명의신탁에서 횡령죄가 성립하지 않는다는 논거로 '형법상 보호할 만한 가치 있는 신임에 의한 것'이 아니라는 점을 명확히 제시한 이후 이러한 논리가 더욱 공고해지고 있기 때문에 이 점은 명확히 짚어야 할 필요가 있다.

생각건대 위탁신임관계를 '형법이 보호할 만한 가치가 있는 신임'으로 제한할 경우 피고인에게는 유리한 해석이 된다. 그러나 이러한 해석에 의하면 절도범이나 강도범이 타인에게서 취득한 장물을 위탁한 경우 수탁자가 임의로 처분하여도 횡령죄의 성립이 부정될 수 있다. 그런데 절취물이나 강취물에 대해 대부분의 견해들은 타인에게 취득한 재물을 위탁한 경우에도 횡령죄의 성립을 부정하지 않는다. 그렇다면 명의신탁에서도 사실상의 위탁관계에 형법상 보호가치성을 요구하는 것은 신중할 필요가 있으며 다른 구성요건들과의 형평성을 위하여 엄격하게 판단하여야 한다. 개별 사안에 대한 형평을 잃은 입법이 금지되는 것처럼 법 해석을 통한 형평을 잃은 처벌도 금지되어야 하기 때문이다. 이러한 맥락에서 위탁신임관계는 횡령죄로 보호할 만한 가치 있는 신임에 의한 것으로 한정함이 타당하다는 대법원의 주장은 '횡령죄의 본질' 외에 특별한 논거 제시 없이 결과론적으로 횡령죄 주체의 포섭범위를 축소시키는 것이다. 위탁물횡령을 규정한 독일 형법 제246조 제2항에 있어서도 신임위탁관계를 '형법이 보호할 만한 가치 있는 신임'관계로 제한할 논리적 필요성이 있는 것은 아니며, 보호가치성이나 소유자의 이익 부합성 등을 근거로 다양한 입론이 가능함을 알 수 있다. 위탁관계를 제한적으로 규정하는 것은 최종적으로 입법적 결단의 문제라고 볼 수 있다.

입법적 결단 이전에 해석론으로 대법원이 '횡령죄로 보호할 만한 가치 있는 신임'이라는 기준을 제시하는 것은 기존에 횡령죄로 의율되던 모든 생활사태를 재평가하여 어떠한 위탁관계가 횡령죄로 보호할 만한 가치 있는 신임에 의한 것인지 판단하는 작업을 필요하게 만든다. 그리고 그때의 기준은 "재물의 보관자와 소유자 사이의 관계, 재물을 보관하게 된 경위 등에 비추어 볼 때 보관자에게 재물의 보관 상태를 그대로 유지하여야 할 의무를 부과하여 그 보관 상태를 형사법적으로 보호할 필요가 있는지 등을 고려하여 규범적으로 판단하여야"[54] 할 것이다. 대법원은 지금까지 단순히 '횡령죄는 위탁이라는 신임관계에 반하여 횡령'하는 것이라고만 밝혔기 때문이다.[55] 여기서 법관은 '법발견'과 '법형성' 사이에 고민에 빠지게 된다.

생각건대 그럼에도 불구하고 위탁관계는 형법상 보호할 필요가 있는 신임관계에 기한 위탁관계라고 볼 수 있다. 횡령죄의 객체는 위탁관계에 의해 보관중인 재물이므로 이러한 재물은 위탁 자체의 위법성이 중하여 사회생활상 용인될 수 없는 정도의 반사회성을 띠는 경우에는 보호객체라고 할 수 없으며 결과불법이 인정될 수 없기 때문이다. 위탁신임관계의 배신은 단순히 점유이탈물횡령과 횡령, 절도 사이에서 타인의 재물을 영득하는 방식을 결정짓고 불법을 차등화하는 횡령죄의 구성요건과 무관한 요소가 아니다. 위탁자의 신뢰는 법질서에 반하더라도 무조건적으로 보호받는 것이 아니며, 수탁자의 범죄로부터 보호받을 필요와 가치가 있어야만 한다. 통설과 판례[56] 모두 위탁관계의 발생근거가 법률행위와 법률은 물론 관습이나 조리 또는 신의성실의 원칙에 의해서도 발생할 수 있음을 인정하고 있는 상황에서 위탁관계의 확장을 차단하는 형법상 보호가치성은 형벌 발동의 적정성을 조절해 주는 불문의 구성요건요소라고 할 수 있다. 위탁신임관계를 근거지우는 명의신탁약정 또는 이에 부수한 위임약정이 무효이면 사무관리·관습·조리·신의칙에 기초한 위탁신임관계도 있다고 할

54) 대법원 2018. 7. 19. 선고 2017도17494 전원합의체 판결; 대법원 2021. 2. 18. 선고 2016도18761 전원합의체 판결.

55) 대법원 1994. 11. 25. 선고 93도2404 판결.

56) 대법원 2018. 7. 19. 선고 2017도17494 전원합의체 판결.

수 없다는 대법원의 인식[57]은 이러한 점에서 이해할 수 있다. 또한 위탁관계에 보호가치성을 요구할 경우 마약의 구입이나 위조지폐의 구입과 같은 반윤리적 거래관계에서 구입자금을 수령한 수탁자의 횡령을 부정함으로써 이러한 범죄들의 유인을 사전에 차단하는 형사정책적 효과를 기대할 수도 있다.

다만 중요한 점은 위탁관계의 발생의 원인이 되는 원인행위의 불법성·무효성을 개별 사안마다 구체적으로 판단하여, 형법상 보호할 가치가 있는 신임관계가 존재하며 횡령행위로서 의율하여야 하는 위험한 행위과 그렇지 않은 행위를 결정해야 한다는 점이다. 원인행위가 무효 또는 취소가 되어 발생하는 사실상의 위탁관계가 불법적인 관계인지에 대한 판단에 있어 원인행위의 불법성·무효성이 유일하고도 절대적인 기준이 될 수는 없기 때문이다. 예컨대 중간생략형 명의신탁과 양자 간 명의신탁을 비교하여 보면 신탁 부동산에 대한 제3자의 개입 여부, 신탁자의 소유권의 보유 여부, 신탁약정과 물권변동 과정에서 나타난 신임관계에 있어 차이가 존재하므로 불법성·반사회성에 있어 양자를 규범적으로 동일하게 보는 것은 타당하지 않다. 또한 양자 간 명의신탁의 처벌 필요에 대한 국민의 법감정이 통일되었다고 보기도 어렵다.[58] 모든 경우의 양자 간 명의신탁에서 위탁자의 신뢰를 형법상 보호가치 없는 신뢰라고 하기에는 명의신탁의 계약이 전형적인 불법원인급여인 매매춘계약, 첩계약의 정도로 평가되어야 하나, 거래계에서 그 정도의 불법성을 갖추었다고 단정하기는 어렵다.

양자 간 명의신탁에서 사실상의 위탁관계가 존재하는지 살펴보면, 양자 간 명의신탁이라고 하여 무조건 형법상 보호가치 있는 신임관계를 부정하여 사실

---

57) 대법원 2016. 5. 19. 선고 2014도6992 판결.

58) 실제로 양자 간 명의신탁 사안에서 명의신탁자의 상속인이 명의수탁자의 상속인을 상대로 진정명의회복을 원인으로 한 소유권이전등기절차의 이행을 구하는 사건에서 불법원인급여인지 여부를 두고, 다수의견은 "명의신탁자를 형사처벌하거나 명의신탁자에게 과징금을 부과하는 등 법률 규정에 따라 제재하는 것을 넘어, 부동산실명법에서 명의신탁을 금지하고 있다는 이유만으로 명의신탁자로부터 부동산에 관한 권리까지 박탈하는 것은 일반 국민의 법감정에 맞지 않는다"라고 한 반면, 반대의견은 "부동산 거래의 정상화와 부동산실명제의 정착을 바라는 시대 상황의 변화, 투명한 재산거래의 중요성과 부동산등기제도를 악용하는 반사회적 행위인 명의신탁을 방지할 필요성에 대하여 현재 형성되어 있는 사회 일반인의 인식 등에 비추어 보면, 이제는 무효인 명의신탁약정에 따라 명의수탁자에게 마친 등기가 불법원인급여에 해당한다고 판단하기에 충분한 법적 근거가 있다"고 판단하였다.

상의 위탁관계를 불법적인 관계로 간주할 것은 아니며 구체적으로 반사회성·반윤리성 정도를 구분하여야 한다. 예컨대 금융실명법을 위반하여 수탁받은 예금을 보관자인 예금명의자가 횡령한 경우와 농지 소유권을 취득하였으나 농지 소유자격이 없어 행정청으로부터 받은 농지처분명령을 회피하기 위하여 명의신탁을 하였는데 수탁자가 임의처분한 경우를 동일하게 판단하여 횡령죄의 성립을 일률적으로 판단하여서는 안 된다. 극단적으로 예를 들자면 부부(夫婦) 간 명의신탁에서 일방이 재산을 처분하면 횡령죄가 성립하지만, 부자(父子) 간 명의신탁의 경우 일방이 처분해도 횡령죄는 일체 성립하지 않는다고 하는 것은 불합리하다는 것이다. 연혁적으로 부부 간의 명의신탁은 유효하다고 인정되어 왔으나, 그 친족관계의 성질이나 오늘날 소가족 문화로의 변화에 비추어 보면 금지되는 부모자(父母子) 간의 명의신탁과의 차이가 절대적인 것은 아니라고 하겠다.

결국 대법원의 해석과 달리 부동산실명법을 위반한 명의신탁의 경우에도 수탁자와 신탁자 간의 신탁약정의 내용과 종류에 따라 수탁자의 불법성 정도에 차이를 두는 것이 불가능한 것은 아님을 알 수 있다. 오히려 모든 명의신탁에서의 위탁관계를 부정하는 것은 명의신탁이라는 이유로 모두 탈법적인 것으로 간주하는 것과 같다. 횡령죄는 소유자의 형식적 소유권을 보호하는 범죄이며 횡령죄가 지닌 배신적 성격에 비추어 볼 때 위탁물 횡령에 있어 수탁자를 처벌하는 것은 수탁자의 횡령행위 자체의 가벌성이 충분하기 때문이라는 점이 간과되어서는 안 됨을 주목해야 한다.

전술하였듯이 명의신탁의 법률관계는 독일의 신탁이론과도 구분되며 일본에서도 그 유례를 찾아보기 어려운 것으로, 근대식 등기가 갖추어지지 않았던 시대상황에서 유래하여 판례에 의해 독자적으로 발전된 영역이다. 결국 법원의 법 해석에 의해서 명의신탁의 유효성이 결정되고, 그에 따라 금지되는 명의신탁이 될 경우 수탁물을 임의로 처분하는 횡령행위가 있더라도 형사책임을 전혀 부담하지 않는다는 결론도 도출될 수 있는 것이다. 이는 과거 사례들에서 보았듯이 실물 거래계에는 많은 변화를 불러올 수밖에 없다. 그 유형도 복잡하고 실제 권리관계도 불명한 다양한 명의신탁의 사례는, 대법원이 최고법원으로서 단순한 법률심이 아니라 정책법원으로서 사법현실의 변화를 이끌어 낼 수 있음을 보여주는 대표적 예라고 할 수 있다. 대법원의 해석 여하에 따라 법적 안정성에 큰 도전을 가져올 수 있는 영역이다. 이것이 바로 법원의 법 해석의 중요성이 요구되는 또 다른 이유이다.

위에서 2개의 사례를 바탕으로 판례의 논리구성과 결론이 도출되는 과정을 살펴보았다.

대법원의 판결은 한번 선고되면 하급심 법원은 상급심 법원이 내린 결론에 기속된다. 그리고 이러한 수직적 구속은 너무나 당연한 것으로 받아들여진다. 그러나 대법원의 결론을 맹목적으로 추종하는 한 우리 사회를 변화하게 할 판례의 변경은 일어나기 어렵다. 판례를 무비판적으로 추종하고 그 결론만 암기하는 것은 이러한 변화의 원천을 봉쇄하는 것과 다름없다. 제대로 된 판례의 이해와 분석이 시급한 이유이다.

본서에서 판례를 분석한 방법도 다양한 방법론 중의 하나일 뿐이다. 이러한 해석에 구속될 필요는 없다. 법률내재적 의미 속에서 법발견은 누구나 자유롭게 할 수 있으며, 그러한 법발견이 다양하게 논의의 장에서 경쟁을 거칠 때 법적 안정성은 더욱 공고해지고, 구체적 타당성을 기할 수 있는 다양한 방법론도 발견될 수 있기 때문이다. 대법원은 물론 하급심의 판결을 제대로 이해하고 분석하는 방법은 습득한 법이론과 지식을 바탕으로 법적 논리를 세우고 그를 바탕으로 법해석자의 발자취를 따라가는 것이다. 그리고 마지막 단계, 사안을 포섭하여 나온 결론이 적절한 것인가를 반추해 보는 단계에서 끝이 난다. 이처럼 판결에 나타나 있는 발자취를 따라가며 결론의 타당성을 곱씹어 보는 사람들이 많아질수록 판결의 정당성, 사법작용에 대한 신뢰 또한 향상될 것이다.

제 2 편 사례의 이해

사례 1

대학생 甲은 온라인 게임을 하다가 8명이 있던 채팅방에서 자꾸 자신의 공격을 방해하는 A에게 "듣보잡이 왜 자꾸 태클이야!"라고 올렸다. 유심히 보던 甲은 A의 아이디가 같은 과 후배의 메일주소와 같다는 점에 '한국대 경영학과 1학년 빨간 머리 아니냐?'라고 물었고, A의 '어떻게 알았냐'는 대답을 듣고는 A라는 확신을 가졌다. 甲은 'A가 건방지다'고 생각하고는 대학신문사 기자라는 신분을 활용하여, 'A가 고등학교 3학년 때 부장교사의 딸이었으며, 사전 시험지 유출로 내신을 잘 받아 수시입학했다'는 소문을 가짜라고 생각했지만, '경영학과, 부정입학 의심 신입생 입학' 제목 하에 위의 내용으로 A4 7장을 복사하여 학과사무실 앞에 배포하였다. 그런데 이 소문은 진실이었다.

A의 남자친구 乙은 甲에게 항의하기 위해 친구 B와 의논하였는데, B가 "몰랐냐? A 바보로 유명했어. 포기해"라는 말에 격분해 동네 놀이터로 끌고 가 주위에 있던 벽돌로 뒤통수를 가격하여 부상을 입혔다. B는 충격에 벤치에 늘어져 누워 있었는데 10분 뒤에 나타난 노숙자 丙은 B가 자기 자리를 빼앗은 노숙자로 알고 혼을 내주기 위해 엉덩이로 밀쳐 B를 벤치(바닥에서 60cm 높이)에서 콘크리트 바닥으로 떨어뜨렸다. B는 머리를 부딪치고 바닥에 쓰러져 있다가 30분 후 행인에 의해 발견되어 병원으로 후송되었다. 병원으로 후송된 B가 5일 뒤 사망하였는데 부검결과 뇌 손상이 누구의 행위 때문인지는 밝혀지지 않았다.

乙은 급한 마음에 인터넷으로 알아본 변호사 L과 수임계약을 체결했다. 그런데 L이 수임 이후 진행상황에 대한 소식을 알려주지 않자 사무실로 찾아갔고, 자신이 애써 받아 온 탄원서가 재판부에 제출되지 않고 책상에 나뒹굴고 있는 것을 보고 격분했다. 乙은 탄원서 제출을 독촉하기 위해서 L의 사무실과 핸드폰으로 일주일 동안 150여 통의 전화(하루 평균 20회, 특정일의 경우 90회, 실제 통화연결 횟수는 10회가량임)를 걸어 다른 전화가 연결되지 않도록 전화공세를 해 왔었다.

한편 乙이 변호사 사무실 복도에 서성이자 직원의 신고를 받고 경찰관 P가 출동하였다. 이상한 낌새를 느낀 乙이 내려가 자신의 차에 타 시동을 걸고 출발하려는 순간 P가 운전면허증을 보여달라고 하자, 乙은 P에게 길에 떨어져 있던 Y의 운전면허증을 자신이 촬영한 사진(이미지 파일)을 핸드폰을 열어 보여주었다.

한바탕 소동을 일으키고 돌아온 乙은 자신의 원룸에 동거하고 있던 동거녀가 치사량의 필로폰을 복용하여 쓰러져 있었으나, 자기 일로도 복잡한 마음에 "아무 일 없을거야"라고 생각하고 나와 버렸고 동거녀는 결국 사망하였다(둘은 혼인의 의사가 없었으며 생활비를 절약하기 위해 동거 중이었다).

1. 甲, 乙, 丙의 죄책은?
2. 만일 밑줄 친 부분과 달리, 甲이 '부정입학은 사회악으로 근절되어야 한다'는 생각에 A와 고교 동창 출신인 과 동기가 보여 준 교육청 홈페이지에 올라왔던 탄원서와 답안지 등 관련 증거자료를 보고 사실로 판단하여 대학신문에 게재하였는데, 알고 보니 증거자료와 소문은 A의 예전 남자친구가 A를 음해하기 위해서 퍼뜨린 가짜였다면 甲의 형사책임은 어떻게 달라지는가?
3. 변호사 L의 사무장이 "담당 수사관에게 휴가비를 줘야 사건이 잘 풀릴 것 같으니, 300만원은 줘야 한다"는 취지의 진술을 乙에게 했는데 사무장이 법정에서 부인하고 있다. 검사 S1이 사무장의 이런 진술이 녹음된 乙의 휴대폰 녹음파일을 금전 수수의 증거로 제출했다면 증거능력이 있는가?
4. 검사 S2는 밑줄 친 사실관계 부분에서 甲의 혐의를 확인하기 위해 컴퓨터에 대한 압수·수색 영장을 발부받았다. 그러나 하드디스크의 용량이 너무 커 검찰청 사무실에 가디스크를 이미징(복제)하였다. 이 과정에서 甲은 졸업학기 수강신청 때문에 동석하지 못했다. S2의 집행은 적법한가?
5. 乙은 동거녀 사망 이후 실의에 빠져 2019. 12. 1.부터 2020. 5. 31.까지 약 6개월간 7회에 걸쳐 속칭 '하우스'에서 도리짓고땡이라는 상습도박을 한 혐의로 약식기소되었다. 이 약식사건에서 총 10회 중 3회의 도박사실에 대해서는 乙의 자백 외에 다른 증거가 없음을 법원이 확인한 경우 법원은 어떠한 조치를 취하여야 하는가?

[1문]

Ⅰ. 쟁점의 정리

Ⅱ. 甲의 죄책

1. 모욕죄의 성부

공연히 사람을 모욕하는 경우 모욕죄가 성립한다(형법 제311조). 본죄에서 모욕은 사실을 적시하지 않은 채 타인의 인격적 가치에 대한 존중 요구를 깎아 내리는 가치판단이나 일반적인 의사표시를 말한다. 공연성은 불특정 또는 다수인에게 모욕을 하는 경우 인정된다.

설문에서 甲이 쓴 '듣보잡'은 경멸적 표현이라고 할 수 있으며(2010도10130), 8명이 있는 인터넷 공간도 공연성이 인정되며 A의 아이디라고 하더라도[1)] 피해자가 누구인지 특정될 수 있으므로 모욕죄가 성립한다고 하겠다.

2. 명예훼손죄의 성부

사람을 비방할 목적으로 신문, 잡지 또는 라디오 기타 출판물에 의하여 사실 또는 허위의 사실을 적시하여 타인의 명예를 훼손하는 경우 출판물에 의한 명예훼손죄가 성립한다(제309조).

출판물에 의한 명예훼손죄가 성립하기 위한 비방의 목적이 있어야 하며, 인쇄물 정도의 출판물이어야 한다. A4용지 7장은 출판물이 아니므로 제309조가 아니라 제307조가 문제된다. 진실한 사실을 허위사실로 오인하고 적시하였으므로 큰 고의는 작은 고의를 포함하여 제307조 제1항의 명예훼손죄가 성립한다.

甲에게는 사실적시에 의한 명예훼손죄가 성립한다.

1) 의정부지법 2014.10.23. 선고 2014고정1619 판결 참고.

Ⅲ. 乙의 죄책

1. 상해치사죄의 성부

단체 또는 다중의 위력을 보이거나 위험한 물건을 휴대하여 사람을 상해하면 특수상해죄가 성립한다(제258조의2). 乙에게 폭행의 고의나 상해의 고의 모두 있을 수 있으나 두부를 벽돌로 내리친 것은 그 자체로 생리적 기능 훼손이 충분한 행위로 상해의 고의로 보아야 할 것이다. 벽돌은 위험한 물건으로 乙의 행위는 특수상해에 해당한다.

그런데 10분 후 의사의 연락 없이 이뤄진 丙의 상해행위[2)]와 경합하여 사망하였지만 그 원인이 판명되지 않았으므로 상해죄 동시범 특례(제263조)가 문제되며, 통설은 상해의 결과를 발생케 한 문언에 비추어 유추해석 금지에 반하므로 적용을 부정하는 부정설을 취하고 있으나, 판례는 이 경우 이시의 행위에 대해서도 특례의 적용을 인정하고 있으며, 상해의 범위를 넘어서 사망의 결과가 발생한 상해치사죄에 대해서도 적용을 인정하고 있다. 생각건대 예외규정을 둔 취지, 무죄추정의 원칙, 책임제한의 원칙에 비추어 통설이 타당하다.

'공동정범의 예'에 의하여 처벌되는데, 동시범으로서의 기수범을 의미한다는 견해와 기수범의 공동정범이라는 견해가 대립된다. 판례는 여러 사람이 상해의 범의로 범행 중 한 사람이 상해를 가하여 피해자가 사망에 이르게 된 경우 나머지 사람들에게 예견 가능성이 없는 때가 아닌 한 상해치사의 죄책을 면할 수 없다고 하여(2000도745) 상해치사죄의 공동정범을 인정하고 있다.

특례의 적용을 부정할 경우 甲에게는 단순히 특수상해죄만 성립할 것이다. 그러나 판례의 입장에 따르면 특례가 적용되고, 원인된 행위가 판명되지 않았으므로 상해치사죄가 성립할 것이다.

2. 업무방해죄의 성부

허위의 사실을 유포하거나 위계 또는 위력으로 사람의 업무를 방해하면

---

2) 판례는 상해행위와 폭행행위가 경합되거나 상해와 폭행치상이 경합된 경우도 인정하고 있어 丙의 고의를 폭행으로 보더라도 차이가 없다(대법원 2000. 7. 28. 선고 2000도2466 판결).

업무방해죄가 성립한다(제314조). 이때 업무는 형법상 보호가치 있는 업무여야 하나, 업무방해의 위험으로 족하다(통설, 판례). 위력이란 사람의 자유의사를 제압·혼란케 할 만한 일체의 세력으로 유형적이든 무형적이든 묻지 않고, 사회적·경제적·정치적 지위와 권세에 의한 압박 등이 포함된다. 전화통화를 통한 업무처리가 주된 직종의 경우 무차별 전화공세는 이러한 위력에 해당한다고 볼 수 있다.

형사변호 약정은 위임계약이므로 甲이 자신의 권리 행사를 할 수 있으나 이는 사회통념상 허용되는 방법에 의하여야 하는 것인데, 무차별적인 전화공세라는 위력을 행사하여 휴대폰 및 변호사 사무실의 긴요한 전화 사용을 방해한 것은 변호사 업무가 방해되는 결과를 초래할 위험이 발생하였다고 볼 수 있을 것이다(2004도8447).

침해범설, 위험범설 어느 견해에 의하더라도 업무방해죄의 기수가 성립한다.

3. 공문서부정행사의 성부

공무원 또는 공무소의 문서 또는 도화를 부정행사하면 공문서부정행사죄가 성립한다(제230조). 운전면허증은 자격증명 외에 동일인증명기능을 동시에 가지고 있으므로 공문서부정행사가 될 수 있다(2000도1985). 다만 공문서에 대한 공공의 신용 등을 해할 위험이 있어야 이 죄가 성립할 수 있다(2018도2560).

공문서부정행사죄의 구성요건과 입법 취지, 도로교통법 제92조의 규정 내용과 입법 취지 등에 비추어 보면, 자동차 등의 운전자가 운전 중에 도로교통법 제92조 제2항에 따라 경찰공무원으로부터 운전면허증의 제시를 요구받은 경우 운전면허증의 특정된 용법에 따른 행사는 도로교통법 관계 법령에 따라 발급된 운전면허증 자체를 제시하는 것이라고 보아야 한다(2018도2560). 따라서 촬영된 이미지 파일을 보여 준 경우 본죄는 성립하지 않는다. 부정행사되는 공문서는 진정한 공문서의 무권한 사용을 의미하기 때문이다.

4. 유기치사죄의 성부

부작위에 의한 살인죄가 문제될 수 있으나 乙이 아무 일 없을 것이라고 생각하고 나간 것으로는 용인 또는 감수의사를 인정할 수 없고 미필적 고의를 인정할 수 없을 것이다. 따라서 유기치사죄가 검토되어야 한다.

유기죄의 주체는 법률상 또는 계약상 의무 있는 자여야 하는데, 사실혼 관계에 있는 경우도 민법 제826조 제1항의 취지에 따라 법률상 보호의무의 존재를 긍정할 수 있는데, 사실혼에 해당해 법률혼에 준하는 보호를 받기 위해서는 단순한 동거로는 부족하고 당사자 사이에 혼인의 의사가 있고 객관적으로도 사회관념상 가족질서적인 면에서 부부공동생활을 인정할 만한 혼인생활의 실체가 존재해야 한다(2007도3952).

乙과 동거녀 사이에 이런 사정이 없으므로 유기치사죄는 성립하지 않는다.

생각할 거리

만일 길거리에 떨어진 Y의 운전면허증을 취득한 후 제시하였고 Y의 운전면허증은 사실 Y가 쌍둥이 동생인 Y2를 위해 자신의 면허증에 Y2의 사진을 붙여 준 것이었다면?

- 부정행사되는 공문서가 진정한 것이어야 한다는 다수설에 의하면 본죄의 (불능)미수에 해당한다.[3] 그러나 부정설을 취하는 판례(82도1297)에 의하면 공문서부정행사죄가 성립할 것이다. 점유이탈물횡령죄도 성립한다.

IV. 丙의 죄책

丙이 혼을 내주겠다는 의사로 60cm 벤치에서 늘어져 있는 피해자를 떨어뜨리면 사망할 수 있다는 점도 예견할 수 있으므로, 상해의 고의로 상해를 가하였으며 원인이 판명되지 않았지만 사망의 결과가 발생한 경우이다.

상해의 결과를 넘어 치사의 결과가 발생한 경우에 동시범의 특례를 적용할 수 있는가에 대해 부정설과 긍정설의 견해가 대립된다. 판례는 폭행치사와 상해치사 모두에 적용을 긍정하고 있다. 이러한 입장에 따르면 동시범 특례가 적용되고 상해치사죄의 동시범이 성립할 것이다.[4] 그러나 동시범의 특례 적용을

3) 위조등 공문서행사죄는 고의가 없으므로 불성립한다. 자신의 사진과 지문이 찍힌 타인명의의 주민등록증을 경찰관에게 제시한 경우 위조공문서행사죄설과 공문서부정행사죄설, (허위작성공문서행사죄설)이 대립한다.

4) 판례는 여러 사람이 상해의 범의로 범행 중 한 사람이 상해를 가하여 피해자가 사망에 이

부정하는 통설에 의하면 상해죄만 성립할 것이다.

[2문]

Ⅰ. 쟁점의 정리

甲의 착오는 적시사실의 진실성에 대한 착오이나 비방의 목적이 부정되어 사실적시에 의한 출판물에 의한 명예훼손죄가 아니라 제307조 제1항의 명예훼손죄가 문제되고, 허위의 사실을 진실한 사실로 오인하고 공공의 이익을 위하여 적시한 경우로 제310조의 적용 여부가 검토되어야 한다.[5)]

Ⅱ. 제307조 제1항의 명예훼손죄의 성부와 제310조의 적용 여부

1. 견해의 대립

적시사실의 진실성에 대한 착오의 취급에 대하여, ① 위법성조각사유의 전제사실의 착오설(고의설이나 소극적 구성요건표지이론, 구성요건착오 유추적용설에 의하면 과실명예훼손이 되나 과실범 처벌규정이 없으므로 명예훼손죄는 불성립하고, 엄격책임설에 의하면 제307조 제1항이 성립하되 형을 감경할 수 있을 것이며, 법효과제한적 책임설에 의하면 제307조 제1항의 고의불법은 성립하나 과실책임만 인정되고, 과실범 처벌규정이 없으므로 명예훼손죄 불성립)과, ② 위법성조각사유의 착오는 구성요건착오로 원칙적으로 고의를 조각하지만 명예훼손의 경우 제307조 제1항의 특수성에 비추어 진실성의 착오는 고의를 조각하지 않고 제15조 제1항에 의해 제307조 제1항이 성립한다는 구성요건착오설, ③ 특별한 주관적 정당화요소인 성실한 검토의무를 통해 이를 이행하면 허용된 위험의 법리와 결합시켜 이

르게 된 경우 나머지 사람들에게 예견 가능성이 없는 때가 아닌 한 상해치사의 죄책을 면할 수 없다고 하여(대법원 2000. 5. 12. 선고 2000도745 판결), 상해치사죄의 공동정범을 인정하고 있다. 한편 의자의 높이, 부상 정도를 고려할 때 사망의 결과 발생에 대한 예견 가능성이 없다면 상해치사죄는 성립하지 않고 상해죄만 성립할 것이라는 주장도 가능할 것이다.

5) 대법원 1998. 10. 9. 선고 97도158 판결.

행할 경우에는 행위반가치가 탈락되므로 명예훼손의 결과에도 불구하고 위법성이 부정된다는 허용된 위험설(성실한 검토의무설) 등이 주장되고 있다.[6)]

판례는 행위자가 그 사실을 진실한 것으로 믿었고 또 그렇게 믿을 만한 상당한 이유가 있으면 제310조의 적용을 긍정하여 위법성을 조각한다고 판시하였다.

생각건대 제310조의 진실성은 주관적 정당화요소이며 공익성과 진실성은 위법성조각사유의 요건(전제사실)이므로 위법성조각사유의 전제사실의 착오설이 타당하다.

2. 사안의 경우

위법성조각사유의 전제사실의 착오로 이해할 경우 학설에 따라 결론이 달라지는데, 법효과제한적 책임설에 의할 경우 제307조 제1항의 명예훼손죄는 성립하지 않으나, 판례에 의하면 진실성의 착오에 대한 상당한 이유를 인정할 수 있으므로 제310조가 적용되어 제307조 제1항의 위법성이 조각된다.

[3문]

Ⅰ. 쟁점의 정리

乙의 휴대폰 녹음이 사인의 위법수집증거로 증거능력이 있는지, 또한 전문증거로서 증거능력의 요건이 예외적으로 판단하여야 할 것인지, 아니면 원본증거로서 최량증거법칙을 준수하여야 하는지가 문제된다.

Ⅱ. 증거능력의 유무

1. 위법수집증거인지 여부

乙의 녹음은 통신비밀보호법 제3조의 타인간의 대화가 아니므로 위법한 녹

6) 법률의 착오설도 있다.

음에는 해당하지 않으며, 위법수집증거에는 해당되지 않는다.

2. 전문증거인지 여부와 증거능력

요증사실과의 관계에서 원진술의 내용인 사실이 요증사실이면 진술증거이고 원진술의 존재 자체가 요증사실인 경우에는 본래증거이다.

사안의 경우 사무장의 행위는 변호사법이 규정하고 있는 알선수재죄[7]로 그 입증에서 원진술의 존재 자체가 피고인의 알선수재에 있어서의 요증사실이므로 원본증거이다(2008도8007).

따라서 관련성과 진정(원본)성이 인정되면 증거로 사용 가능하다.[8]

[4문]

Ⅰ. 쟁점의 정리

전자정보에 대한 압수·수색영장 집행의 법적 성격에 따라 압수와 탐색의 과정에 대한 당사자의 참여권이 문제된다.

Ⅱ. 컴퓨터의 압수·수·색의 위법성

전자정보의 압수·수색에 대해 형사소송법 제121조는 피고인 또는 변호인의 영장 집행 참여를 규정하고 있으며 피고인 또는 변호인이 참여하지 않는다는 의사를 명시한 때와 급속을 요하는 때에는 예외로 하고 있다. 이러한 규정은 수사절차에도 준용된다(제219조). 전자정보를 검색하여 출력하거나 파일로 복제

7) 공무원이 취급하는 사건 또는 사무에 관하여 청탁 또는 알선을 한다는 명목으로 금품·향응, 그 밖의 이익을 받거나 받을 것을 약속한 자 또는 제3자에게 이를 공여하게 하거나 공여할 것을 약속한 자는 5년 이하의 징역 또는 1천만원 이하의 벌금에 처한다. 이 경우 벌금과 징역은 병과할 수 있다(동법 제111조 제1항). 알선수재죄는 특가법 제5조의 알선수재와 거의 동일한 사항을 규율대상으로 삼고 있다(대법원 2002. 5. 10. 선고 2000도2251 판결).

8) 만일 녹음파일(전문증거)의 경우, 관련성 및 제313조, (사본일 경우 원본과의 동일성 요건)이 인정되어야 한다.

하는 행위에 대해 수색설, 수색검증설, 압수물 확인행위설이 대립되나 대법원은 전체적으로 하나의 영장에 기한 압수·수색의 일환으로 보고 있다.

압수는 영장 발부의 사유로 된 혐의사실과 관련된 부분만을 문서 출력물로 수집하거나 수사기관이 휴대한 저장매체에 해당 파일을 복사하는 방식으로 이루어져야 하고, 집행현장의 사정상 위와 같은 방식에 의한 집행이 불가능하거나 현저히 곤란한 부득이한 사정이 있더라도 그 같은 경우에 그 저장매체 자체를 직접 또는 하드카피나 이미징 등 형태로 수사기관 사무실 등 외부로 반출하여 해당 파일을 압수·수색할 수 있도록 영장에 기재되어 있고 실제 그와 같은 사정이 발생한 때에 한하여 예외적으로, 관련성 있는 범위에서 허용될 뿐이다. 이 과정에서 영장의 제시는 충분히 이루어져야 한다(2015도12400).

또한 이런 예외적인 경우에도 전체 과정을 통하여 피압수·수색 당사자나 변호인의 계속적인 참여권 보장, 피압수·수색 당사자가 배제된 상태의 저장매체에 대한 열람·복사 금지, 복사대상 전자정보 목록의 작성·교부 등 압수·수색 대상인 저장매체 내 전자정보의 왜곡이나 훼손과 오·남용 및 임의적인 복제나 복사 등을 막기 위한 적절한 조치가 이루어져야 한다(2011모1839 전합).

사안에서 해당 파일의 외부 반출에 대한 영장기재 사실이 없고, 甲의 명시적 거부의사가 확인되지 않고 전자정보의 왜곡이나 임의적인 복제를 막기 위한 참여권 등이 보장되지 않았으므로 S2의 압수수색 집행은 전체적으로 보아 부적법하다고 하겠다.

Ⅲ. 사안의 해결

S2의 압수수색 영장의 집행은 전체적으로 보아 부적법하다.

[5문]

Ⅰ. 쟁점의 정리

포괄일죄에 대한 약식사건에서 일부에 대해서만 자백이 있는 경우 자백의 보강법칙의 적용이 문제된다.

II. 법원의 조치

피고인의 자백이 그 피고인에게 불이익한 유일의 증거인 때에는 이를 유죄의 증거로 하지 못한다(형사소송법 제310조). 약식절차의 경우에도 전문법칙은 배제되나 자백의 보강법칙은 적용된다. 법정형이 3년 이하의 징역 또는 2천만원 이하의 벌금인 상습도박죄(형법 제246조 제2항)도 벌금형을 선택할 수 있어 약식명령의 청구가 가능하다.[9]

甲이 범한 도박죄는 상습도박죄로 이러한 포괄일죄에 대한 자백보강법칙의 적용에 대해서는 견해가 대립되고 있다. 포괄일죄는 실질적으로 수죄이므로 각각의 범죄사실에 관하여 보강증거가 있어야 한다는 견해와, 포괄일죄를 이루는 개별적인 행위가 구성요건상 독립된 의미를 가지는 경우에는 각각의 범죄사실에 대한 보강증거가 필요하지만 그렇지 않은 경우에는 각각의 행위에 보강증거가 필요하지 않다는 견해가 대립된다.

판례는 포괄일죄인 상습범에 있어서도 이를 구성하는 각 행위에 관하여 개별적으로 보강증거를 요구하고 있다고 하여 각각의 범죄사실에 관하여 보강증거가 필요하다는 입장이다(95도1794).

생각건대 포괄일죄도 실질적으로는 수 개의 범죄사실로 수죄에 해당하므로 각각의 범죄사실에 관하여 보강증거가 필요하다고 보는 것이 타당하다.

사안의 경우 각각의 도박사실에 대해서 자백 외에 보강증거가 필요하나, 3회의 도박사실에 대해서는 甲의 자백 외에 다른 증거가 없으므로 자백보강법칙에 의하여 위 3회에 도박행위에 대해서는 유죄로 인정할 수가 없다. 이 경우 법원은 공판절차로 회부하여 공판절차에서 심판하여야 한다(2003도2735).

---

9) 약식명령은 지방법원의 관할에 속하는 사건으로서 벌금, 과료 또는 몰수에 처할 수 있는 사건에 한한다(형사소송법 제448조 제1항).

<판례연구 1>

○ 대법원 2017. 4. 26. 선고 2016도18024 판결

[명예훼손][공2017상,1212]

【판시사항】

형법 제307조 제1항에서 말하는 '사실'의 의미 / 형법 제307조 제1항의 명예훼손죄는 적시된 사실이 진실한 사실인 경우이든 허위의 사실인 경우이든 모두 성립할 수 있는지 여부(적극) 및 적시된 사실이 허위의 사실이나 행위자에게 허위성에 대한 인식이 없는 경우, 제307조 제1항의 명예훼손죄가 성립하는지 여부(적극)

【판결요지】

형법 제307조 제1항·제2항, 제310조의 체계와 문언 및 내용에 의하면, 제307조 제1항의 '사실'은 제2항의 '허위의 사실'과 반대되는 '진실한 사실'을 말하는 것이 아니라 가치판단이나 평가를 내용으로 하는 '의견'에 대치되는 개념이다. 따라서 제307조 제1항의 명예훼손죄는 적시된 사실이 진실한 사실인 경우든 허위의 사실인 경우든 모두 성립될 수 있고, 특히 적시된 사실이 허위의 사실이라고 하더라도 행위자에게 허위성에 대한 인식이 없는 경우에는 제307조 제2항의 명예훼손죄가 아니라 제307조 제1항의 명예훼손죄가 성립될 수 있다. 제307조 제1항의 법정형이 2년 이하의 징역 등으로 되어 있는 반면, 제307조 제2항의 법정형은 5년 이하의 징역 등으로 되어 있는 것은 적시된 사실이 객관적으로 허위일 뿐 아니라 행위자가 그 사실의 허위성에 대한 주관적 인식을 하면서 명예훼손행위를 하였다는 점에서 가벌성이 높다고 본 것이다.

○ 대법원 2017. 3. 15. 선고 2016도19843 판결

[상해·협박][공2017상,834]

【판시사항】

통신비밀보호법에서 보호하는 타인 간의 '대화'에 사물에서 발생하는 음향이 포함되는지 여부(소극) 및 사람의 목소리라고 하더라도 상대방에게 의사를 전달하는 말이 아닌 비명소리나 탄식 등이 타인 간의 '대화'에 해당하는지 여부(원칙적 소극) / 타인 간의 '대화'에 해당하지 않는 사람의 목소리를 녹음하거나 청취하여 형사절차에서 증거로 사용할 수 있는지 판단하는 기준

【판결요지】

통신비밀보호법 제1조, 제3조 제1항 본문, 제4조, 제14조 제1항·제2항의 문언, 내용, 체계와 입법 취지 등에 비추어 보면, 통신비밀보호법에서 보호하는 타인 간의 '대화'는 원칙적으로 현장에 있는 당사자들이 육성으로 말을 주고받는 의사소통행위를 가리킨다. 따라서 사람의 육성이 아닌 사물에서 발생하는 음향은 타인 간의 '대화'에 해당하지 않는다. 또한 사람의 목소리라고 하더라도 상대방에게 의사를 전달하는 말이 아닌 단순한 비명소리나 탄식 등은 타인과 의사소통을 하기 위한 것이 아니라면 특별한 사정이 없는 한 타인 간의 '대화'에 해당한다고 볼 수 없다.

한편 국민의 인간으로서의 존엄과 가치를 보장하는 것은 국가기관의 기본적인 의무에 속하고 이는 형사절차에서도 구현되어야 한다. 위와 같은 소리가 비록 통신비밀보호법에서 말하는 타인 간의 '대화'에는 해당하지 않더라도, 형사절차에서 그러한 증거를 사용할 수 있는지는 개별적인 사안에서 효과적인 형사소추와 형사절차상 진실발견이라는 공익과 개인의 인격적 이익 등의 보호이익을 비교형량하여 결정하여야 한다. 대화에 속하지 않는 사람의 목소리를 녹음하거나 청취하는 행위가 개인의 사생활의 비밀과 자유 또는 인격권을 중대하게 침해하여 사회통념상 허용되는 한도를 벗어난 것이라면, 단지 형사소추에 필요한 증거라는 사정만을 들어 곧바로 형사소송에서 진실발견이라는 공익이 개인의 인격적 이익 등 보호이익보다 우월한 것으로 섣불리 단정해서는 안 된다. 그러나 그러한 한도를 벗어난 것이 아니라면 위와 같은 목소리를 들었다는 진술을 형사절차에서 증거로 사용할 수 있다.

○ 대법원 2019. 12. 12. 선고 2018도2560 판결

[공문서부정행사·사문서위조·위조사문서행사·도로교통법위반(음주운전)·도로교통법위반(무면허운전)]〈타인의 자동차운전면허증을 촬영한 이미지 파일을 제시하여 공문서부정행사로 공소제기된 사건〉[공2020상,288]

【판시사항】

자동차 등의 운전자가 운전 중에 도로교통법 제92조 제2항에 따라 경찰공무원으로부터 운전면허증의 제시를 요구받은 경우,[10] 운전면허증의 특정된 용법에 따른 행사는 도

10) 공소사실은 "피고인은 2017. 4. 26. 01:15경 서울 (주소 생략) 소재 ○○스포츠센터 앞 도로에서 (차량번호 생략) K5 승용차를 운전하던 중 음주 및 무면허운전으로 적발되어 서울 △△경찰서 소속 경위 공소외 1로부터 운전면허증의 제시를 요구받고, 피고인의 휴대전화

로교통법 관계 법령에 따라 발급된 운전면허증 자체를 제시하는 것인지 여부(적극) / 이 때 자동차 등의 운전자가 경찰공무원에게 다른 사람의 운전면허증 자체가 아니라 이를 촬영한 이미지 파일을 휴대전화 화면 등을 통하여 보여주는 행위가 공문서부정행사죄를 구성하는지 여부(소극)

【판결요지】

공문서부정행사죄는 사용권한자와 용도가 특정되어 작성된 공문서 또는 공도화를 사용권한 없는 자가 사용권한이 있는 것처럼 가장하여 부정한 목적으로 행사하거나 또는 권한 있는 자라도 정당한 용법에 반하여 부정하게 행사하는 경우에 성립한다.

공문서부정행사죄는 공문서에 대한 공공의 신용 등을 보호하기 위한 데 입법 취지가 있는 것으로, 공문서에 대한 공공의 신용 등을 해할 위험이 있으면 범죄가 성립하지만, 그러한 위험조차 없는 경우에는 범죄가 성립하지 아니한다.

도로교통법은 자동차 등을 운전하려는 사람은 지방경찰청장으로부터 운전면허를 받아야 하고(제80조 제1항), 운전면허의 효력은 본인 또는 대리인이 운전면허증을 발급받은 때부터 발생한다고 규정하고 있으며(제85조 제5항), 이러한 운전면허증의 서식, 재질, 규격 등은 법정되어 있다(제85조 제2항; 동법 시행규칙 제77조 제2항 [별지 제55호 서식]).

도로교통법에 의하면, 운전면허증을 발급받은 사람은 자동차 등을 운전할 때 운전면허증 등을 지니고 있어야 하고(제92조 제1항), 운전자는 운전 중에 교통안전이나 교통질서 유지를 위하여 경찰공무원이 운전면허증 등을 제시할 것을 요구할 때에는 이에 응하여야 한다(제92조 제2항). 도로교통법이 자동차 등의 운전자에 대하여 위와 같은 의무를 부과하는 취지는 경찰공무원으로 하여금 교통안전 등을 위하여 현장에서 운전자의 신원과 면허조건 등을 법령에 따라 발급된 운전면허증의 외관만으로 신속하게 확인할 수 있도록 하고자 하는 데 있다. 만일 경찰공무원이 자동차 등의 운전자로부터 운전면허증의 이미지 파일 형태를 제시받는 경우에는 그 입수 경위 등을 추가로 조사·확인하지 않는 한 이러한 목적을 달성할 수 없을 뿐만 아니라, 그 이미지 파일을 신용하여 적법한 운전면허증의 제시가 있었던 것으로 취급할 수도 없다.

따라서 도로교통법 제92조 제2항에서 제시의 객체로 규정한 운전면허증은 적법한 운전면허의 존재를 추단 또는 증명할 수 있는 운전면허증 그 자체를 가리키는 것이지, 그

에 저장된 공소외 2의 운전면허증을 촬영한 이미지 파일을 마치 피고인의 운전면허증인 것처럼 제시하여 공문서를 부정하게 행사하였다"였다.

이미지 파일 형태는 여기에 해당하지 않는다.

이와 같은 공문서부정행사죄의 구성요건과 입법 취지, 도로교통법 제92조의 규정 내용과 입법 취지 등에 비추어 보면, 자동차 등의 운전자가 운전 중에 도로교통법 제92조 제2항에 따라 경찰공무원으로부터 운전면허증의 제시를 요구받은 경우 운전면허증의 특정된 용법에 따른 행사는 도로교통법 관계 법령에 따라 발급된 운전면허증 자체를 제시하는 것이라고 보아야 한다. 이 경우 자동차 등의 운전자가 경찰공무원에게 다른 사람의 운전면허증 자체가 아니라 이를 촬영한 이미지 파일을 휴대전화 화면 등을 통하여 보여주는 행위는 운전면허증의 특정된 용법에 따른 행사라고 볼 수 없는 것이어서 그로 인하여 경찰공무원이 그릇된 신용을 형성할 위험이 있다고 할 수 없으므로, 이러한 행위는 결국 공문서부정행사죄를 구성하지 아니한다.

사례 2

甲녀는 태권도 선수 출신으로 대학 졸업 후 경찰공무원 시험에 응시하였으나 떨어지자, 잠시 화장품 샵에서 아르바이트를 시작했다. 그날(2023. 2. 2)따라 손님이 많아 피곤하던 차에 폐점 준비를 하고 있었는데, 깔끔한 정장 차림의 乙이 들어오더니 여자친구에게 줄 거라며 50만원 상당의 화장품 세트의 포장을 요구하였다.

甲은 乙의 몸에서 매캐한 연기 냄새가 나 조금 이상하다는 생각을 하면서 포장을 하는데, 갑자기 乙이 계산대 앞으로 가더니 당일 매출액인 300만원을 들고 도주하려고 했다. 甲은 태권도 선수 출신답게 乙에게 이단옆차기를 하여 쓰러뜨렸다. 쓰러진 乙은 충격에 도망가지 못하고 있었는데 甲은 마감시간에 짜증나는 일이 생겼다며 생각하고는 4분 동안 넘어진 乙의 배와 머리에 주먹과 발을 휘둘렀다. 마침 창고에 있던 자신의 휴대폰으로 112에 신고하기 위해 움직이자 乙이 다시 꿈틀거렸고 창고에 간 사이 도망갈 수도 있겠다고 생각하고는 시험불합격에 대한 분노와 함께 완전히 제압하겠다는 생각으로 다시 머리를 수차례 발로 가격하고 주위에 있던 우산꽂이로 수차례 내리쳐 乙을 외상성 경막하출혈로 인한 식물인간 상태에 빠뜨렸다.

사실 乙은 전통주 제조회사에서 해고된 후 3년째 집에서 놀고 있으며 컴퓨터 채팅에 빠져 있었다. 乙은 '안톡'이라는 채팅사이트에서 미성년 가출 여중생과 대화를 즐겼다. 乙은 2월 2일 화장품 샵에 오기 전 가출 여중생 X와 대화하다 상체 노출 사진을 요구하였고 X가 보내준 사진을 노트북 화면에 띄워 핸드폰으로 촬영했다. 이러던 중에 갑자기 아내 W가 문을 열고 들어와 '돈도 못벌어오는 새끼'라며 핀잔을 주자, 평소처럼 아내의 뺨을 때리고 가정폭력을 행사하였다.

乙은 W의 잔소리를 듣고 나서, 아버지가 죽고 혼자 상속을 받은 어머니가 떠올랐다. 乙은 사건 당일 어머니에게 찾아가 아버지의 예금이라도 사업 자금으로 좀 나누어 달라고 하였으나, <u>어머니가 거부하자 홧김에 죽여버리겠다는 마음으로 어머니의 집에 불을 질렀다</u>. 이후 乙은 화장품 샵으로 향했다.

乙의 어머니는 연기에 질식되어 30여 일 후 폐부종 및 패혈증으로 사망하였다.

1. 甲과 乙의 형사책임은?
2. 乙은 병원의 최신 치료요법으로 식물인간 상태에서 극적으로 회복되었다.
   (1) 이에 법원은 W에 대한 혐의에 대해 2023. 4. 1. 가정폭력처벌법의 사회봉사 및 수

강명령의 상한이 각각 100시간에서 각각 200시간으로 그 상한이 확대된 개정내용을 乙에게 적용하여 150시간의 사회봉사명령을 부과하였다. 적법한가?

(2) 만일 밑줄 친 부분과 달리 乙이 어머니를 다치게 할 의사로 6주간 치료를 요하는 내장 출혈상을 입혔다는 혐의로 1심에서 유죄판결을 받았으나, 항소하였고 항소심 계속 도중 패혈증으로 어머니가 사망했는데, 乙이 '처음부터 죽일 생각이었다'고 진술하여 살인죄로 공소장변경된 경우 항소심 재판부는 어떠한 조치를 취하여야 하는가?

3. 검사 S는 乙의 여중생 노출사진 사건을 수사하던 중, 乙이 주세법에 의한 면허를 받지 아니하고 몰래 술의 재료인 종국을 제조하여 판매한 혐의를 잡고 조세범처벌법 위반으로 기소하였다. 그런데 S는 담당 세무공무원의 고발이 필요함을 뒤늦게 인지하고는 기소 후 7일 만에 바로 세무관서의 고발장을 추가로 법원에 제출하였다. 법원은 실체재판을 할 수 있는가?

4. 만일 설문 1.에서 甲의 공판 진행 도중 1심에서 유죄판결이 선고되었고, 이에 甲은 항소하였으나 항소심에서 甲은 1심 법원이 증인으로 채택하지 않은 자기 측 증인 W에 대해 다시 증인신청을 하였으나 기각당하였다. 항소심법원은 甲의 신청에 의해 수차례 공판기일을 변경하고 연기하였으나, 결국 수차례 공판기일을 열어 심리를 하고 변론을 종결하였는데 甲은 W에 대한 증인신청 기각결정이 부당하다며 항소심 법관들에게 기피신청서를 제출하였다. 항소심 법원은 소송진행을 정지하지 않고 기피신청 기각결정을 한 후 판결을 선고했다. 이 기각결정은 적법한가?

[1문]

Ⅰ. 쟁점의 정리

Ⅱ. 甲의 형사책임

1. 구성요건해당성

乙이 제압된 시점을 기준으로 1차 폭행과 2차 폭행을 나누어서 살펴볼 필요가 있다.

우선 이단옆차기인 1차 폭행의 경우 폭행죄의 성부가 검토되어야 하나, 현재의 재산권, 주거의 평온 등을 침해한 상황에 대한 방위의사로 나아간 행위로 상당한 행위로 볼 수 있어 위법성이 조각된다고 볼 수 있다.

다음으로 乙이 쓰러진 후 충격으로 도망가지 못하던 상태에서 가해진 2차 폭행의 경우 태권도 선수 출신인 甲이 머리나 배를 분노가 치민 상태에서 폭행하고 우산꽂이로 내리친 것이므로 위험한 물건을 휴대하여 중상해죄를 범한 것으로 볼 수 있고, 특수중상해의 구성요건해당성이 인정된다고 하겠다(제258조의 2 제2항).[1)]

2. 위법성 조각 여부

자기 또는 타인의 법익에 대한 현재의 부당한 침해를 방위하기 위한 행위는 상당한 이유가 있는 때에 위법성이 조각될 수 있다(형법 제21조).

1차 폭행으로 쓰러진 乙은 그 충격에 도망가지 못하고 있었는데 이는 현재의 부당한 침해가 종료된 상태라고 할 수 있다. 이 상태에서 甲은 공격의사로 추가폭행을 이어나간 것이며 큰소리를 질러 주변이나 이웃 점포에 알리는 등 최소침해의 방법이 있음에도 짜증과 분노가 치밀어 올라 계속 乙의 배와 머리

1) 중상해가 부진정결과적 가중범인 점에 초점을 맞추면 특수상해의 고의로 중상해의 결과가 발생하였다고 볼 수 있으며, 중상해의 구성요건해당성이 인정된다고 볼 수도 있을 것이다.

에 주먹을 휘두른 것이므로 정당방위의 상당성 또한 부정된다고 하겠다.[2)]

현행범 체포로서 정당행위의 성립 여부가 문제될 수 있는데, 1차 폭행으로 쓰러진 후 결박하거나 문을 잠궈 나오지 못하게 하는 전형적인 체포행위를 넘어 의식을 잃을 때까지 폭행을 가한 것은 목적의 정당성 외에 방법의 상당성, 보호이익과 침해이익의 균형성, 긴급성 및 보충성 등의 요건을 충족한다고 볼 수 없다.

3. 책임조각 여부

(책임조각감경사유로) 과잉방위의 경우 甲은 乙이 제압된 이후에도 계속 乙의 배와 머리에 주먹을 휘두른 것이므로 현재의 부당한 침해가 종료된 상태에서 공격의사로 추가폭행을 이어나간 것이므로 현재의 부당한 침해에 대한 방위행위가 아니어서 과잉방위도 될 수 없다(단 제2의 폭행이 공포·흥분 등의 심리적 긴장상태에서 이어진 연속된 일련의 행위라고 볼 수 있으면 전체적으로 과잉방위가 될 수 있을 것이다).

4. 소 결

따라서 甲에게는 특수중상해죄가 성립한다.

Ⅲ. 乙의 죄책

1. 절도죄의 성부

타인의 재물을 절취하면 절도죄가 성립한다(제329조). 乙은 화장품 샵에 있던 당일 매출액 300만원을 훔쳐 달아나다 체포되었으므로 절도죄의 장애미수가 성립한다.

---

2) 이같이 1차 폭행과 2차 폭행을 분리해서 보지 않고 짧은 시간에 최초 및 2차 폭행이 이어진 것이기 때문에 포괄하여 하나의 행위로 보는 방법도 있을 것이다.

2. 성폭력범죄의처벌등에관한특례법위반(카메라등이용촬영 · 반포죄)죄의 성부

카메라나 그 밖에 이와 유사한 기능을 갖춘 기계장치를 이용하여 성적 욕망 또는 수치심을 유발할 수 있는 사람의 신체를 촬영대상자의 의사에 반하여 촬영하면 카메라 등 이용촬영죄가 성립한다(동법 제14조 제1항).

사람의 신체를 촬영하여야 하는데, 유추해석금지원칙상 컴퓨터 화면의 촬영은 사람의 신체라고 볼 수 없다. 판례도 유사한 사안들에서 타인의 신체가 아니라고 판단하였다(2013도4279).

따라서 乙에게 카메라등 이용촬영죄는 성립하지 않는다.

3. 현주건조물방화치사죄의 성부

사람이 주거로 사용하는 장소에 방화를 하여 사망에 이르게 하였으므로 현주건조물방화치사죄가 문제된다. 이 죄는 중한 결과에 고의가 있는 경우에도 성립하는 부진정결과적 가중범이다.

어머니의 사망과 관련하여 인과관계와 객관적 귀속이 문제되는데, 1개월 후 패혈증으로 사망해도 乙의 직접적 행위로 사망의 결과가 발생하였으므로 인과관계는 인정되며(82도2525 참조) 이 죄가 성립한다고 하겠다.

4. 존속살해죄의 성부

자기 또는 배우자의 직계존속을 살해하면 존속살해죄가 성립한다(제259조 제2항). 乙은 친모를 살해하려 방화하였으므로 존속살해의 고의가 인정되며, 자상 1개월 후 패혈증으로 사망하였다고 해도 인과관계와 객관적 귀속은 인정된다(82도2525).

문제는 부진정결과적 가중범과 고의범의 죄수 문제에 대해 견해가 대립되는바, 현주건조물방화치사죄의 본질은 결과적 가중범이며 독자적인 범죄이므로 고의범의 불법내용이 당연히 포함될 수 없어 상상적 경합을 인정해야 한다는 상상적 경합설, 부진정결과적 가중범은 중한 결과에 대한 고의범을 포함하므로 중한 결과에 대한 고의범의 평가는 이중평가이며 결과적 가중범만 인정해야 한다는 부진정결과적 가중범설이 대립된다. 판례는 기본적으로는 부진정결과적 가중범과 중한 결과에 대한 고의기수범의 상상적 경합을 인정하나,[3] 법정형을 기준으로 현주건조물방화치사와 존속살해처럼 고의범의 법정형이 더 높은 경우에는 상상적 경합을 인정한다(96도485).

고의의 이중평가는 방지되어야 하므로 부진정결과적 가중범설이 타당하다.

사안의 경우 현주건조물방화치사죄만 성립할 것이다. 다만 판례에 의하면 양 죄의 상상적 경합이 인정될 것이다.

5. 폭행죄의 성부

W의 뺨을 가격하였으므로 폭행에 해당한다. 상습성이 인정된다면 상습폭행죄의 성립도 가능할 것이다.

[2문]
설문 (1)

Ⅰ. 쟁점의 정리

가정폭력범죄의 처벌 등에 관한 특례법이 정한 보호처분 중의 하나인 사회봉사명령이 형벌 그 자체가 아니라 보안처분인지 문제되며, 그 경우 소급효금지원칙에 반하는지 문제된다.

Ⅱ. 법원의 사회봉사명령의 위법성 여부

보안처분에 대한 소급효금지원칙 적용에 대해 긍정설, 부정설, 개별적 적용설이 대립된다.

판례는 개별적 적용설의 입장에서, 가정폭력범죄의 처벌 등에 관한 특례법

3) 특수공무방해치상과 상해(94도2842), 현주건조물방화치사와 강도살인(98도3416).

상 사회봉사명령에 대해서도 보안처분이지만 이는 가정폭력범죄행위에 대하여 형사처벌 대신 부과되는 것으로서, 실질적으로는 신체적 자유를 제한하게 되므로, 이에 대하여는 원칙적으로 형벌불소급의 원칙에 따라 행위시법을 적용해야 한다는 입장이다(2008어4).

검토하건대 적용배제 규정이 없는 한 보안처분에 대해서도 소급효금지원칙을 적용함이 타당하다.

긍정설 및 판례에 의하면 행위시법(2023. 2. 2)상 사회봉사명령 부과시간의 상한인 100시간을 초과하여 상한을 200시간으로 올린 신법을 적용한 것은 위법하다.

설문 (2)

Ⅰ. 쟁점의 정리

존속상해는 법원조직법 제32조 제1항에 따라 1심 단독판사의 관할인데, 항소심에서 제259조 제2항의 존속살해죄로 공소장이 변경되면 법정형 7년 이상의 징역형이 되어 단기 1년 이상의 합의부관할사건이 된 경우 피고인의 심급을 위한 항소심 법원의 조치가 문제된다.

Ⅱ. 항소심 재판부의 조치

이에 대하여 학설은 형사소송법 제367조 단서를 근거로 하는 지방법원항소부 제1심 관할설, 법원조직법 제32조를 근거로 하는 지방법원항소부 항소심 관할설, 제8조 제2항은 1심에 한정된다는 점을 근거로 하는 관할위반설, 제8조 제2항의 유추적용을 근거로 하는 고등법원이송설이 대립된다.

판례는 제1심이 합의부이고 항소법원은 고등법원이 되어야 할 사건임에도 불구하고, 고등법원 아닌 지방법원합의부가 항소심법원으로 심판하는 것은 위법하다고 하여 이송설(고등법원항소심관할설)을 취하였다(97도2463). 즉 제8조 제

2항을 이 경우에도 적용하여 합의부가 고등법원으로 사건을 이송하여야 한다는 것이다.

생각건대 소송경제와 피고인의 심급의 이익의 조화를 위해서는 이송설이 타당하다.

항소심 법원은 관할 고등법원으로 이송하여야 한다.

Ⅲ. 사안의 해결

항소심 법원은 관할 고등법원으로 이송하여야 한다.

> **생각할 거리**
>
> 전직 야구 선수였던 甲은 사업실패로 상황이 어려워져 강도를 범하였고 서울중앙지법 형사 5단독 재판부에 강도죄로 기소되어 재판 중에 있는데, 의정부지방법원 고양지원 단독재판부에 '주니어 야구단' 관련 사기죄로 기소되어 재판을 받게 되었다. 피고인은 서울에서 재판을 받고 싶어 병합심리신청을 하고자 한다. 어느 법원에 하여야 하는가?
>
> - 관련 사건(11조 1호)이나 사물관할이 동일하므로 제6조에 의해 '공통되는 직근 상급법원'에 신청
> - 심급관할 기준으로는 서울중앙단독-합의(항소)-대법원, 의정부지법 합의(항소)-대법원이 되어 대법원이 된다.
>
>   법원설치법에 의하면 서울중앙단독-서울고법-대법원, 의정부 고양지원-서울고법-대법원이 되어 서울고법이 된다.
> - 판례는 법원설치법 기준으로 변경하였으므로(2006초기335), 이에 의하면 서울고법이 공통되는 직근 상급법원이 되므로 甲은 서울고법에 병합심리신청을 하여야 한다.

[3문]

Ⅰ. 쟁점의 정리

친고죄에서 고소는 수사의 단서이면서 수사의 조건인데, 조세범처벌법 위

반범처럼 필요적 고발사건[4]에도 고발이 수사의 조건으로 공소를 제기하고 그 후에 고발이 있는 경우에 하자의 추완에 의하여 공소가 적법하게 될 것인가가 문제된다.

II. 법원의 실체재판의 가부

고소의 추완이 가능한가에 대해서 학설은 소송경제, 절차유지원칙을 근거로 긍정하는 적극설, 사후에 친고죄로 밝혀진 경우나 추가된 경우 긍정할 수 있다는 절충설, 절차의 확실성과 공소제기의 적법·유효요건임을 고려할 때 불가능하다는 소극설이 있다. 판례는 강간치사죄에서 강간죄로 공소장이 변경된 경우에도 고소의 추완을 부정하여 소극설을 취하고 있다(82도1504). 나아가 판례는 사안의 경우처럼 고발 없는 조세범칙 사건에서 후에 공무원이 고발한 경우(70도942)에도 하자의 추완이 이뤄지지 않는다고 판시하여 소극설의 입장을 취하였다.

검토컨대 절차의 확실성과 피고인의 조기 해방을 위해서는 필요적 고발사건의 경우에도 소송조건의 추완을 부정하는 소극설이 타당하다고 하겠다.

따라서 S의 기소는 부적법하며 공소기각판결을 해야 한다.

III. 사안의 해결

검사 S의 기소는 부적법하며 제327조에 따라 공소기각판결해야 한다. 따라서 법원은 실체재판을 할 수 없다.

---

4) 조세범처벌법 제21조(고발) 이 법에 따른 범칙행위에 대해서는 국세청장, 지방국세청장 또는 세무서장의 고발이 없으면 검사는 공소를 제기할 수 없다.

[4문]

Ⅰ. 쟁점의 정리

기피신청이 있을 경우 간이기각결정을 하는 경우와 급속을 요하는 경우를 제외하고는 소송 진행을 정지하여야 하므로 이에 해당하는지 여부와 기각결정의 적법성이 문제된다.

Ⅱ. 소송 진행을 정지해야 하는지 여부

기피신청이 소송지연을 목적으로 함이 명백하거나 형사소송법 제19조 규정에 위배된 때에 법원 또는 법관이 간이기각결정을 할 수 있다(형사소송법 제20조 제1항).

소송지연을 목적으로 함이 명백한 때에 해당하는지와 관련하여 통설과 판례는 기피신청인이 제출한 소명방법뿐만 아니라 사안의 성질, 재판 진행 경과와 상황 등 객관적인 사정을 종합하여 판단해야 한다는 입장이다(2001모2).

甲이 증인신청 기각 후 자신의 신청에 의해 수차례 공판기일이 변경되거나 연기된 이후 항소심이 수차례 공판기일을 열어 심리하고 변론이 종결되어 판결선고만 앞둔 상태이므로 이 같은 사정은 소송의 지연을 목적으로 함이 명백한 경우에 해당한다고 볼 수 있다.

Ⅲ. 진행을 정지해야 할 소송의 범위

기피신청이 있는 경우 본안뿐만 아니라 모든 소송절차를 정지해야 한다는 견해, 본안에 대한 소송절차만을 의미한다는 견해가 대립되며, 판례는 후자의 입장에서 판결선고나 구속기간 갱신은 제외된다고 한다(2002도4893).

IV. 사안의 해결

甲의 기피신청은 소송의 지연만을 목적으로 함이 명백한 경우이므로 소송 진행을 정지하지 않고 한 기각결정은 적법하다. 다만 판례의 입장에 의하면 이러한 경우에 해당하지 않는 경우라고 하더라도 소송 진행 정지의 범위에 판결의 선고는 제외되므로 기각결정 후 판결선고를 한 것은 적법하다고 하겠다.

<판례연구 2>

○ 대법원 2018. 3. 15. 선고 2017도21656 판결

[성폭력범죄의처벌등에관한특례법위반(카메라등이용촬영) · 정보통신망이용촉진및정보보호등에관한법률위반(음란물유포)][공2018상,767]

【판시사항】

성폭력범죄의 처벌 등에 관한 특례법 제14조 제1항의 처벌 대상이 '다른 사람의 신체 그 자체'를 카메라 등 기계장치를 이용해서 '직접' 촬영하는 경우에 한정되는지 여부(적극) 및 다른 사람의 신체 이미지가 담긴 영상을 위 조항의 '다른 사람의 신체'에 포함시키는 해석이 허용되는지 여부(소극) / 같은 법 제14조 제2항 및 제3항에서 정한 '촬영물'의 의미(='다른 사람'을 촬영대상자로 하여 그 신체를 촬영한 촬영물) 및 자의에 의해 스스로 자신의 신체를 촬영한 촬영물을 위 조항의 촬영물에 포함시키는 해석이 허용되는지 여부(소극)

【판결요지】

성폭력범죄의 처벌 등에 관한 특례법(이하 '성폭력처벌법'이라고 한다) 제14조 제1항, 제2항, 제3항에 의하면, 성폭력처벌법 제14조 제1항의 촬영의 대상은 '성적 욕망 또는 수치심을 유발할 수 있는 다른 사람의 신체'라고 보아야 함이 문언상 명백하므로 위 규정의 처벌 대상은 '다른 사람의 신체 그 자체'를 카메라 등 기계장치를 이용해서 '직접' 촬영하는 경우에 한정된다고 보는 것이 타당하므로, 다른 사람의 신체 이미지가 담긴 영상도 위 조항의 '다른 사람의 신체'에 포함된다고 해석하는 것은 법률문언의 통상적인 의미를 벗어나는 것이어서 죄형법정주의 원칙상 허용될 수 없고, 성폭력처벌법 제14조 제2항 및 제3항의 촬영물은 '다른 사람'을 촬영대상자로 하여 그 신체를 촬영한 촬영물을 뜻하는 것임이 문언상 명백하므로, 자의에 의해 스스로 자신의 신체를 촬영한 촬영물까지 위 조항에서 정한 촬영물에 포함시키는 것은 문언의 통상적인 의미를 벗어난 해석이다.

○ 대법원 2019. 12. 13. 선고 2019도10678 판결

[성폭력범죄의처벌등에관한특례법위반(카메라등이용촬영) · 협박 · 성폭력범죄의처벌등에관한특례법위반(통신매체이용음란) · 정보통신망이용촉진및정보보호등에관한법률위반][공2020상,297]

【판시사항】

협박죄와 정보통신망 이용촉진 및 정보보호 등에 관한 법률 제74조 제1항 제3호에서 정한 '제44조의7 제1항 제3호를 위반한 죄'가 반의사불벌죄에 해당하는지 여부(적극) / 반의사불벌죄에서 처벌을 희망하는 의사표시의 철회 또는 처벌을 희망하지 않는 의사표시를 할 수 있는 시기(=제1심판결 선고 전까지) 및 처벌불원 의사표시의 부존재가 법원의 직권조사사항에 해당하는지 여부(적극) / 성폭력범죄의 처벌 등에 관한 특례법 제27조에 따라 성폭력범죄 피해자의 변호사는 피해자를 대리하여 피고인에 대한 처벌을 희망하는 의사표시를 철회하거나 처벌을 희망하지 않는 의사표시를 할 수 있는지 여부(적극)

【주 문】

원심판결을 파기하고, 사건을 인천지방법원에 환송한다.

【이 유】

상고이유를 판단한다.

1. 형법 제283조 제3항은 '제283조 제1항의 죄는 피해자의 명시한 의사에 반하여 공소를 제기할 수 없다'고 정하고, 정보통신망 이용촉진 및 정보보호 등에 관한 법률(이하 '정보통신망법'이라 한다) 제74조 제2항은 '제74조 제1항 제3호의 죄는 피해자가 구체적으로 밝힌 의사에 반하여 공소를 제기할 수 없다'고 정하고 있다. 즉 협박죄와 정보통신망법 제74조 제1항 제3호에서 정한 제44조의7 제1항 제3호를 위반한 죄는 모두 반의사불벌죄에 해당한다.

반의사불벌죄에서 처벌을 희망하는 의사표시의 철회 또는 처벌을 희망하지 않는 의사표시는 제1심판결 선고 전까지 할 수 있다(형사소송법 제232조 제1항, 제3항). 처벌불원의 의사표시의 부존재는 소극적 소송조건으로서 직권조사사항에 해당하므로 당사자가 항소이유로 주장하지 않았더라도 원심은 이를 직권으로 조사·판단하여야 한다(대법원 2001. 4. 24. 선고 2000도3172 판결, 대법원 2002. 3. 15. 선고 2002도158 판결 등 참조).

성폭력범죄의 처벌 등에 관한 특례법(이하 '성폭력처벌법'이라 한다) 제27조는 성폭력범죄 피해자에 대한 변호사 선임의 특례를 정하고 있다. 성폭력범죄의 피해자는 형사절차상 법률적 조력을 받기 위해 스스로 변호사를 선임할 수 있고(제1항), 검사는 피해자에게 변호사가 없는 경우 국선변호사를 선정하여 형사절차에서 피해자의 권익을 보호할 수 있으며(제6항), 피해자의 변호사는 형사절차에서 피해자 등의 대리가 허용될 수 있는 모든 소송행위에 대한 포괄적인 대리권을 가진다(제5항). 따라서 피해자의 변호사는 피해자를 대리하여 피고인에 대한 처벌을 희망하는 의사표시를 철회하거나 처벌을 희망하지 않는 의사표시를 할 수 있다.

사례 3

한때 아이돌 가수였던 甲은 음주 교통사고로 팬들에게서 잊혀지고 첫째 아이가 태어나자 육아에 전념하게 되었다. 그러던 어느 날 甲은 육아 스트레스에 저녁을 먹고 집에서 뛰쳐나왔고, 공원 주변을 걷기 시작했다. 甲은 앞서가던 여고생 A를 무심코 따라가다가, 500m 정도 따라간 뒤 팔을 뻗어 A의 가슴 부위를 등 뒤에서 껴안으려다 A가 갑자기 뒤돌아 "뭐하는거예요. 소리질러요"라고 하자 뒤돌아 와버렸다. 甲은 도망갈 겸 인근 찜질방으로 갔는데, 거기에서도 욕구를 참지 못하고, 구석에서 살며시 잠이 든 여성 B의 엉덩이를 만지고는 자리를 옮겼다.

甲의 고교 후배로 걸그룹 매니저인 C는 우연히 甲의 집을 방문했다가, "요즘 성인 웹툰 그려. 돈 되면 초딩들에게도 팔까 생각 중이야"는 甲의 말을 듣고는 "형 왜 이렇게 망가졌어요"라고 말했다. 甲은 화가 나 C에게 "야 요즘 너네 회사 잘나가지? 너네 사장 횡령한 돈으로 아주 잘 살더라. 내가 경찰에 확 다 신고한다. 그래야 너도 어려워진 회사에서 콱 잘리지"라고 말했다. 이 말은 들은 C는 甲의 성격을 아는 터라 '큰일나겠다'고 생각하였다.

甲은 찜질방 사건으로 형사들이 자신의 집 주변을 배회하자 도주를 위해 차를 타고 아내와 장모가 다니는 교회 건물 지하 주차장으로 왔다. 甲이 주차를 하고 내리려던 찰나 예배를 마치고 전동 퀵보드를 세우려던 D를 보지 못하고 문으로 충격하였고 D는 넘어지면서 팔에 전치 3주의 부상을 입었다. 甲은 더 곤란해지겠다는 생각에 얼른 차를 몰고 도망쳐 버렸다.

甲은 배가 고파 교회 인근 편의점에서 컵라면을 사서 간이 테이블에서 먹고 있었는데, 여고생들의 "뭘 쳐다봐, 확 그냥"이라는 말에 격분하여 편의점에서 식칼을 가지고 나와 "다 죽여버린다"며 칼을 휘두르며 위협하였다. 여고생들이 비명을 지르며 도망치고 일부는 칼을 빼앗으려던 중, 현장을 우연히 지나던 甲의 어머니가 甲을 말리려고 달려들었다. 甲은 어머니에 대한 평소의 불만이 떠오르자 어머니를 죽이겠다고 마음을 바꿔 칼을 휘둘렀으나, 마구 칼을 휘두르는 바람에 여고생 E가 칼에 베여 사망하였다.

甲의 절친이자 현직 모델 乙은 甲이 스포츠신문 기자 F가 "한때 유명 아이돌? 나락으로"라는 제목의 기사 작성을 위해 뒷조사한다는 말을 C로부터 들었다고 하자 인정도 없는 놈들이라며 격분했다. 이에 乙은 발신인을 '정의의 사도 홍길동'이라고 표기해 F의 신문사로 "甲의 뒷조사를 해? 쥐도 새도 모르게 없애 버린다. 시체도 못 찾게"라고 편지를 보내 겁을 주려고 했다. F는 워낙 이런 편지를 많이 받다 보니 코웃음을 치고 "네네. 안 씁니다요"라고 말했다.

1. 甲과 乙의 형사책임은?
2. 설문과 달리, 만일 甲이 교회 주차장으로 가던 중 저녁 퇴근 시간인 7시에 홍대 인근의 한 육교 아래에서 제한속도인 60km로 주행하였으나 검은색 옷을 입고 도로를 무단횡던하던 대학생 X를 충격하였다. 甲이 무서운 마음에 그냥 도주하였다면 甲의 형사책임은 무엇인가?
3. 검사 S는 甲의 웹툰을 확인한 후 여자 청소년들을 대상으로 한 영상물도 있다고 판단하고 압수·수색영장을 청구하였고, 집행장소로 갔으나 甲의 극심한 저항으로 넘어지면서 어깨가 탈골되었다. 이 경우 甲이 피해자인 S가 계속 수사에 참여하는 것은 위법하다고 주장할 수 있는가?
4. 甲의 변호인으로 선임된 L은 피의자신문에 참여하기로 하고, 인정신문 진행 전 甲의 수갑을 해제해 달라고 요청하였다. 검사는 甲이 15분간 지속적으로 요구하자 수사에 현저한 지장을 초래한다는 이유로 L을 퇴실시켰고 인정신문 종료 후 교도관에게 수갑 해제를 요청하였다. 甲이 취할 수 있는 조치는?
5. 乙의 사건에 대해 서울중앙지법 합의부는 언론의 역할을 감안하여 합의부에서 심판할 것으로 결정하였다. 1심 재판부는 乙에게 국민참여재판 희망 여부에 관한 의사를 확인하지 않았고, 항소심 법원도 제7회 공판기일에 이르러 피고인에게 안내서를 교부한 후 선고기일을 연기하고 희망하지 않는다는 확인서를 받았다. 선고기일 연기 후 항소심 법원이 무죄를 선고하였다면 적법한 판결인가?

[1문]

Ⅰ. 쟁점의 정리

Ⅱ. 甲의 형사책임

1. 아동·청소년의성보호에관한법률위반(강제추행)죄의 성부

아동·청소년에 대하여 형법 제298조(강제추행)의 죄를 범한 자는 아동청소년의 성보호에 관한 법률 위반죄가 성립한다(제7조 제3항). 여기서 형법상 강제추행죄는 폭행행위 자체가 추행행위라고 인정되는 경우도 포함되며, 이 경우의 폭행은 반드시 상대방의 의사를 억압할 정도의 것일 필요는 없다.

추행은 객관적으로 일반인에게 성적 수치심이나 혐오감을 일으키게 하고 선량한 성적 도덕관념에 반하는 행위로서, 이에 해당하는지는 피해자의 성별, 연령, 행위자와의 관계, 행위에 이르게 된 경위, 행위태양, 주위의 객관적 상황과 그 시대의 성적 도덕관념 등을 종합적으로 고려하여 결정되어야 한다.

그리고 추행의 고의로 상대방의 의사에 반하는 유형력의 행사, 즉 폭행행위를 하여 실행행위에 착수하였으나 추행의 결과에 이르지 못한 때에는 강제추행미수죄가 성립하며, 이러한 법리는 이른바 '기습추행'의 경우에도 동일하다(2015도6980).

설문에서 뒤에서 껴안으려다 A의 말에 뒤돌아 간 것은 甲의 범행계획에 비추어 범행의 객체 또는 구성요건 실현에 대한 직접적 행위의 개시가 있었으므로 실행의 착수가 있고 A의 소리에 그만둔 것이므로 동죄의 미수가 성립한다.

2. 성폭력범죄의처벌등에관한특례법위반(공중밀집장소에서의 추행)죄의 성부

대중교통수단, 공연·집회장소, 그 밖에 공중이 밀집하는 장소에서 사람을 추행하면 공중밀집장소에서의 추행죄가 성립한다(동법 제11조). 동법 제11조의 입법 취지, '밀집하는' 장소라는 문언의 내용 등에 비추어 보면, '공중이 밀집하는 장소'는 현실적으로 사람들이 빽빽이 들어서 있는 곳만을 의미하는 것이 아니라 이 사건 찜질방 등과 같이 공중의 이용에 상시적으로 제공·개방된 상태에 놓여 있는 곳 일반을 의미한다(2009도5704). 추행의 의미는 강제추행죄에서의 추행과 동일하다.

따라서 찜질방에서 누워 있던 여성 B의 엉덩이를 만진 甲에게는 성폭력범죄의 처벌및피해자보호등에관한법률위반(공중밀집장소에서의추행)죄가 성립한다.

한편 준강제추행죄의 경우 깊은 잠에 빠져 있는 상태와 달리 살며시 잠든 상태는 심신상실로 보기 어려우며 성립을 부정하여야 한다(98도4355).

3. 협박죄의 성부

사람을 협박하면 협박죄가 성립하며(제283조), 이때 해악의 내용은 본인과 밀접한 관계에 있는 제3자에 대한 해악이라도 좋으며 해악의 내용이 범죄가 되거나 불법할 것을 요하지 않는다.

협박죄의 기수시기에 대하여 상대방이 공포심을 느낀 시점이라는 견해(침해범설)와, 해악의 고지가 상대방에 도달하여 상대방이 이를 인식한 시점이라는 견해(위험범설)가 대립된다. 판례는 위험범설을 취하고 있다.

생각건대 미수범 규정의 존재 등에 비추어 볼 때 협박죄를 위험범으로 해석할 필요가 없다는 점에서 침해범설이 타당하다.

甲이 C가 다니는 회사 사장의 횡령 비리를 경찰에 알리겠다고 한 발언은 자신과 밀접한 제3자에 대한 해악으로 이것도 해악의 고지이며, C는 甲의 성격을 알고 '큰일나겠다'고 생각하였으므로 침해범설이나 판례의 입장 모두 협박죄의 기수가 된다고 하겠다.

4. 주거침입죄의 성부

사람의 주거, 관리하는 건조물, 선박이나 항공기 또는 점유하는 방실에 침입하면 주거침입죄가 성립한다(제319조). 교회 주차장[1]은 자격을 문제삼지 않고 일반인의 출입을 허용하고 있는 장소로 일반적 허가가 있는 경우 단순히 그 허가를 불법한 목적으로 남용했다는 것만으로는 주거침입죄가 성립한다고 보기 어렵다.

5. 특정범죄가중처벌등에관한법률위반(도주치상)죄의 성부[2)]

甲에게는 운전자로서 하차시 요구되는 주의의무를 위반하여 D를 상해에 이르게 하여 업무상과실치상죄가 성립한다. 그리고 도로교통법 제54조 제1항에 의한 정차 및 구호, 신원확인조치를 하지 않고 도주하였으므로(2007도1738 참조) 도주차량죄가 문제된다.

특정범죄 가중처벌 등에 관한 법률 제5조의3의 경우, 자동차의 '교통'으로 인해 형법 제268조를 범해야 하는데, 교통은 운전과 동일하게 평가할 수 있거나 운전에 수반되어 운전과 밀접불가분의 관계에 있는 일체의 행위로, 여기에는

---

1) 건물의 지하주차장으로 전제할 경우이다.

2) 음주, 무면허, 뺑소니 사고에 대해 형법-교특법-특가법, 도교법의 관계를 정리할 필요가 있다. 기본구조는 업무상과실치사상(형법 제268조)〈교특법〈특가법(음주, 뺑소니) / 도교법으로 이뤄진다.

	무사고	유사고
죄 수	① 음주운전과 무면허운전은 상상적 경합(86도2731) ② 음주와 음주측정불응은 실체적 경합(2004도5257)	① 음주운전사고의 경우, 특가법 위험운전치사상(업과치상과 교특법은 흡수: 2008도9182)과 도교법 음주운전(제44조)의 실체적 경합(2008도7143). cf) 흡수관계설 ② 무면허운전사고의 경우, 교특법 제3조(or 업과치사상)와 도교법 무면허운전(제152조)의 실체적 경합. 무보험이므로 보험은 논외. ③ 뺑소니사고의 경우, 특가법 도주차량운전죄(업과치상 → 교특법 제3조 2항 위반과 도교법 제54조 1항 미조치죄는 흡수), 도교법 제54조 2항 미신고죄 실체적 경합(92도1749). 분리기소하면 양자는 실체적 경합(91도253). 유보험이어도 반의사불벌이 아니므로 의미 없음.
기 타	※ 업무상과실치사상에서 과실이 없거나(신뢰원칙), 상해가 경미하거나 치사상의 결과귀속이 안 되면 특가법 도주차량운전죄는 불성립. 고의과실 여부를 묻지 않는 미조치와 미신고는 실경(92도1749) ※ 재물손괴도 발생한 경우 도교법 제151조 업무상과실재물손괴와 특가법(위험운전치상)은 상경, 도교법 제151조 업무상과실재물손괴와 특가법(도주차량)은 실경(95도2312), 손괴후 미조치와 특가법(도주차량)은 상경(93도49).	

운전은 물론 주정차, 승하차를 포함하는 것으로 볼 수 있으므로 주차 후 운전석 문을 열다가 킥보드를 충격한 경우도 교통사고로 볼 수 있고(2010도1920), 도로교통법이 정하는 도로에서의 사고일 필요가 없으므로 주차장에서 차량 운행 중 사고의 경우도 교통사고에 포함된다고 하겠다(2004도3600).

그런데 甲은 도주하였으므로 특정범죄 가중처벌 등에 관한 법률 제5조의3 제1항 제2호 위반죄가 성립한다. 업무상과실치상죄와 도로교통법 제54조 제1항의 죄는 특별관계에 있으므로 별도로 성립하지 않는다.

6. 특수협박죄의 성부

단체 또는 다중의 위력을 보이거나 위험한 물건을 휴대하여 협박을 하면 특수협박죄가 성립한다(제284조). “다 죽여버린다”며 여중생들에게 칼을 들고 휘두른 것은 위험한 물건으로 협박한 것으로 특수협박죄에 해당하며, 피해자의 수에 따라 특수협박죄가 성립한다.

7. 살인죄의 성부

특수협박을 넘어 실제 살해행위로 나아갔으며 어머니가 아닌 E가 사망하였으므로 존속살해와 보통살인이 문제되는데, 가중적 구성요건을 인식하고 기본적 구성요건의 결과를 야기한 경우 그러한 오인과 기본적 구성요건과 가중적 구성요건의 관계가 문제된다(방법의 착오).

이에 대해서는 ① 구체적 사실의 착오로 파악하고 법정적 부합설(죄질부합설)에 따라 기본적 구성요건의 기수를 인정하는 기본범죄의 고의기수설, ② 착오론을 통한 해결이 아니라 제15조 제1항을 반전시켜 적용하거나 법정적 부합설의 입장에서 이해하여 인식한 중죄 미수뿐만 아니라 발생한 경한 사실에 대해 고의기수를 인정하는 중죄미수와 경죄기수의 상상적 경합설, ③ 구체적 부합설을 적용하고 방법의 착오는 구성요건적 착오의 전형이 아니므로 인식사실의 미수와 발생사실의 과실의 상상적 경합이 된다는 중죄미수와 경죄과실의 상상적 경합설 등이 주장되고 있다.[3)]

3) 대체로 법정적 부합설의 경우 ①·②, 구체적 부합설의 경우 ②·③이 주장된다.

법정적 부합설에 의할 경우 보통살인죄의 기수를 인정할 수 있으며, 구체적 부합설의 경우 존속살해미수와 과실치사의 상상적 경합이 될 것이다.

Ⅲ. 乙의 형사책임

쥐도 새로 모르게 없애 버린다는 것은 살해의 협박으로 해악의 고지에 해당한다. 해악의 고지를 문서로 하는 경우 허무인의 명의로 하더라도 협박죄가 성립한다.

문제는 F가 겁을 먹지 않았으므로 기수가 문제 된다. 상대방이 공포심을 느낀 시점이라는 견해(침해범설)와 해악의 고지가 상대방에 도달하여 상대방이 이를 인식한 시점이라는 견해(위험범설)가 대립되며, 판례는 위험범설을 취하고 있다.

미수범 규정의 존재 등에 비추어 볼 때 협박죄를 위험범으로 해석할 필요가 없다는 점에서 침해범설이 타당하다는 점은 전술한 바와 같다.

침해범설에 의하면 협박죄의 미수범이 성립할 것이며, 판례에 의하면 도달하여 의미를 인식하였으므로 기수가 될 것이다.[4)]

[2문]

Ⅰ. 쟁점의 정리

신뢰의 원칙이 적용되어 업무상과실치상죄가 인정되지 않을 경우 도로교통법 위반의 죄책이 문제 된다.

---

4) 단순한 해악의 고지를 넘어 기자가 기사를 쓰지 못하도록 막도록 하는 고의가 명확히 보인다면 권리행사를 방해한 것이라고 할 수 있으며, 이 경우 협박을 하였으나 권리의 행사를 방해하지 못했으므로 결과가 발생하지 않았고 강요죄의 미수범에 해당한다.

II. 甲의 죄책

1. 특정범죄가중처벌등에관한법률위반(도주치상)죄의 성부

특정범죄가중처벌등에관한법률위반(도주치상)죄가 성립하기 위해서는 교통으로 인하여 업무상과실치사상죄를 범하여야 하는데, 야간에 검은색 옷을 입고 육교 아래에서 무단횡단한 X를 규정속도대로 주행한 운전자 甲에게는 신뢰의 원칙이 적용되어 주의의무 위반을 인정할 수 없고 업무상과실치상죄는 성립하지 않는다. 따라서 특정범죄가중처벌등에관한법률위반죄는 성립하지 않는다.

2. 도로교통법위반(사고후미조치 및 사고후미신고)죄의 성부

도주치상죄가 성립하지 않더라도 도로교통법의 사고후미조치와 미신고죄가 문제되며, 양 죄 모두 사고의 규모, 교통량, 피해의 정도, 구호조치 등 구체적인 상황에 따라 경찰관의 조직적 조치가 필요한 상황이어야 한다.

도로교통법 제54조 제1항 미조치와 달리 미신고죄는 처벌공간의 확장은 적용되지 않으므로(제2조 제26호) 도로에서의 사고에 한한다(87도1113).

사안의 경우 사고시각과 장소가 퇴근시간, 도심 한복판이었으므로 사고후미조치죄와 미신고죄 모두 성립할 것이다.

[3문]

I. 쟁점의 정리

검사는 공정하게 검찰권을 행사하여야 하나, 검사가 피해자인 등의 사정이 있어 그렇지 못할 경우 甲이 해당 검사를 제척 또는 기피할 수 있는지 문제된다.

II. 甲의 위법 주장 가부

특정한 검사를 직무집행에서 배제하더라도 의미가 없으며 검사는 공판절차에서 피고인과 대립하는 당사자의 지위에 있으므로 검사에 대한 제척과 기피는 인정되지 않는다는 소극설과, 피고인의 이익 보호와 공정한 검찰권의 확립을 위해서는 필요가 있으며 검사는 단순한 반대 당사자가 아니라 공익의 대표자로서 객관의무를 지니므로 제척과 기피가 인정된다는 적극설이 있다.

판례는 범죄의 피해자인 검사가 그 사건의 수사에 관여하거나, 압수·수색영장의 집행에 참여한 검사가 다시 수사에 관여하였다는 이유만으로 바로 그 수사가 위법하다거나 그에 따른 참고인이나 피의자의 진술에 임의성이 없다고 볼 수는 없다는 소극설의 입장이다(2011도12918).

생각건대 현재 명문의 규정이 없는 상태에서는 소극설이 타당하다고 하겠다.

Ⅲ. 사안의 해결

피해자인 검사가 그 사건에 수사에 관여한다고 하더라도 그 수사가 위법하다고 볼 수 없으므로 甲은 S의 수사 관여가 위법하다는 주장을 할 수 없다.

[4문]

Ⅰ. 쟁점의 정리

검사에게 피의자신문시 보호장비 해제요청의무가 있는지 여부와 수갑 해제 거부조치가 준항고의 대상인지 여부가 문제된다.

Ⅱ. 검사의 수갑 해제 조치 거부의 적법성

헌법상 무죄추정의 원칙과 신체의 자유 규정에 비추어 볼 때 구금된 피의자는 형집행법 제97조 제1항 각 호에 규정된 사유에 해당하지 않는 이상 보호장비 착용을 강제당하지 않을 권리를 가진다. 따라서 검사는 조사실에서 피의자를 신문할 때 해당 피의자에게 그러한 특별한 사정이 없는 이상 교도관에게 보호장비의 해제를 요청할 의무가 있고, 교도관은 이에 응하여야 한다(대법원 2020. 3. 17.자 2015모2357 결정).

따라서 L의 지속적 반복적 요청에도 수갑 해제를 요청하지 않은 검사의 조치는 부적법하다.

Ⅲ. 준항고의 가부

형사소송법 제417조는 검사 또는 사법경찰관의 '구금에 관한 처분'에 불복이 있으면 준항고할 수 있음을 규정하고 있다. 검사 또는 사법경찰관이 보호장비 사용을 정당화할 예외적 사정이 존재하지 않음에도 구금된 피의자에 대한 교도관의 보호장비 사용을 용인한 채 그 해제를 요청하지 않는 경우 '구금에 관한 처분'으로 보지 않는다면 구금된 피의자로서는 이에 대하여 불복하여 침해된 권리를 구제받을 방법이 없게 된다. 따라서 검사 또는 사법경찰관이 구금된 피의자를 신문할 때 피의자 또는 변호인으로부터 보호장비를 해제해 달라는 요구를 받고도 거부한 조치는 형사소송법 제417조에서 정한 '구금에 관한 처분'에 해당한다고 보아야 한다(2015모2357).

따라서 甲은 준항고의 청구가 가능할 것이다.

생각할 거리

변호인은 자신이 의뢰인이 피의자신문 과정에서 유도신문을 받고 있다며 검사에게 이의제기를 하였다. 이에 검사가 L을 곧바로 조사실에서 퇴실시켰다면 L은 어떠한 조치를 취할 수 있는가?

- 검사 또는 사법경찰관의 부당한 신문방법에 대한 이의제기는 고성, 폭언 등 그 방식이 부적절하거나 또는 합리적 근거 없이 반복적으로 이루어지는 등의 특별한 사정이 없는 한, 원칙적으로 변호인에게 인정된 권리의 행사에 해당하며, 신문을 방해하는 행위로는 볼 수 없다. 따라서 검사 또는 사법경찰관이 그러한 특별한 사정 없이, 단지 변호인이 피의자신문 중에 부당한 신문방법에 대한 이의제기를 하였다는 이유만으로 변호인을 조사실에서 퇴거시키는 조치는 정당한 사유 없이 변호인의 피의자신문 참여권을 제한하는 것으로서 허용될 수 없다. 이 경우 변호인은 준항고, 헌법소원(2016헌마503), 증거능력 부정의 주장이 가능할 것이다.

[5문]

Ⅰ. 쟁점의 정리

국민참여재판 실시 여부에 대해 피고인 의사의 확인은 반드시 하여야 하며, 피고인은 의사가 기재된 서면을 반드시 제출해야 하는데(국민의 형사재판 참여에 관한 법률 제8조 제1항, 제5조 제2항). 그렇지 못한 경우 하자의 치유가 문제된다.

Ⅱ. 공판절차의 하자 치유 여부

판례는 피고인의 의사확인절차를 거치지 않고 통상의 공판절차로 재판을 진행한 경우 그 절차는 위법하고 여기서 이뤄진 소송행위도 무효라고 판시하였다(2012도8544). 다만 예외적으로 항소심 법원에서 피고인에게 국민참여재판절차 등에 관한 충분한 안내가 이뤄지고, 그 희망 여부에 대해 숙고할 수 있는 상당한 시간이 부여된 경우 하자가 치유될 수 있다는 입장이다(2011도15484).

사안의 경우 이러한 판례의 입장에 따르면 비록 7회 공판기일이나 피고인 乙에게 충분한 안내가 이뤄지고 국민참여재판의 희망 여부에 숙고할 수 있는 상당한 시간이 사전에 부여된 것으로 볼 수 있으므로, 1심의 공판절차상 하자는 치유되었다고 하겠다.

생각할 거리

甲은 포장마차에서 술을 마시고 나온 후 술집 앞에서 취해 비틀거리며 가던 X를 대상으로 우발적으로 강도상해를 범하여 기소되었는데, 1심 공판과정에서 필요적 변호사건(미성년자)임에도 불구하고 변호인 없이 증거조사와 피고인신문 등이 이루어졌다. 항소심으로서는 어떠한 조치를 취하여야 하는가?

- 1심 공판절차의 소송행위는 모두 무효이므로, 항소심으로서는 변호인이 있는 상태에서 소송행위를 새로이 한 후 위법한 1심판결을 파기하고 항소심에서 증거조사와 진술 등 심리결과에 따라 다시 판결하여야 한다(2011도6325).

<판례연구 3>

○ 대법원 2018. 2. 8. 선고 2016도17733 판결

[아동·청소년의성보호에관한법률위반(강제추행)(인정된죄명:강요)·성폭력범죄의처벌등에 관한특례법위반(통신매체이용음란)·협박·강제추행(인정된죄명:강요)]〈피해자를 도구로 삼아 피해자의 신체를 이용하여 추행행위를 한 경우 강제추행죄의 간접정범에 해당한다고 판단한 사안〉[공2018상,593]

【판결요지】

[1] 강제추행죄에서 추행은 객관적으로 일반인에게 성적 수치심이나 혐오감을 일으키게 하고 선량한 성적 도덕관념에 반하는 행위로서 피해자의 성적 자유를 침해하는 것을 의미한다. 여기에 해당하는지 여부는 피해자의 의사, 성별, 나이, 행위자와 피해자의 이전부터의 관계, 그 행위에 이르게 된 경위, 구체적 행위태양, 주위의 객관적 상황과 그 시대의 성적 도덕관념 등을 종합적으로 고려하여 신중히 결정되어야 한다.

[2] 강제추행죄는 사람의 성적 자유 또는 성적 자기결정의 자유를 보호하기 위한 죄로서 정범 자신이 직접 범죄를 실행하여야 성립하는 자수범이라고 볼 수 없으므로, 처벌되지 아니하는 타인을 도구로 삼아 피해자를 강제로 추행하는 간접정범의 형태로도 범할 수 있다. 여기서 강제추행에 관한 간접정범의 의사를 실현하는 도구로서의 타인에는 피해자도 포함될 수 있으므로, 피해자를 도구로 삼아 피해자의 신체를 이용하여 추행행위를 한 경우에도 강제추행죄의 간접정범에 해당할 수 있다.

○ 대법원 2020. 3. 26. 선고 2019도15994 판결

[강제추행][공2020상,861]

【판시사항】

[1] 강제추행죄에 포함되는 이른바 '기습추행'의 경우, 추행행위와 동시에 저질러지는 폭행행위의 정도 / '추행'의 의미 및 이에 해당하는지 판단하는 기준

[2] 미용업체인 甲 주식회사를 운영하는 피고인이 甲 회사의 가맹점에서 근무하는 乙(여, 27세)을 비롯한 직원들과 노래방에서 회식을 하던 중 乙을 자신의 옆자리에 앉힌 후 갑자기 乙의 볼에 입을 맞추고, 이에 乙이 '하지 마세요'라고 하였음에도 계속하여 오른손으로 乙의 오른쪽 허벅지를 쓰다듬어 강제로 추행하였다는 내용으로 기소되었는데, 원

심이 공소사실 전부를 무죄로 판단한 사안에서, 공소사실 중 피고인이 乙의 허벅지를 쓰다듬은 행위로 인한 강제추행 부분에 대하여도 범죄의 증명이 없다고 본 원심의 판단에 기습추행 또는 강제추행죄의 성립에 관한 법리오해의 잘못이 있다고 한 사례.

【주 문】

원심판결을 파기하고, 사건을 창원지방법원 본원 합의부에 환송한다.

【이 유】

상고이유를 판단한다.

…

다. 원심은 무죄의 근거로서 피고인이 피해자의 허벅지를 쓰다듬던 당시 피해자가 즉시 피고인에게 항의하거나 반발하는 등의 거부의사를 밝히는 대신 그 자리에 가만히 있었다는 점을 중시하였던 것으로 보인다.

그러나 성범죄 피해자의 대처 양상은 피해자의 성정이나 가해자와의 관계 및 구체적인 상황에 따라 다르게 나타날 수밖에 없다는 점(대법원 2018. 10. 25. 선고 2018도7709 판결; 대법원 2019. 7. 11. 선고 2018도2614 판결 등 참조)에서 원심이 들고 있는 위 사정만으로는 강제추행죄의 성립이 부정된다고 보기 어렵다. 피해자가 피고인에게 즉시 거부의사를 밝히지 않았다고 하지만, 반대로 피해자가 피고인의 행위에 대하여 명시적으로 동의한 바도 없었음이 분명하고, 피고인의 신체접촉에 대해 피해자가 묵시적으로 동의하였다거나 그 의사에 반하지 않았다고 볼 만한 근거 역시 찾아볼 수 없기 때문이다. 나아가 이 사건 당시 피고인의 행위에 대하여 적극적으로 항의하지 아니한 이유에 관하여, 피해자는 경찰 조사시 '수치스러웠다. 이런 적이 한 번도 없어서 어떻게 해야 할지 몰랐다'고, 검찰 조사시 '짜증이 나고 성적으로 수치심이 들었다. 피고인은 회사 대표이고 피해자는 그 밑에서 일하는 직원이라서 적극적으로 항의하지 못했다'고 각 진술하였다. 이처럼 당시는 다른 직원들도 함께 회식을 하고 나서 노래방에서 여흥을 즐기던 분위기였기에 피해자가 즉시 거부의사를 밝히지 않았다고 하여, 피고인의 행위에 동의하였다거나 피해자의 의사에 반하지 아니하였다고 쉽게 단정하여서는 아니 된다. 원심도 이에 관하여 다른 판단을 하고 있지는 않다.

라. 이상에서 살펴본 것처럼 원심이 들고 있는 사정은 기습추행으로 인한 강제추행죄의 성립을 부정적으로 볼 만한 것이 아닐 뿐 아니라, 피고인이 저지른 행위가 자신의 의사에 반하였다는 피해자 진술의 신빙성에 대하여 합리적인 의심을 가질 만한 사정도 없

다고 판단된다. 그럼에도 원심은 이 부분 공소사실에 대하여 앞서 본 바와 같은 이유로 범죄의 증명이 없다고 보았으니, 원심의 이러한 판단에는 기습추행 또는 강제추행죄의 성립에 관한 법리를 오해하여 판결에 영향을 미친 잘못이 있다. 이 점을 지적하는 검사의 상고이유 주장은 이유 있다.

○ 대법원 2020. 3. 17.자 2015모2357 결정

[준항고인용결정에 대한 재항고]〈피의자신문절차에서 인정신문 시작 전 피의자 또는 변호인으로부터 피의자에 대한 수갑 해제를 요청받았음에도, 교도관에게 수갑을 해제하여 달라고 요청하지 않고 오히려 변호인을 퇴실시킨 검사의 처분을 다투는 사건〉[공2020상,851]

【판시사항】

[1] 검사가 조사실에서 피의자를 신문할 때 도주, 자해, 다른 사람에 대한 위해 등 형의 집행 및 수용자의 처우에 관한 법률 제97조 제1항 각 호에 규정된 위험이 분명하고 구체적으로 드러나는 경우에만 예외적으로 보호장비를 사용하여야 하는지 여부(적극) / 검사가 조사실에서 피의자를 신문할 때 피의자에게 위와 같은 특별한 사정이 없는 이상 교도관에게 보호장비의 해제를 요청할 의무가 있고, 교도관은 이에 응하여야 하는지 여부(적극)

[2] 검사 또는 사법경찰관이 구금된 피의자를 신문할 때 피의자 또는 변호인으로부터 보호장비를 해제해 달라는 요구를 받고도 거부한 조치가 형사소송법 제417조에서 정한 '구금에 관한 처분'에 해당하는지 여부(적극)

[3] 형사소송법 제243조의2 제1항에서 정한 '정당한 사유'의 의미 / 검사 또는 사법경찰관이 단지 변호인이 피의자신문 중에 부당한 신문방법에 대한 이의제기를 하였다는 이유만으로 변호인을 조사실에서 퇴거시키는 조치가 정당한 사유 없이 변호인의 피의자신문 참여권을 제한하는 것인지 여부(적극) 및 그 허용 여부(소극)

【결정요지】

[1] 형사소송법 제198조에 의하면, 피의자에 대한 수사는 불구속 상태에서 함을 원칙으로 하고(제1항), 검사는 피의자의 인권을 존중하여야 한다(제2항). 형의 집행 및 수용자의 처우에 관한 법률(이하 '형집행법'이라 한다)에 의하면, 수용자의 인권은 최대한 존중되어야 하고(제4조), 미결수용자는 무죄의 추정을 받으며 그에 합당한 처우를 받아야 하며(제79조), 교도관은 '이송·출정, 그 밖에 교정시설 밖의 장소로 수용자를 호송하는 때', 수용자가 '도주·자살·자해 또는 다른 사람에 대한 위해의 우려가 큰 때', '위력으로

교도관 등의 정당한 직무집행을 방해하는 때', '교정시설의 설비·기구 등을 손괴하거나 그 밖에 시설의 안전 또는 질서를 해칠 우려가 큰 때' 중 어느 하나에 해당하는 경우에만 보호장비를 사용할 수 있고(제97조 제1항), 그 경우에도 교도관은 필요한 최소한의 범위에서 보호장비를 사용하여야 하며, 그 사유가 소멸하면 사용을 지체없이 중단하여야 한다(제99조 제1항).

인간의 존엄성 존중을 궁극의 목표로 하고 있는 우리 헌법이 제27조 제4항에서 무죄추정의 원칙을 선언하고, 제12조에서 신체의 자유와 적법절차의 보장을 강조하고 있음을 염두에 두고 앞서 본 규정들의 내용과 취지를 종합하여 보면, 검사가 조사실에서 피의자를 신문할 때 피의자가 신체적으로나 심리적으로 위축되지 않은 상태에서 자기의 방어권을 충분히 행사할 수 있도록 피의자에게 보호장비를 사용하지 말아야 하는 것이 원칙이고, 다만 도주, 자해, 다른 사람에 대한 위해 등 형집행법 제97조 제1항 각호에 규정된 위험이 분명하고 구체적으로 드러나는 경우에만 예외적으로 보호장비를 사용하여야 한다.

따라서 구금된 피의자는 형집행법 제97조 제1항 각 호에 규정된 사유에 해당하지 않는 이상 보호장비 착용을 강제당하지 않을 권리를 가진다. 검사는 조사실에서 피의자를 신문할 때 해당 피의자에게 그러한 특별한 사정이 없는 이상 교도관에게 보호장비의 해제를 요청할 의무가 있고, 교도관은 이에 응하여야 한다.

[2] 형사소송법 제417조는 검사 또는 사법경찰관의 '구금에 관한 처분'에 불복이 있으면 법원에 그 처분의 취소 또는 변경을 청구할 수 있다고 규정하고 있다. 검사 또는 사법경찰관이 보호장비 사용을 정당화할 예외적 사정이 없음에도 구금된 피의자에 대한 교도관의 보호장비 사용을 용인한 채 그 해제를 요청하지 않는 경우에, 검사 및 사법경찰관의 이러한 조치를 형사소송법 제417조에서 정한 '구금에 관한 처분'으로 보지 않는다면 구금된 피의자로서는 이에 대하여 불복하여 침해된 권리를 구제받을 방법이 없게 된다. 따라서 검사 또는 사법경찰관이 구금된 피의자를 신문할 때 피의자 또는 변호인으로부터 보호장비를 해제해 달라는 요구를 받고도 거부한 조치는 형사소송법 제417조에서 정한 '구금에 관한 처분'에 해당한다고 보아야 한다.

[3] 형사소송법 제243조의2 제1항은 검사 또는 사법경찰관은 피의자 또는 변호인 등이 신청할 경우 정당한 사유가 없는 한 변호인을 피의자신문에 참여하게 하여야 한다고 규정하고 있다. 여기에서 '정당한 사유'란 변호인이 피의자신문을 방해하거나 수사기밀을 누설할 염려가 있음이 객관적으로 명백한 경우 등을 말한다.

형사소송법 제243조의2 제3항 단서는 피의자신문에 참여한 변호인은 신문 중이라도 부당한 신문방법에 대하여 이의를 제기할 수 있다고 규정하고 있으므로, 검사 또는 사법경찰관의 부당한 신문방법에 대한 이의제기는 고성, 폭언 등 그 방식이 부적절하거나 또는 합리적 근거 없이 반복적으로 이루어지는 등의 특별한 사정이 없는 한, 원칙적으로 변호인에게 인정된 권리의 행사에 해당하며, 신문을 방해하는 행위로는 볼 수 없다. 따라서 검사 또는 사법경찰관이 그러한 특별한 사정 없이, 단지 변호인이 피의자신문 중에 부당한 신문방법에 대한 이의제기를 하였다는 이유만으로 변호인을 조사실에서 퇴거시키는 조치는 정당한 사유 없이 변호인의 피의자신문 참여권을 제한하는 것으로서 허용될 수 없다.

○ 대법원 2019. 7. 10. 선고 2019도4221 판결

[아동·청소년의성보호에관한법률위반(강요행위등)·아동·청소년의성보호에관한법률위반(알선영업행위등)][공2019하,1596]

【판시사항】

[1] 피고인과 국선변호인이 모두 법정기간 내에 항소이유서를 제출하지 아니하였으나 국선변호인이 항소이유서를 제출하지 아니한 데 대하여 피고인에게 귀책사유가 없는 경우, 항소법원이 취하여야 할 조치 / 이러한 법리는 항소법원이 종전 국선변호인의 선정을 취소하고 새로운 국선변호인을 선정하여 소송기록접수통지를 하기 이전에 피고인 스스로 선임한 사선변호인에 대하여도 마찬가지로 적용되는지 여부(적극)

[2] 미성년자인 피고인이 제1심판결에 불복하여 항소하였다가 항소취하서를 제출하며 항소이유서를 제출하지 아니하였고, 피고인의 법정대리인 중 어머니가 항소 취하에 동의하는 취지의 서면을 제출하였으나 아버지는 항소 취하 동의서를 제출하지 아니하였는데, 원심이 국선변호인을 선정하여 소송기록접수통지를 하였음에도 국선변호인이 항소이유서 제출기간 만료일까지 항소이유서를 제출하지 아니하자 피고인의 어머니가 사선변호인을 선임한 사안에서, 국선변호인의 선정을 취소하고 사선변호인에게 다시 소송기록접수통지를 하여 사선변호인으로 하여금 법정기간 내에 항소이유서를 제출할 수 있도록 기회를 주지 아니한 채 곧바로 피고인의 항소를 기각한 원심판결에 법리오해의 잘못이 있다고 한 사례.

【판결요지】

[1] 피고인을 위하여 선정된 국선변호인이 항소이유서 제출기간 내에 항소이유서를 제출하지 아니하면 이는 피고인을 위하여 요구되는 충분한 조력을 제공하지 아니한 것으로 보아야 하고, 이런 경우에 피고인에게 책임을 돌릴 만한 아무런 사유가 없음에도 항소법원이 형사소송법 제361조의4 제1항 본문에 따라 피고인의 항소를 기각한다면, 이는 피고인에게 국선변호인으로부터 충분한 조력을 받을 권리를 보장하고 이를 위한 국가의 의무를 규정하고 있는 헌법의 취지에 반하는 조치이다. 따라서 피고인과 국선변호인이 모두 법정기간 내에 항소이유서를 제출하지 아니하였더라도, 국선변호인이 항소이유서를 제출하지 아니한 데 대하여 피고인에게 귀책사유가 있음이 특별히 밝혀지지 않는 한, 항소법원은 종전 국선변호인의 선정을 취소하고 새로운 국선변호인을 선정하여 다시 소송기록접수통지를 함으로써 새로운 변호인으로 하여금 그 통지를 받은 때로부터 형사소송법 제361조의3 제1항의 기간 내에 피고인을 위하여 항소이유서를 제출하도록 하여야 한다. 그리고 이러한 법리는 항소법원이 종전 국선변호인의 선정을 취소하고 새로운 국선변호인을 선정하여 소송기록접수통지를 하기 이전에 피고인 스스로 변호인을 선임한 경우 그 사선변호인에 대하여도 마찬가지로 적용되어야 한다.

[2] 미성년자인 피고인이 제1심판결에 불복하여 항소하였다가 항소취하서를 제출하며 항소이유서를 제출하지 아니하였고, 피고인의 법정대리인 중 어머니가 항소 취하에 동의하는 취지의 서면을 제출하였으나 아버지는 항소 취하 동의서를 제출하지 아니하였는데, 원심이 국선변호인을 선정하여 소송기록접수통지를 하였음에도 국선변호인이 항소이유서 제출기간 만료일까지 항소이유서를 제출하지 아니하자 피고인의 어머니가 사선변호인을 선임한 사안에서, 피고인이 항소취하서를 제출하였으나 법정대리인인 피고인 아버지의 동의가 없었으므로 항소 취하는 효력이 없고, 따라서 국선변호인은 항소이유서 제출기간 내에 항소이유서를 제출하여야 함에도 법정기간 내에 항소이유서를 제출하지 아니하였으므로, 미성년자로서 필요적으로 변호인의 조력을 받아야 하는 피고인이 위와 같이 법정대리인의 동의 없이 항소취하서를 제출하였다는 사정만으로 국선변호인이 항소이유서 제출기간 내에 항소이유서를 제출하지 않은 것에 대하여 피고인에게 귀책사유가 있다고 볼 수 없는데도, 이와 달리 보아 국선변호인의 선정을 취소하고 사선변호인에게 다시 소송기록접수통지를 하여 사선변호인으로 하여금 그 통지를 받은 때로부터 형사소송법 제361조의3 제1항의 기간 내에 피고인을 위하여 항소이유서를 제출할 수 있도록 기회를 주지 아니한 채 곧바로 피고인의 항소를 기각한 원심판결에 국선변호인의 조력을 받을 권리에 관한 헌법 및 형사소송법의 법리를 오해한 잘못이 있다고 한 사례.

○ 대법원 2023. 9. 21. 선고 2018도13877 전원합의체 판결

[성폭력범죄의처벌등에관한특례법위반(친족관계에의한강제추행)[인정된 죄명 아동·청소년의성보호에관한법률위반(위계등추행)]] [공2023하,1942]

【판시사항】

[1] 강제추행죄의 '폭행 또는 협박'의 의미에 관한 종래 대법원의 입장 및 변경 필요성 / 강제추행죄의 '폭행 또는 협박'은 상대방의 신체에 대하여 불법한 유형력을 행사(폭행)하거나 일반적으로 보아 상대방으로 하여금 공포심을 일으킬 수 있는 정도의 해악을 고지(협박)하는 것이라고 보아야 하는지 여부(적극) 및 어떠한 행위가 이에 해당하는지 판단하는 기준.

[2] 피고인이 자신의 주거지 방안에서 4촌 친족관계인 피해자 甲(여, 15세)의 학교 과제를 도와주던 중 甲을 양팔로 끌어안은 다음 침대에 쓰러뜨린 후 甲의 가슴을 만지는 등 강제로 추행하였다는 성폭력범죄의 처벌 등에 관한 특례법 위반(친족관계에 의한 강제추행)의 주위적 공소사실로 기소된 사안에서, 당시 피고인의 행위는 甲의 신체에 대하여 불법한 유형력을 행사하여 甲을 강제추행한 것에 해당한다고 볼 여지가 충분하다는 이유로, 이와 달리 피고인의 행위가 甲의 항거를 곤란하게 할 정도의 폭행 또는 협박에 해당하지 않는다고 보아 위 공소사실을 무죄로 판단한 원심의 조치에 법리오해 등의 잘못이 있다고 한 사례.

【판결요지】

[1] [다수의견] (가) 형법 및 성폭력범죄의 처벌 등에 관한 특례법(이하 '성폭력처벌법'이라 한다)은 강제추행죄의 구성요건으로 '폭행 또는 협박'을 규정하고 있는데, 대법원은 강제추행죄의 '폭행 또는 협박'의 의미에 관하여 이를 두 가지 유형으로 나누어, 폭행행위 자체가 곧바로 추행에 해당하는 경우(이른바 기습추행형)에는 상대방의 의사를 억압할 정도의 것임을 요하지 않고 상대방의 의사에 반하는 유형력의 행사가 있는 이상 그 힘의 대소강약을 불문한다고 판시하는 한편, 폭행 또는 협박이 추행보다 시간적으로 앞서 그 수단으로 행해진 경우(이른바 폭행·협박 선행형)에는 상대방의 항거를 곤란하게 하는 정도의 폭행 또는 협박이 요구된다고 판시하여 왔다(이하 폭행·협박 선행형 관련 판례 법리를 '종래의 판례 법리'라 한다).

(나) 강제추행죄의 범죄구성요건과 보호법익, 종래의 판례 법리의 문제점, 성폭력범죄에 대한 사회적 인식, 판례 법리와 재판 실무의 변화에 따라 해석 기준을 명확히 할 필요성 등에 비추어 강제추행죄의 '폭행 또는 협박'의 의미는 다시 정의될 필요가 있다. 강제

추행죄의 '폭행 또는 협박'은 상대방의 항거를 곤란하게 할 정도로 강력할 것이 요구되지 아니하고, 상대방의 신체에 대하여 불법한 유형력을 행사(폭행)하거나 일반적으로 보아 상대방으로 하여금 공포심을 일으킬 수 있는 정도의 해악을 고지(협박)하는 것이라고 보아야 한다. 구체적인 이유는 다음과 같다.

① 강제추행죄에서 추행의 수단이 되는 '폭행 또는 협박'에 대해 피해자의 항거가 곤란할 정도일 것을 요구하는 종래의 판례 법리는 강제추행죄의 범죄구성요건이나 자유롭고 평등한 개인의 성적 자기결정권이라는 보호법익과 부합하지 아니한다.

형법 제298조 및 성폭력처벌법 제5조 제2항 등 강제추행죄에 관한 현행 규정은 '폭행 또는 협박으로 사람에 대하여 추행을 한 자' 또는 '폭행 또는 협박으로 사람을 강제추행한 경우' 이를 처벌한다고 정하고 있을 뿐, 폭행·협박의 정도를 명시적으로 한정하고 있지 아니하다. '강제추행'에서 '강제(強制)'의 사전적 의미는 '권력이나 위력으로 남의 자유의사를 억눌러 원하지 않는 일을 억지로 시키는 것'으로서, 반드시 상대방의 항거가 곤란할 것을 전제로 한다고 볼 수 없고, 폭행·협박을 수단으로 또는 폭행·협박의 방법으로 동의하지 않는 상대방에 대하여 추행을 하는 경우 그러한 강제성은 구현된다고 보아야 한다.

강제추행죄는 개인의 성적 자기결정권을 보호법익으로 한다. 종래의 판례 법리는 피해자의 '항거곤란'이라는 상태적 개념을 범죄구성요건에 포함시켜 폭행 또는 협박의 정도가 일반적인 그것보다 더 높은 수준일 것을 요구하였다. 그에 따라 강제추행죄가 성립하기 위해서는 높은 수준의 의사 억압 상태가 필요하다고 보게 되고, 이는 피해자가 실제로 어떠한 항거를 하였는지 살펴보게 하였으며, 반대로 항거가 없었던 경우에는 그러한 사정을 이유로 성적 자기결정권의 침해를 부정하는 결과를 초래하기도 하였다. 하지만 이와 같이 피해자의 '항거곤란'을 요구하는 것은 여전히 피해자에게 '정조'를 수호하는 태도를 요구하는 입장을 전제하고 있다고 볼 수 있고, 개인의 성적 자유 또는 성적 자기결정권을 보호법익으로 하는 현행법의 해석으로 더 이상 타당하다고 보기 어렵다.

② 강제추행죄에서 '폭행 또는 협박'은 형법상 폭행죄 또는 협박죄에서 정한 '폭행 또는 협박'을 의미하는 것으로 분명히 정의되어야 하고, 이는 판례 법리와 재판 실무의 변화에 비추어 볼 때 법적 안정성 및 판결에 대한 예측 가능성을 높이기 위하여도 필요하다.

그동안 대법원은 개별적·구체적인 사건에서 강제추행죄의 성립 요건이나 피해자 진술의 신빙성 등을 심리하면서 고려해야 할 판단 기준과 방법에 관하여 판시하여 왔다.

또한 근래의 재판 실무는 종래의 판례 법리에도 불구하고 가해자의 행위가 폭행죄에서 정한 폭행이나 협박죄에서 정한 협박의 정도에 이르렀다면 사실상 상대방의 항거를 곤란하게 할 정도라고 해석하는 방향으로 변화하여 왔다.

이러한 법원의 판례와 재판 실무는 강제추행죄의 보호법익의 변화를 반영함과 아울러, 종래의 판례 법리에 따른 현실의 수사와 재판 과정에서 자칫 성폭력범죄의 피해자에게 이른바 '피해자다움'을 요구하거나 2차 피해를 야기할 수 있다는 문제 인식을 토대로 형평과 정의에 합당한 형사재판을 실현하기 위한 것인바, 한편 그로 인하여 강제추행죄의 구성요건으로 피해자의 항거가 곤란할 정도의 폭행 또는 협박을 요구하는 종래의 판례 법리는 그 의미가 상당 부분 퇴색하였다. 그렇다면 이제 범죄구성요건의 해석 기준을 명확히 함으로써 사실상 변화된 기준을 적용하고 있는 현재의 재판 실무와 종래의 판례 법리 사이의 불일치를 해소하고, 오해의 소지와 혼란을 방지할 필요가 있다.

③ 강제추행죄의 '폭행 또는 협박'의 의미를 위와 같이 정의한다고 하여 위력에 의한 추행죄와 구별이 불분명해지는 것은 아니다.

위력에 의한 추행죄에서 '위력'이란 사람의 자유의사를 제압하거나 혼란하게 할 만한 일체의 세력을 말하는 것으로, 유형적이든 무형적이든 묻지 아니하는바, 이는 강제추행죄에서의 '폭행 또는 협박'과 개념적으로 구별된다. 그리고 형법 및 성폭력처벌법 등은 미성년자, 심신미약자, 신체적인 또는 정신적인 장애가 있는 사람, 피보호자·피감독자, 아동·청소년을 위력으로 추행한 사람을 처벌하는 규정(형법 제302조; 성폭력처벌법 제6조 제6항, 제7조 제5항, 제10조 제1항; 아동·청소년의 성보호에 관한 법률 제7조 제5항)을 두고 있는바, 위력에 의한 추행죄는 성폭력 범행에 특히 취약한 사람을 보호대상으로 하여 강제추행죄의 '폭행 또는 협박'과 다른 '위력'을 범행수단으로 한 성적 침해 또는 착취행위를 범죄로 규정하여 처벌하려는 것이다.

이러한 위력과 폭행·협박의 개념상 차이, 위력에 의한 추행죄와 강제추행죄의 구성요건, 각 보호법익과 체계 등을 고려하면, 위력에 의한 추행죄에서 '위력'은 유형력의 대상이나 내용 등에 비추어 강제추행죄의 '폭행 또는 협박'에 해당하지 아니하는 폭행·협박은 물론, 상대방의 자유의사를 제압하거나 혼란하게 할 만한 사회적·경제적·정치적인 지위나 권세를 이용하는 것을 포함한다. 따라서 강제추행죄의 폭행 또는 협박의 의미를 종래의 판례 법리와 같이 제한 해석하여야만 위력과 구별이 용이해진다고 볼 수는 없다.

(다) 요컨대, 강제추행죄는 상대방의 신체에 대해 불법한 유형력을 행사하거나 상대방

으로 하여금 공포심을 일으킬 수 있는 정도의 해악을 고지하여 상대방을 추행한 경우에 성립한다. 어떠한 행위가 강제추행죄의 '폭행 또는 협박'에 해당하는지 여부는 행위의 목적과 의도, 구체적인 행위태양과 내용, 행위의 경위와 행위 당시의 정황, 행위자와 상대방의 관계, 그 행위가 상대방에게 주는 고통의 유무와 정도 등을 종합하여 판단하여야 한다.

사례 4

甲은 평소 환자들에게 현금결제를 유도하여 그 현금을 금고에 보관하던 정형외과 의사 X의 병원을 털기로 마음먹었다. 甲은 확실한 사전답사를 위해 병원이 빈 점심시간에 택배기사를 위장하여 병원건물 1층의 경비원에게 말하고 병원을 돌아보았다. 이틀 후 甲은 점심시간에 병원 건물 후문으로 침입해 금고를 열고 돈을 가지고 나올 것을 계획하였고, 계획대로 재빨리 금고를 열고 현금 2천만 원을 꺼내 나왔다. 甲은 이 돈으로 여자친구에게 줄 선물을 산 후 만나자고 연락했다. 그런데 여자친구 A와의 전화통화에서 결혼을 약속한 A가 "새 남친을 만났으니 헤어져 달라"고 하자 격분했다.

이에 甲은 소주 1병을 마신 후, 끝장을 내겠다는 생각으로 당일 저녁 A에게 전화하였다. 1시간 뒤에 들르겠다고 한 甲은 그녀의 집으로 향했다. 甲은 비틀거리면서 걷다가 A의 집 인근에 도착하여 길을 가던 B에게 몇 시인지 시간을 물으러 다가갔다. 술에 취한 터라 B에게 바짝 붙어 횡설수설하고 있었는데, B의 뒤쪽에서 마중을 나오면서 이 광경을 본 B의 아버지 丙은 甲을 성추행범으로 오인하고 달려와 주먹으로 甲의 머리를 가격하여 넘어뜨렸다. 甲은 간신히 도망쳤다.

甲을 기다리던 A는 甲이 오면 골프채로 때려 상처를 입히고 본때를 보여주겠다고 생각하고 있었는데 마당으로 대문을 열고 누군가 들어오자 바로 내리쳐 전치 3주의 두부열상을 입혔다. 그런데 상처를 입은 것은 A의 집에 도둑질을 하러 온 C였다.

한편 다음 날 분하다고 생각한 甲은 만취한 상태에서 A를 죽이겠다는 계획을 세웠고 소주 4병을 마신 후 A의 집으로 가자고 있던 A를 칼로 찔렀다. 다행히 상처가 깊지 않아 A는 목숨을 건졌다.

한편 X는 환자들의 보험사기 방조 혐의로 검찰수사가 개시되어 스트레스를 받던 상황에다 아내 Y와의 관계에 불만이던 차에 Z와 만남을 가졌다. Y는 수상함을 느끼고 남편의 행적을 추적해 이들의 불륜을 밝혀냈다. Y는 乙의 딸 Z가 불륜녀라며 乙의 집에 가 乙에게 이를 따지고 들었다. 乙은 Y가 들고 온 사진을 보고 깜짝 놀랐고, 나중에 다시 얘기하자 돌려보내려 했다. 그런데도 Y가 가지 않고 버티는 동안, 남편이 "무슨 일이냐"며 안방 문을 열고 나왔고, 乙은 Y가 아무 말도 하지 못하도록 입을 손바닥으로 때리고서는 등을 밀고 걷어차 집에서 내쫓았다.

다음 날 망신당했다고 생각한 乙은 흥신소로 가 "돈은 상관 않을 테니, Y를 장님으로 만들어 달라"라고 했다. 흥신소 종업원 丁은 乙과 1억원에 사건 처리를 합의하였다. 丁은 다음날 Y의 집 차고에서 차를 타고 나오던 여성 D에게 길을 묻는 척 차를 세우고는 황산을 왼쪽 눈에 뿌렸다. 丁이 Y로 착각한 D는 얼굴에 화상을 입고 실명하였다.

1. 甲, 乙, 丙, A의 형사책임은? (특별법은 논외로 함)
2. 丁은 출소 후 생활고에 절도를 마음먹고 대상을 물색하던 중 X의 고급빌라를 발견하였다. 丁은 사건 날 밤 불이 꺼져있는 것을 보고 물건을 절취하기 위하여 계획한 대로 자신의 스쿠터를 밟고 올라서 1층과 2층 사이에 있는 가스배관을 잡고 창문을 조금 연 후 올라가던 상태에서 순찰 중이던 경찰관 P1에게 발각되었고, 곧바로 뛰어내렸다. 丁은 바로 타고 왔던 핑크색 스쿠터를 타고 도주하였다. P1은 바로 추격하였으나 힐탑호텔 쪽으로 도주하던 丁을 놓치고 말았다. P1은 바로 지원요청을 하였고 이에 순찰차에 있던 P2가 힐탑호텔 쪽으로 진행 중이었는데, 다시 도보 순찰을 하던 P3로부터 핑크색 스쿠터가 논현초등학교 뒤쪽으로 갔다는 무전을 받았다. P2는 40여 분 후 1km 정도 떨어진 논현초등학교 뒤쪽을 수색하던 중 핑크색 스쿠터에서 내리는 丁을 바로 체포하여 경찰차에 억지로 태웠다. P2의 연행이 적법한가?
3. 의사 X는 참고인조사를 받는 줄 알고 출석하여 다른 참고인(환자들)과의 대질을 기다리고 있었는데, 검사가 곧바로 피의자신문조서를 받기 시작했다. X는 변호사 L에게 문자를 보냈고 변호사는 바로 달려와 "참고인 조사를 한다고 해서 응했는데, 피신조서를 받으면 되느냐?"면서 X에게 검사실을 나가라고 했다. 이에 검사 S1는 일어서려는 X에게 긴급체포하겠다고 했다. 이러한 긴급체포는 적법한가?
4. 피고인 甲의 보석신청을 받은 법원은 검사에게 의견을 요청하였다. 담당검사 S2는 증거인멸의 우려가 있다는 의견을 제시하였다. 법원은 이와 달리 보석허가결정을 하였다. 법원의 결정은 위법한가?

[1문]

Ⅰ. 쟁점의 정리

Ⅱ. 甲의 형사책임

1. 건조물침입죄의 성부

사람의 주거, 관리하는 건조물, 선박이나 항공기 또는 점유하는 방실에 침입하면 주거침입죄가 성립한다(제319조). 병원은 주거침입의 객체 중 관리하는 건조물에 해당한다.

범행을 위한 사전답사를 위해 병원 근무자들이 병원을 비운 시간에 택배기사를 가장하여 들어간 경우 기망에 의해 동의를 얻은 경우로서 양해의 효력이 있는지에 대해 주거권자의 진의에 반한다는 긍정설과, 동의를 받은 경우 주거권자의 현실적 의사에 반하지 않으므로 성립하지 않는다는 부정설이 대립된다. 판례는 피해자가 사용 중인 공중화장실의 용변칸에 노크하여 남편으로 오인한 피해자가 용변칸 문을 열자 강간할 의도로 들어간 사안에서 피해자가 명시적 또는 묵시적으로 이를 승낙하였다고 볼 수 없어 주거침입죄를 인정하였다(2003도1256).

생각건대 甲의 침입은 건물 관리자인 병원장, 출입관리의 권한을 위임받은 경비원의 추정적 의사에 반하기 때문에 건조물침입죄에 해당한다고 하겠다.

이후 절도범행 당일 병원 건물 후문으로 침입하였으므로 건조물침입죄가 또 성립한다.

2. 절도죄의 성부

'야간'에 문호 장벽 등을 손괴한다는 등의 사정이 없이 금고를 열었으므로 단순히 절도죄만 성립한다.

3. A에 대한 살인죄의 성부

사람을 살해하면 살인죄가 성립하나(제250조), A가 사망하지 않았으므로 살인죄의 미수범이다.

문제는 甲이 만취상태에서 살해행위에 나아갔으므로 원인에 있어 자유로운 행위에 해당하는가이다. 원인에 있어 자유로운 행위는 책임능력의 자책적 배제에 있으므로 처벌근거는 책임능력 있는 상태에서 자유롭게 행해진 원인행위와 책임능력 결함상태에서의 실행행위의 불가분적 연관에서 찾아야 한다.

사안에서 甲은 자의로 심신상실 상태를 야기하였고, 살해를 예견하고 살해행위로 나갔으므로 고의에 의한 원인에 있어 자유로운 행위로 형법 제10조 제3항에 따라 책임 인정에 문제가 없다.

그 과정에서 A의 집에 침입하였으므로 주거침입죄도 성립하며, 양 죄는 실체적 경합관계이다.

III. 丙의 죄책

1. 문제점

丙의 행위는 강제추행범을 잡기 위해 甲의 머리를 가격한 것이므로 폭행의 고의라고 할 것이나, 객관적 정당화 상황이 없으므로 오상방위의 문제가 검토되어야 한다.

2. 폭행죄의 성부

(1) 견해의 대립

오상방위의 해결에 대해 견해가 대립되는데, 엄격고의설은 현실적으로 위법성을 인식하여야 고의범이 성립하는데, 그렇지 못하면 고의범은 성립하지 않고 과실이 있는 경우 과실범이 문제된다고 주장한다. 제한적 고의설은 위법성의 인식 가능성이 있어야 하며 인정하기 어려운 경우 고의범이 성립하지 않는다고 한다. 엄격책임설은 위법성조각사유의 전제사실의 착오도 금지의 착오이므로 착오가 회피 불가능한 경우(정당한 이유가 있으면)에는 책임조각, 회피 가능하면 고의범으로 처벌된다고 본다. 구성요건착오 유추적용설은 구성요건착오를 유추적용하여 고의를 조각하므로 고의범은 성립하지 않으며 과실책임이 문제되며, 법효과제한적 책임설의 경우 구성요건적 고의는 위 착오에 영향을 받지 않으므로 책임고의가 부정되고 법효과면에서만 구성요건착오와 유사하게 되어 과실범으로 처벌될 수 있다고 한다.

판례는 오상방위의 경우 위법성 단계에서 정당한 사유 있으면 위법성을 조각한다는 입장이다(86도1406).

검토컨대 위법성조각사유의 전제사실의 착오의 특성, 고의의 이중적 지위를 고려할 때 고의책임과 고의형벌을 조각하여 법효과를 구성요건적 착오와 같이 취급하는 법효과제한적 책임설이 타당하다.

(2) 소 결

저녁에 술에 취하여 귀가 중인 여성 B 앞에서 바짝 붙어 횡설수설한 점에서 후방에서 본 丙의 입장에서는 성추행범으로 오인할 여지도 있으나, B가 비명을 지르거나 앞으로 와서 자초지종을 묻는 등의 조치가 없었으므로 과실이 있다고 하겠다. 법효과제한적 책임설에 따르면 과실폭행이 검토되어야 하나 처벌규정이 없으므로 무죄가 된다고 하겠다.

Ⅳ. A의 죄책

A가 C의 얼굴을 가격한 것이 폭행의 또는 상해의 고의인지가 문제되는데, 위험한 물건인 골프채를 들고 상처를 입힐 생각이었으므로 상해의 고의라고 볼 수 있다. 이때 C를 갑으로 오인한 것은 구체적 사실의 착오 중 객체의 착오로 구체적 부합설, 법정적 부합설, 추상적 부합설 어느 견해에 의하더라도 C에 대한 고의를 인정할 수 있으며 결국 특수상해죄의 구성요건해당성이 인정된다.

또한 절도범에 대한 정당방위의 성립과 관련하여 절도범에 대한 정당방위 의사는 존재하지 않으나 정당방위 상황이 존재하는 우연방위가 된다.

이에 대하여 결과반가치가 없어 불능미수와 구조가 유사하다는 불능미수범설, 위법성조각사유는 주관적, 객관적 요건이 모두 충족되어야 정당화되므로 기수범이 성립한다는 기수범설 대립하고 있다.

의심스러울 때는 피고인의 이익으로 판단하여야 하므로 불능미수범설이 타당하며, 이에 따르면 특수상해죄의 불능미수가 성립한다. 다만 기수범설에 의하면 특수상해죄의 기수가 된다.

V. 乙의 죄책

1. 폭행죄의 성부

사람의 신체에 대하여 폭행을 가하면 폭행죄가 성립한다(제260조). Y의 입을 때리고 밀고 발로 걷어차며 집에서 내쫓았으므로 이는 신체에 대한 유형력의 행사로 폭행죄의 구성요건해당성이 인정된다.

위법성조각과 관련하여 동기나 목적의 정당성, 행위의 수단과 방법의 상당성, 보호이익과 침해이익 사이의 균형성, 긴급성, 보충성 등이 있으면 정당행위가 성립할 수 있다(2000도4415).

Y가 다음에 이야기하자는 데도 막무가내였으므로 이러한 Y를 퇴거시키기 위해 乙이 소극적으로 한 행동이므로 정당행위로 위법성이 조각된다고 하겠다.

2. 중상해죄 교사범의 성부

사람의 신체를 상해하여 불구 또는 불치나 난치의 질병에 이르게 하면 중상해죄가 성립한다(제258조 제2항). 乙은 丁에게 Y의 실명이라는 불구, 즉 중상해를 교사하였다. 이러한 乙의 교사에 따라 丁은 Y의 집에서 나오던 다른 여성 D에게 위험한 물건인 황산을 뿌려 실명하게 하였으므로 중상해의 결과가 발생하였다.

문제는 주관적 구성요건인 고의와 관련하여 丁의 착오인데, 구체적 사실의 착오 중 객체의 착오의 해결과 부합론이 검토되어야 한다. 이에 대해 피교사자가 일반적으로 범할 수 있는 착오는 예견 가능하므로 객체의 착오라는 견해, 교사자에게는 방법의 착오와 동일한 구조이므로 방법의 착오(인식한 범죄의 교사미수와 발생한 범죄의 과실범)에 해당한다는 견해가 대립되고 있다. 일반적인 생활경험상 예견 가능한 불일치의 경우 교사자의 고의를 인정하는 인과과정의 착오설도 있다.

생각건대 피교사자가 일반적으로 범할 수 있는 상황이며 교사자의 처벌이 정범에 종속된다는 측면에서 객체의 착오로 봄이 타당하다. 발생한 범죄에 대한 교사책임이 인정되는 것이다.

또한 황산이라는 위험한 물건으로 중상해의 결과를 유발하였으므로 특수중상해기수가 되는데 교사범 을은 특수상해의 행위방법의 위험성에 대해 인식하지 못했으므로 피교사자의 초과실행 중 양적 초과에 대해서는 초과부분에 대해 책임을 지지 않는다. 따라서 乙은 중상해죄의 교사범의 죄책만 부담한다.

[2문]

Ⅰ. 쟁점의 정리

야간주거침입절도의 미수와 관련하여 丁의 연행의 적법성이 문제된다.

Ⅱ. 丁의 연행의 적법성

먼저 임의수사로서의 임의동행이 문제되나, 임의성 판단은 동행의 시간과 장소, 동행의 방법과 동행 거부의사의 유무, 동행 이후의 조사방법과 퇴거의사의 유무 등 여러 사정을 종합하여 객관적인 상황을 기준으로 판단하여야 한다.

설문에서 丁의 동의를 얻었다고 보기 어렵고 강제로 차에 태웠다는 점에서 임의동행으로 볼 수는 없고, 따라서 영장주의의 예외로 긴급체포와 현행범체포가 검토되어야 한다.

1. 현행범체포인지 여부

(1) 현행범인지 여부

현행범인은 누구든지 영장 없이 체포할 수 있다(형사소송법 제212조). 현행범인의 체포에는 범죄의 명백성, 체포의 필요성(구속사유), 비례성이 필요하다.

丁은 40분이 경과한 시점에서 1km 떨어진 곳에서 체포되었으므로 이러한 경우까지 시간적(장소적) 접착성을 인정하기는 어려우며 현행범이라고 볼 수 없다.

(2) 준현행범인지 여부

핑크색 스쿠터는 무전을 통해 전해 들은 오토바이로서 '장물이나 범죄에 사용되었다고 인정하기에 충분한 흉기 기타의 물건을 소지하고 있는 때'에 해당하여 준현행범 체포가 가능하다.

그러나 P2는 적법절차[1]를 준수하지 않았으므로 위법한 체포이다.

2. 긴급체포인지 여부

피의자가 사형·무기 또는 장기 3년 이상의 징역이나 금고에 해당하는 죄를 범하였다고 의심할 만한 상당한 이유가 있고, 체포의 필요성이 있는 경우에 긴급을 요하여 지방법원판사의 체포영장을 받을 수 없는 때에는 영장 없이 피의자를 체포할 수 있다(제200조의3). 범죄의 중대성, 긴급성, 체포의 필요성(구속사유)가 구비되면 긴급체포가 가능하다.

야간주거침입절도에서 실행의 착수는 주거침입시이며 행위객체 또는 구성요건실현을 위한 직접적 행위가 있을 때 실행의 착수가 인정된다.

---

1) 사전체포영장에 의한 체포의 경우 체포영장의 제시나 고지시기에 대해 대법원은 "경찰관들이 체포영장을 소지하고 메트암페타민(일명 필로폰) 투약 등 혐의로 피고인을 체포하려고 하자, 피고인이 이에 거세게 저항하는 과정에서 경찰관들에게 상해를 가하였다고 하여 공무집행방해 및 상해의 공소사실로 기소된 사안에서, 피고인이 경찰관들과 마주하자마자 도망가려는 태도를 보이거나 먼저 폭력을 행사하며 대항한 바 없는 등 경찰관들이 체포를 위한 실력행사에 나아가기 전에 체포영장을 제시하고 미란다 원칙을 고지할 여유가 있었음에도 애초부터 미란다 원칙을 체포 후에 고지할 생각으로 먼저 체포행위에 나선 행위는 적법한 공무집행이라고 보기 어렵다는 등의 이유로 공소사실에 대하여 무죄를 선고한 원심판단이 정당하다"고 판시하였다(대법원 2017. 9. 21. 선고 2017도10866 판결).

설문의 경우 丁은 X의 주거에 침입하기 위하여 1층과 2층 사이의 가스배관에 매달려 창문을 조금 열었으므로 실행의 착수가 인정된다(84도2433 참조). 야간주거침입절도는 법정형이 10년 이하의 징역형으로 중대성도 인정되며,[2) 도주 중이었으므로 긴급성과 체포의 필요성도 인정된다.

그러나 P2는 미란다 원칙 고지 등의 적법절차(제200조의5)를 준수하지 않았다.

Ⅲ. 결 론

P2는 긴급체포의 적법절차 요건을 준수하지 않았으므로 丁의 연행은 부적법한 연행이다.

[3문]

Ⅰ. 쟁점의 정리

자진출석자에 대한 긴급체포의 적법성이 문제된다.

Ⅱ. 검사 S1의 체포의 적법성

긴급체포가 적법하기 위해서는 범죄의 중대성, 체포의 필요성 및 긴급성이 인정되어야 한다(제200조의3). 이때 체포의 필요성은 구속사유로서 긴급체포의 남용 방지를 위해 규정된 것으로 증거인멸의 염려, 도망 또는 도망할 염려이다. 체포의 긴급성은 체포영장을 발부받을 시간적 여유가 없는 때를 말한다

2) 만일 판례의 가스배관 사건(2008도917)대로 보아 실행의 착수를 부정하면 예비에만 해당되어 무죄이므로 중대성이 부정된다. 주거(빌라)의 구조에 따라 위요지를 침입한 경우 주거침입죄만 성립하여 3년 이하의 형이므로 중대성은 인정될 수 있다(주거침입은 위요지를 포함하며 침입시뿐만 아니라 침입의 직접 전단계의 경우에도 침입을 인정할 수 있기 때문이다).

(2016도5814).

X는 참고인조사를 위해 자진출석한 자이다. 이처럼 자진출석한 자에 대한 체포의 긴급성 또는 필요성에 대해, 조사 도중 조사 거부나 도주 염려가 있으므로 허용된다는 적극설, 긴급성이 인정되지 않는다는 소극설, 피의자가 출석하게 된 경우 출석횟수, 출석불응사실, 조사기간, 수사상황 등을 고려하여 종합적으로 판단해야 한다는 종합설이 대립되고 있다.

판례는 검사가 참고인 조사를 받는 줄 알고 검찰청에 자진출석한 변호사 사무실 사무장을 합리적 근거 없이 긴급체포한 사안에서 체포 요건 충족 여부는 체포 당시의 상황을 기초로 판단하고, 여기에는 검사나 사법경찰관의 상당한 재량여지가 있으나, 긴급체포 당시의 상황으로 보아 요건 충족 여부에 관한 수사기관의 판단이 경험칙에 비추어 현저히 합리성을 잃은 경우 위법한 체포라고 판단하였다(2006도148).

검토컨대 긴급성과 필요성을 동시에 판단하여야 하며 자진출석자의 경우 도주우려 등 필요성이 인정될 수 있다고 하더라도 긴급성을 곧바로 인정하기는 어려우므로 소극설이 타당하다고 하겠다.

Ⅲ. 결 론

검사 S1의 체포는 위법한 체포로 볼 수 있다. 다만 판례에 의할 경우 출석경위, 출석횟수, 출석불응사실, 조사기간, 수사상황 등을 고려해 체포의 위법성을 판단할 수 있을 것이다.

[4문]

Ⅰ. 쟁점의 정리

형사소송법 제97조 제1항에 의하면 재판장은 보석에 관한 결정을 하기 전에 검사의 의견을 물어야 하는데, 그 결과에 기속되는지 문제된다.

II. 위법한 결정인지 여부

검사는 지체 없이 보석에 대한 의견을 표명하여야 하나(동조 제3항), 공소제기된 피고인의 구속상태를 계속 유지할 것인지 여부에 관한 판단은 전적으로 당해 수소법원의 전권에 속한다.

제97조 제1항의 규정은 검사에게 구속 계속의 필요성에 관한 이유와 자료를 법원에 제출할 수 있는 기회를 부여하고 법원으로 하여금 그 제출된 자료 등을 참고하게 하여 결정의 적정을 기하려는 것을 목적으로 하는 것일 뿐 검사의 의견 또한 법원에 대하여 구속력을 가지지는 않는다(97모88).

검사 S2의 의견은 법원에 대한 구속력이 없으며, 법원의 결정에 하자는 없다.

<판례연구 4>

○ 대법원 2017. 9. 12. 선고 2017도10309 판결

[마약류관리에관한법률위반(향정)]〈체포현장이 아닌 장소에서도 긴급체포된 자가 소유·소지 또는 보관하는 물건에 대한 압수, 수색이 가능한지 문제된 사건〉[공2017하,2019]

【판시사항】

긴급체포된 자가 소유·소지 또는 보관하는 물건에 대한 긴급 압수·수색 또는 검증을 규정한 형사소송법 제217조 제1항의 취지 / 위 규정에 따른 압수·수색 또는 검증은 체포현장이 아닌 장소에서도 긴급체포된 자가 소유·소지 또는 보관하는 물건을 대상으로 할 수 있는지 여부(적극)

【판결요지】

사법경찰관이 범죄수사에 필요한 때에는 피의자가 죄를 범하였다고 의심할 만한 정황이 있고 해당 사건과 관계가 있다고 인정할 수 있는 것에 한정하여 검사에게 신청하여 검사의 청구로 지방법원판사가 발부한 영장에 의하여 압수, 수색 또는 검증을 할 수 있다(형사소송법 제215조 제2항).

이처럼 범죄수사를 위하여 압수, 수색 또는 검증을 하려면 미리 영장을 발부받아야 한다는 이른바 사전영장주의가 원칙이지만, 형사소송법 제217조는 그 예외를 인정한다. 즉, 검사 또는 사법경찰관은 긴급체포된 자가 소유·소지 또는 보관하는 물건에 대하여는 긴급히 압수할 필요가 있는 경우에는 체포한 때부터 24시간 이내에 한하여 영장 없이 압수·수색 또는 검증을 할 수 있고(형사소송법 제217조 제1항), 압수한 물건을 계속 압수할 필요가 있는 경우에는 지체 없이 압수·수색영장을 청구하여야 한다. 이 경우 압수·수색영장의 청구는 체포한 때부터 48시간 이내에 하여야 한다(같은 조 제2항).

형사소송법 제217조 제1항은 수사기관이 피의자를 긴급체포한 상황에서 피의자가 체포되었다는 사실이 공범이나 관련자들에게 알려짐으로써 관련자들이 증거를 파괴하거나 은닉하는 것을 방지하고, 범죄사실과 관련된 증거물을 신속히 확보할 수 있도록 하기 위한 것이다. 이 규정에 따른 압수·수색 또는 검증은 체포현장에서의 압수·수색 또는 검증을 규정하고 있는 형사소송법 제216조 제1항 제2호와 달리, 체포현장이 아닌 장소에서도 긴급체포된 자가 소유·소지 또는 보관하는 물건을 대상으로 할 수 있다.

○ 대법원 2017. 4. 7. 선고 2016도19907 판결

[도로교통법위반(음주측정거부)][미간행]

【판시사항】

현행범인으로 체포하기 위하여 '체포의 필요성'이 있어야 하는지 여부(적극) / 현행범인 체포의 요건을 갖추었는지 판단하는 기준 및 현행범인 체포가 요건을 갖추지 못하여 위법한 체포에 해당하는 경우

【주 문】

원심판결을 파기하고, 사건을 제주지방법원에 환송한다.

【이 유】

상고이유(상고이유서 제출기간이 지난 후에 제출된 상고이유보충서의 기재는 상고이유를 보충하는 범위 내에서)를 판단한다.

…

3. 그러나 원심의 판단은 다음의 이유로 수긍하기 어렵다.

가. 원심판결 이유와 적법하게 채택된 증거에 의하면 다음의 사실을 알 수 있다.

① 피고인은 2015. 6. 29. 21:30경부터 23:00경까지 식당에서 지인 4명과 함께 저녁을 먹으면서 술을 마신 뒤 위 식당 건너편 ○○빌라 주차장에 주차되어 있던 피고인의 차량을 그대로 둔 채 귀가하였다.

② 위 빌라 측에서는 2015. 6. 30. 08:11경 경찰청 112에 피고인의 차량 때문에 공사를 할 수 없다며 차량을 이동시켜 달라는 취지의 신고전화를 하였고, 이에 제주서부경찰서 △△지구대 소속 경위 공소외인은 피고인에게 같은 날 08:19경, 08:22경, 08:48경 3회에 걸쳐 차량을 이동할 것을 요구하는 전화를 하였다.

③ 피고인은 같은 날 09:20경 위 빌라 주차장에 도착하여 차량을 약 2m가량 운전하여 이동·주차하였으나, 차량을 완전히 뺄 것을 요구하던 공사장 인부들과 시비가 되었고, 그러던 중 누군가 피고인이 음주운전을 하였다고 신고를 하여 위 공소외인 등이 현장에 출동하였다.

④ 공소외인 등은 피고인에게 술을 마신 상태에서 차량을 운전하였는지 물어 피고인이 '어젯밤에 술을 마셨다'고 하자 음주감지기에 의한 확인을 요구하였으나 피고인은 '이만큼 차량을 뺀 것이 무슨 음주운전이 되느냐'며 응하지 아니하였고, 임의동행도 거부하였다. 당시 공소외인 등은 술을 마셨는지 여부만을 확인할 수 있는 음주감지기 외에 주

취 정도를 표시하는 음주측정기는 소지하지 않았다.

⑤ 이에 공소외인 등은 피고인을 도로교통법위반(음주운전)죄의 현행범으로 체포하여 위 지구대로 데리고 가 음주측정을 요구하였다.

나. 위와 같은 사실관계와 그로부터 알 수 있는 다음의 사정을 앞에서 본 법리에 비추어 살펴보면, 공소외인 등이 피고인을 현행범으로 체포한 것은 그 요건을 갖추지 못한 것이어서 위법하고, 그와 같이 위법한 체포상태에서 이루어진 공소외인의 음주측정 요구 또한 위법하다고 보지 않을 수 없다.

즉, 피고인이 전날 늦은 밤 시간까지 마신 술 때문에 미처 덜 깬 상태였던 것으로 보이기는 하나, 술을 마신 때로부터 이미 상당한 시간이 경과한 뒤에 운전을 하였으므로 도로교통법위반(음주운전)죄를 저지른 범인임이 명백하다고 쉽게 속단하기는 어려워 보인다. 더군다나 피고인은 위 지구대로부터 차량을 이동하라는 전화를 받고 위 빌라 주차장까지 가 차량을 2m가량 운전하였을 뿐 피고인 스스로 운전할 의도를 가졌다거나 차량을 이동시킨 후에도 계속하여 운전할 태도를 보인 것도 아니어서 사안 자체가 경미하다. 그런데 당시는 아침 시간이었던 데다가 위 주차장에서 피고인에게 차량을 이동시키라는 등 시비를 하는 과정에서 경찰관 등도 피고인이 전날 밤에 술을 마셨다는 얘기를 들었으므로, 당시는 술을 마신 때로부터 상당한 시간이 지난 후라는 것을 충분히 알 수 있었다. 나아가 피고인이 음주감지기에 의한 확인 자체를 거부한 사정이 있기는 하나, 공소외인 등 경찰관들로서는 음주운전 신고를 받고 현장에 출동하였으므로 음주감지기 외에 음주측정기를 소지하였더라면 임의동행이나 현행범 체포 없이도 현장에서 곧바로 음주측정을 시도할 수 있었을 것으로 보인다. 이러한 사정을 앞에서 든 정황들과 함께 종합적으로 살펴보면, 피고인이 현장에서 도망하거나 증거를 인멸하려 하였다고 단정하기는 어렵다고 할 것이다.

다. 그럼에도 원심은 그 판시와 같은 이유만으로 피고인에 대한 현행범 체포가 적법하다고 판단하였으니, 거기에는 현행범 체포의 요건에 관한 법리를 오해하여 판결에 영향을 미친 잘못이 있다. 이를 지적하는 취지의 상고이유 주장은 이유 있다.

○ 대법원 2020. 5. 14. 선고 2020도398 판결

[마약류관리에관한법률위반(향정)][공2020하,1141]

【판시사항】

[1] 경찰관 직무집행법 제3조 제2항에 따라 행정경찰 목적의 경찰활동으로 행하여지는 임의동행 외에 형사소송법 제199조 제1항에 따라 범죄 수사를 위하여 이루어진 임의동행의 적법성이 인정되는 경우.

[2] 피고인이 메트암페타민(일명 필로폰) 투약 혐의로 임의동행 형식으로 경찰서에 간 후 자신의 소변과 모발을 경찰관에게 제출하여 마약류 관리에 관한 법률 위반(향정)으로 기소된 사안에서, 경찰관은 당시 피고인의 정신 상태, 신체에 있는 주사바늘 자국, 알코올솜 휴대, 전과 등을 근거로 피고인의 마약류 투약 혐의가 상당하다고 판단하여 경찰서로 임의동행을 요구하였고, 동행장소인 경찰서에서 피고인에게 마약류 투약 혐의를 밝힐 수 있는 소변과 모발의 임의제출을 요구하였으므로 피고인에 대한 임의동행은 마약류 투약 혐의에 대한 수사를 위한 것이어서 형사소송법 제199조 제1항에 따른 임의동행에 해당한다고 한 사례.

【판결요지】

[1] 임의동행은 경찰관 직무집행법 제3조 제2항에 따른 행정경찰 목적의 경찰활동으로 행하여지는 것 외에도 형사소송법 제199조 제1항에 따라 범죄 수사를 위하여 수사관이 동행에 앞서 피의자에게 동행을 거부할 수 있음을 알려 주었거나 동행한 피의자가 언제든지 자유로이 동행과정에서 이탈 또는 동행장소로부터 퇴거할 수 있었음이 인정되는 등 오로지 피의자의 자발적인 의사에 의하여 이루어진 경우에도 가능하다.

[2] 피고인이 메트암페타민(일명 필로폰) 투약 혐의로 임의동행 형식으로 경찰서에 간 후 자신의 소변과 모발을 경찰관에게 제출하여 마약류 관리에 관한 법률 위반(향정)으로 기소된 사안에서, 경찰관은 당시 피고인의 정신상태, 신체에 있는 주사바늘 자국, 알코올솜 휴대, 전과 등을 근거로 피고인의 마약류 투약 혐의가 상당하다고 판단하여 경찰서로 임의동행을 요구하였고, 동행장소인 경찰서에서 피고인에게 마약류 투약 혐의를 밝힐 수 있는 소변과 모발의 임의제출을 요구하였으므로 피고인에 대한 임의동행은 마약류 투약 혐의에 대한 수사를 위한 것이어서 형사소송법 제199조 제1항에 따른 임의동행에 해당한다는 이유로, 피고인에 대한 임의동행은 경찰관 직무집행법 제3조 제2항에 의한 것인데 같은 조 제6항을 위반하여 불법구금 상태에서 제출된 피고인의 소변과 모발은 위법하게 수집된 증거라고 본 원심판단에 임의동행에 관한 법리를 오해한 잘못이 있다고 한 사례.

사례 5

[사실관계 1] 甲은 회사의 갑작스러운 구조조정으로서 입사 50일 만에 퇴사하였다. 이후 재입사에 번번이 실패하자 甲은 치킨 배달점을 개업했다. 장사가 잘 되었으나 길 건너편에 새로운 치킨 가게가 문을 열면서 매출이 급감했다. 급기야 아르바이트생 월급을 주기도 힘들어진 甲은 아버지 A가 값비싼 도자기와 현금이 많다는 것을 떠올렸고, 고교 동창 乙, 丙에게 물건을 몰래 훔쳐오자며 공모하였다. 이에 乙과 丙은 다음 날 오후 3시 A가 외출한 사이 甲이 준 열쇠로 아파트의 출입문을 열고 들어갔다. 그 시간 엘리베이터에 공고문을 붙이고 다니던 경비원 丁은 乙, 丙이 A의 집 출입문을 열고 들어가 물건을 물색하는 것을 목격하였다. 복도식 아파트라 소리를 치면 乙과 丙을 쫓을 수 있었으나 A와 택배배달 문제로 다툰 후 이들이 물건을 훔쳐 가면 좋겠다고 생각하고 그대로 두었다. 10여 분 후 乙과 丙은 도자기와 300만원을 훔쳐 나오다가 집으로 돌아오던 A와 마주치게 되었다. 놀란 乙과 丙은 각자 도망쳤는데 A는 乙만을 쫓아갔다. A가 무서운 속도로 따라오자 乙은 길에 있는 시멘트벽돌을 집어 들고 A의 머리를 때렸다. 이로 인해 A는 전치 4주의 상해를 입게 되었고, 도자기는 떨어지면서 깨졌다.

甲이 실패 소식을 듣고 낙담하던 중, 자신이 개업자금을 빌렸던 대학 동창 B가 남편의 치과 확장 때문에 돈 걱정이 크다며 연락해 오자 급한 마음에 죽여버리기로 생각하였다. 甲은 B를 가게로 불러 신메뉴라며 주스를 내어 주었다. 여기에는 농약 5cc가 들어있었다. 본래 농약의 치사량은 15cc인데 甲은 5cc로도 충분하다고 생각하였고 B가 주스를 마시고 복통을 일으켜 데굴데굴 구르자 한때 짝사랑했던 여인이라는 생각에 후회하며 B를 응급실로 데려갔다. 위 세척을 받은 B는 생명에 지장은 없었다.

한편 甲은 무등록 사채업자 C에게도 2천만원의 빚이 있었다. 그런데 다음 날 C가 甲이 요즘 형편이 어렵다는 소문을 듣고 찾아와 빚 갚기를 요구하면서 아버지 A에게 알린다고 말하였다. 이에 甲은 C를 살해하여 채무지급을 면하기로 마음먹고, C를 자기 집으로 불러 죽였다. 그러나 甲은 C가 자신의 채권관계를 장부에 잘 기록해 부인인 W에게 보관시키고 있다는 사실을 알지 못하였다.

甲은 상황이 점점 복잡해지자 할아버지의 조경용 반송 소나무(시가 8천만원 상당)를 훔쳐서 내다팔기로 마음먹었다. 甲은 트럭을 빌려 할아버지의 소나무 밭으로 가 소나무를 캐는 것까지는 성공하였으나 너무 커 차에 실을 수가 없었다. 이에 마침 인근 시골로 귀촌한 丙에게 전화해 자초지종을 말한 후 나무 싣는 것을 도와 달라고 하였고 이윽고 도착한 丙과 함께 소나무를 운반하였다.

[사실관계 2] 사실 금감원 직원인 乙은 C의 얘기를 듣고는 '유흥비나 좀 벌어야겠다'는 생각에 W에게 전화해 "금감원 직원인데 남편의 불법 대부업 운영을 다 알고 있다. 당신도 위험하다. 5천만원을 계좌로 보내라"고 말하여 돈을 송금받았다. 이런 사실을 모르던 甲은 乙을 만나 식사를 하고 머리를 식히러 가평으로 드라이브를 가자고 했다.

한참 가던 중 검문소가 앞에 나타났고, 乙이 "너 사람 죽였다면서, 어떻게 하느냐"는 말에 수배가 내려졌을지도 모른다는 생각에 가평경찰서 소속 P경사가 검문을 위해 차량에 접근하자 甲은 "그냥 가자"라고 했고, 乙은 정차하는 척하다가 급가속을 했다. 그러나 그 사이에 P가 운전석 문손잡이를 잡고 매달렸는데, 乙은 계속 운전하여 100m가량을 갔고 힘이 빠진 P는 도로로 추락해 전치 16주의 상해를 입었다.

1. [사실관계 1]에서 甲, 乙, 丙, 丁의 형사책임은?(다만, 특별법은 논외로 함)
2. [사실관계 2]에서 甲과 乙의 형사책임은?(도로교통법 위반은 논외로 함)
3. 만일 밑줄 친 부분과 달리 C가 칼에 찔렸으나 죽지 않았고, 신고를 받고 출동한 경찰관 P는 甲이 도망간 후 집 마당에 떨어져 있던 범행도구인 식도를 C의 동의를 받고 압수하였고 공판과정에서 식도와 그 사진이 제출되었다. 이는 증거능력이 있는가?
4. 한편 乙의 몰카 동영상 유포를 포착한 ○○경찰서 사법경찰관 P2는 '음란물 유포 혐의로 범죄에 제공되었거나 범죄와 관련된 乙의 주거지에 있는 컴퓨터와 주변기기, 저장장치 등'이 기재되어 발부된 영장을 집행하던 중, 乙의 컴퓨터 주변 서랍에서 마약을 발견하였다. 이에 현행범으로 체포하면서 마약을 압수하였다(乙은 구속되지 않고 다음 날 석방되었다). 압수된 마약은 증거능력이 있는가?
5. 丙의 이웃집에 사는 X녀는 丙에게 준강간을 당할 뻔했다며 고소하였다. 그런데 사법경찰관 P3는 준강간의 경우 실행의 착수가 있어야 처벌할 수 있는데 丙은 예비에 그쳤다며 불송치하였다. 이 결과를 2주 후에 통보받은 X는 억울한 마음에 P3가 근무하는 경찰서의 서장에게 이의제기를 하였다. 관할 검찰청의 검사 S에게도 이러한 상황을 신고하였다. 이 경우 검사 S는 어떠한 조치를 취하여야 하는가?

[1문]

Ⅰ. 쟁점의 정리

Ⅱ. 乙의 죄책

1. 주거침입죄의 성립 여부

사람의 주거, 관리하는 건조물, 선박이나 항공기 또는 점유하는 방실에 침입하면 주거침입죄가 성립한다(제319조).

乙과 丙은 절도의 목적으로 A의 집에 침입하였으므로 주거침입죄가 성립한다. 야간이 아니며 단체 또는 다중의 위력을 보이거나 위험한 물건을 휴대하여 주거침입을 한 경우에 해당하지 않으므로 단순주거침입에 해당한다.

2. 강도상해죄의 성립 여부

(1) 준강도죄의 성립 여부

흉기를 휴대하거나 2인 이상이 합동하여 타인의 재물을 절취하면 특수절도죄가 성립한다(제331조 제2항). 乙은 丙과 함께 현장에서 합동하여 도자기를 절취하였으므로 특수절도죄 성립한다.

나아가 절도가 재물의 탈환을 항거하거나 체포를 면탈하거나 범죄의 흔적을 인멸할 목적으로 폭행 또는 협박을 가하면 준강도죄가 성립한다(제335조). 乙은 절도의 기회에 체포면탈의 목적으로 A를 폭행하였으므로 준강도죄 기수가 성립한다.

이때 특수강도의 준강도인지 여부는 폭행협박시를 기준으로 할지 견해가 대립되는 바, 판례는 폭행협박시를 기준으로 판단하고 있다(73도1553 전합).

생각건대 특수강도 여부는 절도에 관하여 가중사유가 있느냐에 따라 결정할 것이 아니므로 폭행협박시설이 타당하다.

따라서 乙은 특수강도의 준강도에 해당한다.

(2) 강도상해죄의 성립 여부

강도상해죄의 주체에는 준강도도 포함되며, 상해의 고의가 인정되므로 乙에게는 최종적으로 강도상해죄가 성립한다.

Ⅲ. 丙의 죄책

1. 주거침입죄의 성립 여부

乙과 丙은 절도의 목적으로 A의 집에 침입하였으므로 주거침입죄가 성립한다.

2. 강도치상죄의 성립 여부

(1) 특수절도죄의 성립 여부

丙은 乙과 함께 범행을 공모하고 현장에서 절도범행을 범했으므로 이 죄가 성립한다.

(2) 준강도죄의 공동정범 성립 여부

학설은 공동정범은 공동의사의 범위 내에서만 성립하므로 준강도의 공동정범을 부정한다. 그러나 판례는 다른 공범자에게 폭행·협박에 대한 예견 가능성이 있으면 준강도는 물론 강도상해의 공동정범도 긍정한다(91도2267).

생각건대 공동정범은 공동가공의사의 범위 내에서 정범의 책임을 부담하는 것이 타당하므로 폭행이나 협박에 가담하지 않은 자에게 준강도죄의 공동정범을 인정하는 것은 타당하지 않다.

사안의 경우 예견 가능성이 없으며, 어느 입장에 의하더라도 준강도죄의 공동정범 성립은 부정된다. 그 결과 강도치상죄의 성립도 부정된다.

3. 특수절도 또는 절도죄의 방조범 성립 여부

甲이 할아버지의 소나무를 캐낸 것과 관련하여 수목의 경우 절도죄의 기수시기에 대해 수목을 캐냈을 때 기수가 성립한다는 견해와, 운반하거나 반출하였을 때 기수가 된다는 견해가 대립한다.

판례는 부부가 영산홍을 절취한 사건에서 입목을 절취하기 위하여 캐낸 때에 점유가 침해되어 기수에 이른다고 보았다(2008도6080).

생각건대 절도의 취득의 구체적인 경험칙에 따라 점유의 이전이 있는지를 판단하여야 하므로 부피가 큰 수목의 경우 피해자의 지배범위를 벗어나야 취득이라고 할 것이므로 후자의 견해가 타당하다.

전자의 견해에 의하면 장물운반죄, 후자의 견해에 의하면 합동절도가 성립한다.

Ⅳ. 甲의 죄책

1. 아버지의 도자기 등에 대한 특수절도죄의 성립 여부

(1) 특수절도죄의 공동정범

특수절도의 현장에 甲이 부재하였다. 전체 범행계획에 따라 결과를 실현하는 데 불가결한 역할을 분담한 것이면 구성요건적 행위 이외의 행위기여도 실행행위의 분담으로 볼 수 있다. 그러나 사안에서 아버지의 빈집을 절취할 계획을 주도적으로 공모하고 열쇠를 제공[1]하는 등에 그친 것은 공모를 넘어 실행행위의 분담으로 보기는 어렵고 공모공동정범에 그친다고 하겠다.

특수절도인 합동범에 공동정범이 인정될 수 있는가에 대해 현장설에 입각하여 부정하는 견해와 긍정하는 견해가 있다. 판례는 현장에서 공동하지 않은 자도 합동범의 공동정범이 될 수 있다는 입장이며 공모공동정범도 인정하고 있다.

긍정설과 판례에 의하면 합동범의 (공모)공동정범도 인정하므로 특수절도의 공동정범이 된다. 그러나 부정설에 의하면 단순절도죄의 공동정범과 특수절도의 교사의 상상적 경합이 될 것이다.

---

1) 추가로 교사나 방조로 이해할 수 있는 사례로는 甲이 A의 빈집털이를 乙과 丙에게 교사하면서 열쇠를 주었는데, 乙과 丙이 계획을 바꿔 야간에 칼을 휴대하고 A에게 강도범행을 하기로 한 경우이다. 이 경우 범행에 대한 주된 역할을 담당한 자는 乙과 丙이며, 甲은 주도적 역할을 하지 못했다. 이 경우 교사와 방조의 관계에서 교사만 성립한다.

(2) 준강도죄의 성부

학설은 대체로 공동정범은 공동의사의 범위 내에서만 성립하므로 준강도죄의 성립을 부정하나, 판례는 다른 공범자에게 폭행·협박에 대한 예견 가능성이 있으면 긍정한다(91도2267).

사안의 경우 甲에게 예견 가능성을 인정할 만한 사정이 보이지 않으므로 준강도죄의 공동정범은 성립하지 않는다.

(3) 친족상도례의 적용

비신분자가 신분자에게 가공한 경우는 물론 신분자가 비신분자에게 가공한 경우, 신분자·비신분자 모두에게 범죄 성립되나 신분자에게만 형벌이 조각된다(제328조 제1항). 甲에게 특수절도만 인정될 경우 친족상도례가 적용된다.

2. 할아버지의 소나무에 대한 특수절도죄의 성부

절도죄의 기수시기에 대해서는 접촉설, 이전설, 취득설, 은닉설 등이 대립한다. 수목의 경우 절도죄의 기수시기에 대해 수목을 캐냈을 때 기수가 성립한다는 견해와 운반하거나 반출하였을 때 기수가 된다는 견해가 대립한다. 판례는 부부가 영산홍을 절취한 사건에서 입목을 절취하기 위하여 캐낸 때에 점유가 침해되어 기수에 이른다고 보았다(2008도6080).

전자의 견해에 의하면 단순절도, 후자의 견해에 의하면 합동절도가 성립한다. 그러나 피해자가 甲의 할아버지인 경우이므로 친족상도례가 적용된다.

3. 강도살인죄의 성립 여부

채권자 B에 대한 채무면탈 목적의 살인의 죄책에 대해, 채권자의 처분의사(행위)에 대해 필요설, 불요설, 불능미수설이 대립되나, 통설은 불요하다고 보아 강도살인죄를 인정한다.

판례는 기본적으로 소극설에 가까우나 채권자의 상속인이 채권의 존재를 확보할 방법이 있으면 채권자 측의 추급을 면한 것에 불과하여 강도살인죄가 성립할 수 없다는 절충적 입장이다(2004도1098).

생각건대 반항이 억압된 상태에서의 처분행위는 유효한 처분행위라고 볼 수 없다는 점에서 소극설이 타당하다.

소극설에 의할 경우 강도살인죄가 성립한다. 그러나 판례에 의하면 사안의 경우 상속인이 채권의 존재를 확보할 방법이 있어 일시적으로 추급을 면한 것에 불과하므로 단순살인죄가 성립한다.

4. 살인죄의 미수범의 성부

甲이 B를 살해할 당시 막연히 B의 돈 걱정을 듣고 살해계획을 세웠으므로 채무지급의 면탈을 위한 고의라고 보기는 어렵고 단순살인죄의 고의라고 볼 수 있다.

甲이 치사량에 미달하는 농약을 투입한 행위는 실행의 수단의 착오로 인해 사망의 결과 발생이 불가능한 경우이며 살인죄의 불능미수가 문제된다. 이때 위험성에 관하여 절대적 불능과 상대적 불능으로 구분하는 구객관설, 행위 당시에 행위자가 인식한 사정과 일반인이 인식할 수 있었던 사실을 기초로 일반적 경험법칙에 따라 위험성을 판단하는 구체적 위험설(위험성 부정하는 견해와 긍정하는 견해로 나뉠 수 있음)과 행위자가 생각한 대로의 사정이 존재하였으면 일반인의 입장에서 판단할 때 결과 발생의 위험성이 있는 경우 불능미수로 판단하는 추상적 위험설, 행위자의 법적대적 의사의 실행이 일반인에게 법질서의 효력에 대한 신뢰와 안정감을 동요시킬 때 위험성을 인정할 수 있다는 인상설이 대립한다.

판례는 치사량 미달의 독약 사건에서 구객관설의 입장에서 인정한 바 있으나(73도354) 최근에는 추상적 위험설이 주류를 이루고 있다(2015도7343).

생각건대 불능범과 불능미수의 구별을 명확히 하면서도 불능미수의 성립범위를 부당하게 넓히지 않기 위해서는 구체적 위험설이 타당하다.

사안의 경우 甲에게는 구체적 위험설에 의할 경우 위험성이 부정되나, 판례와 추상적 위험설에 의하면 위험성이 인정되어 불능미수가 된다.

甲은 이때 B를 병원으로 데려가 사망의 결과 발생을 방지하였으므로 불능미수의 중지미수가 성립할 수 있는지 문제된다. 이에 대해 긍정설과 부정설이 대립하는데, 형의 불균형을 방지하기 위해서는 긍정함이 타당하다. 이 경우에도 자의성이 인정되는지 판단하여야 하는데 객관설, 주관설, 프랑크 공식, 절충설, 규범설 어느 견해에 의하더라도 후회의 경우 자의성이 긍정되므로 긍정할 경우 살인죄의 불능미수의 중지미수가 된다.

Ⅴ. 丁의 형사책임

거주민의 재산과 생명, 신체를 보호하여야 할 의무가 있는 경비원 丁이 절도범을 방치하였으므로 특수절도죄와 주거침입죄의 종범 성립 여부가 문제되며, 보증인지위와 행위정형의 동가치성이 검토되어야 한다.

사안의 경우 丁에게는 경비원으로서 거주민의 재산과 생명, 신체를 보호하여야 할 계약상의 작위의무가 인정된다. 또한 부작위가 작위와의 동가치성도 인정되므로 부작위범이 성립하나, 편면적 방조자로 방조범으로 처벌하여야 한다는 것이 다수설과 판례의 입장이다.

작위의무자의 편면적 부작위이므로 여기에는 기능적 행위지배를 인정하기 어려워 종범으로 보는 것이 타당하다.

사안의 경우 丁에게는 부작위에 의한 특수절도죄의 방조, 주거침입죄의 방조가 성립한다.

[2문]

Ⅰ. 쟁점의 정리

甲과 乙의 특정범죄가중처벌등에관한법률위반(도주차량)죄의 공동정범 성부와 특수공무집행방해치상죄의 성부가 문제되며, 乙의 공갈죄의 성부가 문제된다.

II. 甲과 乙의 죄책

1. P를 사망하게 한 행위

(1) 특정범죄가중처벌등에관한법률위반(도주치상)죄의 성부

차의 교통으로 인하여 형법 제268조의 죄를 범한 해당 차량의 운전자가 구호조치를 하지 않고 도주한 경우에 도주차량죄가 성립한다(동법 제5조의 제1항). 따라서 운전자인 乙은 주체에 해당되지만, 동승자인 甲은 본죄의 주체가 될 수 없다. 다만 동승자에게 과실범의 공동정범의 책임을 물을 수 있는 특별한 경우에는 동승자도 공동정범으로 처벌이 가능하므로(4294형상598), 이 경우 甲의 업무상과실치상죄의 공동정범 성립이 문제된다.

과실범의 공동정범 성립에 대해 학설은 긍정설과 부정설이 대립된다. 판례는 '그냥 가자' 사건에서 경관의 검문에 응하지 않고 트럭을 질주함으로써 야기된 사망이 과실치사죄의 공동정범이 된다고 판시하였다(4294형상598).

생각건대 공동정범에서의 기능적 행위지배 개념에 비추어 볼 때 부정설이 타당하다.

따라서 기능적 역할분담을 인정할 수 없는 甲에게는 과실치상죄의 동시범이 인정될 뿐이다. 그러나 긍정설과 판례에 의하면 甲은 지명수배 체포를 두려워하여 그냥 가자라고 제안하였으므로 과실범의 공동정범을 인정할 수 있을 것이다. 다만 甲은 비신분자이므로 통설에 의하면 단순과실치상죄의 공동정범이 될 것이나 판례에 의하면 업무상과실치상죄의 공동정범이 성립하고 과실치상죄로 처벌될 것이다. 이러한 입장에 따르면 甲에게는 특정범죄가중처벌등에관한법률위반(도주치상)죄의 공동정범이 성립한다고 하겠다.

(2) 특수공무집행방해치상죄의 성부

단체 또는 다중의 위력을 보이거나 위험한 물건을 휴대하고 공무집행방해죄를 범하여 공무원을 상해에 이르게 한 때에는 특수공무집행방해치상죄가 성립한다(제144조 제2항). 단순히 검문을 피해 도주하려던 甲과 乙에게 P에 대한 살인 또는 상해의 고의를 인정하기는 어렵다. 그러나 위험한 물건인 자동차를 휴대하여 공무집행방해죄를 범하여 상해에 이르게 하였으므로 甲과 乙은 공동으로 특수공무집행방해치상죄를 범한 것이다.

이때 특정범죄가중처벌등에관한법률위반(도주치상)죄와 상상적 경합이 된다.[2)]

2. W로부터 5천만원을 송금받은 행위

乙의 경우 공무원이 직무집행의사 없이 공갈한 경우로 공갈죄만 성립한다. 뇌물죄가 성립하지 않으므로 수수액이 5천만원이라고 하더라도 특정범죄 가중처벌 등에 관한 법률 제4조 위반도 문제되지 않는다.

한편 甲의 경우 이러한 정을 몰랐으므로 아무런 범죄가 성립하지 않는다.

[3문]

Ⅰ. 쟁점의 정리

범죄장소에서 피해자가 임의제출하여 압수한 식도와 식도를 촬영한 사진의 증거능력 유무가 문제 된다.

Ⅱ. 식도의 증거능력

1. 임의제출물인지 여부

형사소송법 제218조는 사법경찰관은 소유자, 소지자 또는 보관자가 임의로 제출한 물건을 영장 없이 압수할 수 있다고 규정하고 있으나, 사안에서 피해자는 소유자, 소지자 또는 보관자에 해당되지 않는다.

위 규정을 위반하여 소유자, 소지자 또는 보관자가 아닌 자로부터 제출받은 물건을 영장 없이 압수한 경우 그 압수물 및 압수물을 찍은 사진은 이를 유

---

2) 다만, 판례는 위험한 물건을 휴대하고 고의로 상해를 가한 경우 본죄만 성립하고 학설과 달리 폭처법 위반죄는 부정하였다(2008도7311).

죄 인정의 증거로 사용할 수 없다(2009도10092). 헌법과 형사소송법이 선언한 영장주의의 중요성에 비추어 볼 때 피고인이나 변호인이 이를 증거로 함에 동의하였다고 하더라도 달리 볼 것은 아니다. 따라서 위법수집증거이다.

2. 범죄장소에서의 압수인지 여부

범행 중 또는 범행 직후의 범죄장소에서 긴급을 요하여 법원 판사의 영장을 받을 수 없는 때에는 영장 없이 압수, 수색 또는 검증을 할 수 있다.

사안의 경우 甲의 살인미수 범행 직후이므로 제216조 제3항에 의해 압수할 수 있으나, 지체없이 사후영장을 발부받아야 하는데 그러한 사정이 보이지 않으므로 적법한 압수라고 할 수 없다.

III. 식도 사진의 증거능력

식도의 경우 위법수집증거인데, 이를 찍은 사진의 경우 사본인 사진으로 최량증거법칙에 따라 식도를 법정에 제출할 수 없거나 그 제출이 곤란한 사정이 있고, 사진이 식도와 동일하다는 사실이 증명되어야 한다.

그러나 그 이전에 증거수집 과정에서 압수물인 식도와 그 사진은 영장주의 원칙을 위반하여 수집하거나 그에 기초한 증거로서 그 절차 위반행위가 적법절차의 실질적인 내용을 침해하는 정도에 해당한다고 할 것이며, 유죄의 증거로 사용할 수 없다고 하겠다(2009도10092). 영장주의의 중요성에 비추어 볼 때 피고인이나 변호인이 이를 증거로 함에 동의하였다고 하더라도 달리 볼 것은 아니다.

IV. 사안의 해결

식도의 압수는 위법하며 따라서 식도와 식도 사진은 증거능력이 없다.

[4문]

Ⅰ. 쟁점의 정리

압수·수색은 혐의사실과의 관련성, 대상물 존재의 개연성이 있어야 하는데, 음란물유포 혐의(본건)를 이유로 발부받은 영장에 기초하여 별건증거(대마)가 발견되자 현행범으로 체포하면서 별건 증거물을 압수할 수 있는지 문제된다.

Ⅱ. 압수된 마약의 증거능력

관련성은 대체로 증거물로서의 의미를 가질 수 있는 가능성 또는 개연성을 의미한다. 대법원은 최근 압수·수색영장에 기재한 혐의사실과 객관적 관련성이 있고 압수·수색영장 대상자와 피의자 사이에 인적 관련성이 있는 범죄라고 관련성을 이해하고 있다(2017도13458[3]). 그러면서 영장 발부의 사유인 범죄사실 자체와 직접 연관된 물건에 한정하지 않고, 압수·수색영장의 범죄사실과 기본적 사실관계가 동일한 범행 또는 동종·유사의 범행과 관련된다고 의심할 만한 상당한 이유가 있는 범위 내에서는 압수를 실시할 수 있다고 하면서도(2009도2649), 압수·수색영장의 발부사유로 된 혐의사실과 무관하게 별개의 증거를 압수한 경우에는 원칙적으로 증거로 사용할 수 없다는 점을 명확히 하였다(2018도2624).

---

3) 압수·수색영장에 기재한 혐의사실과 객관적 관련성이 있고 압수·수색영장 대상자와 피의자 사이에 인적 관련성이 있는 범죄를 의미한다. 그중 혐의사실과의 객관적 관련성은 압수·수색영장에 기재된 혐의사실 자체 또는 그와 기본적 사실관계가 동일한 범행과 직접 관련되어 있는 경우는 물론 범행 동기와 경위, 범행 수단과 방법, 범행 시간과 장소 등을 증명하기 위한 간접증거나 정황증거 등으로 사용될 수 있는 경우에도 인정될 수 있다. 그 관련성은 압수·수색영장에 기재된 혐의사실의 내용과 수사의 대상, 수사 경위 등을 종합하여 구체적·개별적 연관관계가 있는 경우에만 인정되고, 혐의사실과 단순히 동종 또는 유사 범행이라는 사유만으로 관련성이 있다고 할 것은 아니다. 그리고 피의자와 사이의 인적 관련성은 압수·수색영장에 기재된 대상자의 공동정범이나 교사범 등 공범이나 간접정범은 물론 필요적 공범 등에 대한 피고사건에 대해서도 인정될 수 있다(대법원 2017. 12. 5. 선고 2017도13458 판결).

대법원은 정보통신망법 위반이 문제된 유사 사안에서 사법경찰리가 마약류관리에 관한법률위반(대마)죄의 현행범으로 체포하면서 위 대마를 압수하였으나, 사후 압수·수색영장을 받지 아니하여 영장주의를 위반하여 수집한 증거로, 그 절차 위반의 정도가 적법절차의 실질적인 내용을 침해한다고 판시하였다(2008도10914). 그런데 대마가 증거능력이 부정되는 이유는 '수사기관이 사후에 압수영장'을 발부받지 않았기 때문이며 대마 압수 자체는 적법하다고 보았다.

이에 대해 강제처분의 유효범위를 사건단위설에 의해 이해할 경우 위법한 집행이나 대법원이 적법하다고 본 것은 플레인 뷰이론[4]을 암묵적으로 긍정한 것이라는 견해가 있다.

생각건대 플레인 뷰이론을 받아들인 것인지는 명확하지 않으며, 관련성 부분은 묵시적으로 인정한 것으로 보인다.

검토컨대 사안의 마약은 사후의 영장 발부가 문제가 아니라 애초 압수·수색의 대상이 된 음란물 유포 범죄사실과 관련성이 없기 때문에 증거능력이 없다고 하겠다.

[5문]

Ⅰ. 쟁점의 정리

사법경찰관의 불송치결정에 대해 고소인의 이의가 있는 경우 검사가 취할 수 있는 조치가 문제된다.

---

4) 경찰관이 A범죄를 수사하기 위해 적법하게 임의처분이나 강제처분을 집행하는 도중, 그가 적법하게 서 있는 장소에서 별도의 인위적인 수색 없이 우연히 명백한 금제품이나 B범죄의 증거물을 발견하였을 때 별도의 압수·수색영장 없이 금제품이나 B범죄의 증거물을 압수할 수 있다는 이론을 말한다.

II. 검사 S가 취할 수 있는 조치

준강간의 예비·음모를 처벌하는 규정이 형법 제305조의3에 신설되었다.[5] 따라서 丙의 행위가 실행의 착수에 이르지 않았더라도 예비행위가 존재하는 한 준강간죄의 예비로 처벌될 수 있다.

사법경찰관은 1차적 수사종결권을 가지나, 범죄를 수사하여 범죄의 혐의가 있다고 인정되는 경우에는 지체없이 검사에게 사건을 송치하고 관계 서류와 증거물을 검사에게 송부하여야 한다(형사소송법 제245조의5 제1항). 또한 사법경찰관은 형사소송법 제245조의7 제1항에 따라 불송치결정에 대하여 고소인 등의 이의신청이 있는 때에는 지체없이 검사에게 사건을 송치하고 관계 서류와 증거물을 송부하여야 하며 처리 결과와 그 이유를 신청인에게 통지하여야 한다(제245조의7 제2항). 이 경우 검사는 사법경찰관이 사건을 송치하지 아니한 것이 위법 또는 부당한 때에는 그 이유를 문서로 명시하여 사법경찰관에게 재수사를 요청할 수 있다(제245조의8 제1항). 따라서 검사 S는 P3가 사건을 송치하지 않을 경우 P3에게 재수사를 요청할 수 있다.

또한 검사는 사법경찰관리의 수사 과정에서 법령위반, 인권침해 또는 현저한 수사권 남용이 의심되는 사실의 신고가 있거나 그러한 사실을 인식하게 된 경우에는 사법경찰관에게 사건기록 등본의 송부를 요구할 수 있다(제197조의3 제1항). 설문에서 P3는 범죄의 혐의가 인정됨에도 불송치결정을 하였으며, 불송치결정 후 7일 이내에 고소인에게 통보하여야 한다는 제245조의6의 규정도 위반하였다. 따라서 검사는 사건기록 등본의 송부를 요구할 수 있다. 이때 송부요구를 받은 사법경찰관은 지체없이 검사에게 사건기록 등본을 송부하여야 하며, 송부를 받은 검사는 필요하다고 인정되는 경우에는 사법경찰관에게 시정조치를 요구할 수 있다(동조 제2항 및 제3항). 따라서 검사 S는 P3에게 사건기록 등본의 송부를 요구할 수 있고 시정조치를 요구할 수 있을 것이다. 만일 시정조치 요구가 정당한 이유 없이 이행되지 않았다고 인정되는 경우에는 사건을 송치할 것을 요구할 수 있다(동조 제5항).

---

5) 제305조의3을 신설하였는데, 그 취지는 강간 등의 예비·음모에 대한 처벌규정을 신설하는 등 관련 규정을 정비함으로써 성범죄로 인한 피해 발생을 미연에 방지하여 국민의 성적 자기결정권 등 기본권을 보호하고 범죄로부터 안전한 사회를 조성하려는 것이었다.

<판례연구 5>

○ 대법원 2017. 12. 22. 선고 2017도13211 판결

[업무방해][공2018상,402]

【판결요지】

[1] 업무방해죄와 같이 작위를 내용으로 하는 범죄를 부작위에 의하여 범하는 부진정 부작위범이 성립하기 위해서는 부작위를 실행행위로서의 작위와 동일시할 수 있어야 한다.

[2] 피고인이 甲과 토지 지상에 창고를 신축하는 데 필요한 형틀공사 계약을 체결한 후 그 공사를 완료하였는데, 甲이 공사대금을 주지 않는다는 이유로 위 토지에 쌓아 둔 건축자재를 치우지 않고 공사현장을 막는 방법으로 위력으로써 甲의 창고 신축 공사 업무를 방해하였다는 내용으로 기소된 사안에서, 피고인이 일부러 건축자재를 甲의 토지 위에 쌓아 두어 공사현장을 막은 것이 아니라 당초 자신의 공사를 위해 쌓아 두었던 건축자재를 공사 완료 후 치우지 않은 것에 불과하므로, 비록 공사대금을 받을 목적으로 건축자재를 치우지 않았더라도, 피고인이 자신의 공사를 위하여 쌓아 두었던 건축자재를 공사 완료 후에 단순히 치우지 않은 행위가 위력으로써 甲의 추가 공사 업무를 방해하는 업무방해죄의 실행행위로서 甲의 업무에 대하여 하는 적극적인 방해행위와 동등한 형법적 가치를 가진다고 볼 수 없는데도, 이와 달리 보아 공소사실을 유죄로 인정한 원심판결에 부작위에 의한 업무방해죄의 성립에 관한 법리오해의 잘못이 있다고 한 사례.

○ 대법원 2019. 10. 17. 선고 2019도6775 판결

[마약류관리에관한법률위반(향정)]

【주 문】

상고를 모두 기각한다.

【이 유】

상고이유를 판단한다.

1. 검사의 상고이유에 대하여

가. 형사소송법 제215조 제1항은 “검사는 범죄수사에 필요한 때에는 피의자가 죄를

범하였다고 의심할 만한 정황이 있고 해당 사건과 관계가 있다고 인정할 수 있는 것에 한정하여 지방법원판사에게 청구하여 발부받은 영장에 의하여 압수, 수색 또는 검증을 할 수 있다"라고 정하고 있다. 따라서 영장 발부의 사유로 된 범죄 혐의사실과 무관한 별개의 증거를 압수하였을 경우 이는 원칙적으로 유죄 인정의 증거로 사용할 수 없다. 그러나 압수·수색의 목적이 된 범죄나 이와 관련된 범죄의 경우에는 그 압수·수색의 결과를 유죄의 증거로 사용할 수 있다(대법원 2016. 3. 10. 선고 2013도11233 판결 등 참조).

압수·수색영장의 범죄 혐의사실과 관계있는 범죄라는 것은 압수·수색영장에 기재한 혐의사실과 객관적 관련성이 있고 압수·수색영장 대상자와 피의자 사이에 인적 관련성이 있는 범죄를 의미한다. 그중 혐의사실과의 객관적 관련성은 압수·수색영장에 기재된 혐의사실 자체 또는 그와 기본적 사실관계가 동일한 범행과 직접 관련되어 있는 경우는 물론 범행 동기와 경위, 범행 수단과 방법, 범행 시간과 장소 등을 증명하기 위한 간접증거나 정황증거 등으로 사용될 수 있는 경우에도 인정될 수 있다. 그 관련성은 압수·수색영장에 기재된 혐의사실의 내용과 수사의 대상, 수사 경위 등을 종합하여 구체적·개별적 연관관계가 있는 경우에만 인정된다고 보아야 하고, 혐의사실과 단순히 동종 또는 유사 범행이라는 사유만으로 관련성이 있다고 할 것은 아니다. 그리고 피의자와 사이의 인적 관련성은 압수·수색영장에 기재된 대상자의 공동정범이나 교사범 등 공범이나 간접정범은 물론 필요적 공범 등에 대한 피고사건에 대해서도 인정될 수 있다(대법원 2017. 1. 25. 선고 2016도13489 판결; 대법원 2017. 12. 5. 선고 2017도13458 판결 등 참조).

나. 원심은 다음과 같은 이유로 2018. 5. 29.자 압수·수색영장(이하 '이 사건 압수영장'이라 한다)에 기초하여 압수한 피고인의 소변과 소변에 대한 마약류 검사 결과를 기재한 마약감정서는 이 사건 압수영장 기재 혐의사실과 무관한 별개의 증거를 압수하여 위법하게 수집된 증거에 해당하거나 이를 기초로 하여 획득한 2차적 증거로서 증거능력이 없다고 판단하였다.

1) 이 사건 압수영장에 기재된 메트암페타민(이하 '필로폰'이라 한다) 투약 혐의사실은 피고인이 2018. 5. 23. 시간불상경 부산 이하 불상지에서 필로폰 불상량을 불상의 방법으로 투약하였다는 것이다. 이 사건 공소사실 중 필로폰 투약의 점은 피고인이 2018. 6. 21.경부터 같은 달 25일경까지 사이에 부산 이하 불상지에서 필로폰 불상량을 불상의 방법으로 투약하였다는 것이다.

2) 마약류 투약 범죄는 그 범행일자가 다를 경우 별개의 범죄로 보아야 하고, 이 사건 압수영장 기재 혐의사실과 이 부분 공소사실은 그 범행장소, 투약방법, 투약량도 모두

구체적으로 특정되어 있지 않아 어떠한 객관적인 관련성이 있는지 알 수 없다. 이 사건 압수영장 기재 혐의사실과 이 부분 공소사실이 동종 범죄라는 사정만으로 객관적 관련성이 있다고 할 수 없다.

3) 경찰은 제보자의 진술을 토대로 이 사건 압수영장 기재 혐의사실을 특정하였는데, 이 사건 압수영장이 발부된 후 약 1달이 지난 2018. 6. 25.에야 이 사건 압수영장을 집행하여 피고인의 소변을 압수하였으나 그 때는 필로폰 투약자의 소변에서 마약류 등이 검출될 수 있는 기간이 지난 뒤였고, 별도의 압수·수색영장으로 압수한 피고인의 모발에서 마약류 등이 검출되지 않자 결국 압수된 피고인의 소변에서 필로폰 양성반응이 나온 점을 근거로 이 부분 공소사실과 같이 기소하였다. 이 사건 압수영장 기재 혐의사실의 내용과 수사의 대상, 수사 경위 등을 종합하여 보면, 이 부분 공소사실과 같은 필로폰 투약의 점은 경찰이 이 사건 압수영장을 발부받을 당시 전혀 예견할 수 없었던 혐의사실이었던 것으로 보이므로, 이 사건 압수영장 기재 혐의사실과 이 부분 공소사실 사이에 연관성이 있다고 보기 어렵다.[6]

다. 원심판결 이유를 관련 법리와 기록에 비추어 살펴보면, 원심의 판단에 압수·수색영장의 '객관적 관련성'에 관한 법리를 오해한 잘못이 없다.

○ 대법원 2017. 11. 29. 선고 2017도9747 판결

[국가보안법위반(찬양·고무등)·국가보안법위반(회합·통신등)·국가보안법위반(편의제공)·국가보안법위반(자진지원·금품수수)][공2018상,105]

【판시사항】

피의자의 이메일 계정에 대한 접근권한에 갈음하여 발부받은 압수·수색영장에 따라 원격지의 저장매체에 적법하게 접속하여 내려받거나 현출된 전자정보를 대상으로 하여 범죄 혐의사실과 관련된 부분에 대하여 압수·수색하는 것이 허용되는지 여부(적극) 및 형사소송법 제120조 제1항에서 정한 '압수·수색영장의 집행에 필요한 처분'에 해당하는지 여부(적극) / 이러한 법리는 원격지의 저장매체가 국외에 있는 경우라도 마찬가지로

6) 경찰은 2018년 5월 23일 필로폰을 수수·투약한 혐의로 甲에 대한 영장을 발부 받았다. 그러나 경찰은 甲의 신병을 확보하지 못해 영장 발부 후 한 달이 지나서야 甲으로부터 소변을 확보할 수 있었다. 甲의 소변에서는 마약 성분이 검출됐는데, 소변에서 이 같은 결과가 나올 수 있는 것은 투약 후 4~10일 이내이다. 경찰은 甲이 6월 21~25일 사이에도 필로폰을 투약한 사실을 추가해 검찰에 송치했다. 당시 증거 수집에 활용된 영장에는 5월 범행과 관련된 혐의사실만 기재되어 있었다.

적용되는지 여부(적극)

【판결요지】

압수·수색은 대상물의 소유자 또는 소지자를 상대로 할 수 있고, 이는 해당 소유자 또는 소지자가 피고인이나 피의자인 경우에도 마찬가지이다(형사소송법 제106조 제1항·제2항, 제107조 제1항, 제108조, 제109조 제1항, 제219조 참조). 또한 정보저장매체에 저장된 전자정보에 대한 압수·수색은 영장 발부의 사유로 된 범죄 혐의사실과 관련된 부분만을 출력하거나 복제하는 방법으로 하여야 하고, 다만 범위를 정하여 출력 또는 복제하는 방법이 불가능하거나 압수의 목적을 달성하기에 현저히 곤란하다고 인정되는 때에는 정보저장매체 자체를 압수할 수 있다(형사소송법 제106조 제3항, 제219조 참조).

인터넷서비스이용자는 인터넷서비스제공자와 체결한 서비스이용계약에 따라 인터넷서비스를 이용하여 개설한 이메일 계정과 관련 서버에 대한 접속권한을 가지고, 해당 이메일 계정에서 생성한 이메일 등 전자정보에 관한 작성·수정·열람·관리 등의 처분권한을 가지며, 전자정보의 내용에 관하여 사생활의 비밀과 자유 등의 권리보호이익을 가지는 주체로서 해당 전자정보의 소유자 또는 소지자라고 할 수 있다. 또한 인터넷서비스제공자는 서비스이용약관에 따라 전자정보가 저장된 서버의 유지·관리책임을 부담하고, 해당 서버 접속을 위해 입력된 아이디와 비밀번호 등이 인터넷서비스이용자가 등록한 것과 일치하면 접속하려는 자가 인터넷서비스이용자인지를 확인하지 아니하고 접속을 허용하여 해당 전자정보를 정보통신망으로 연결되어 있는 컴퓨터 등 다른 정보처리장치로 이전, 복제 등을 할 수 있도록 하는 것이 일반적이다.

따라서 수사기관이 인터넷서비스이용자인 피의자를 상대로 피의자의 컴퓨터 등 정보처리장치 내에 저장되어 있는 이메일 등 전자정보를 압수·수색하는 것은 전자정보의 소유자 또는 소지자를 상대로 해당 전자정보를 압수·수색하는 대물적 강제처분으로 형사소송법의 해석상 허용된다.

나아가 압수·수색할 전자정보가 압수·수색영장에 기재된 수색장소에 있는 컴퓨터 등 정보처리장치 내에 있지 아니하고 그 정보처리장치와 정보통신망으로 연결되어 제3자가 관리하는 원격지의 서버 등 저장매체에 저장되어 있는 경우에도, 수사기관이 피의자의 이메일 계정에 대한 접근권한에 갈음하여 발부받은 영장에 따라 영장 기재 수색장소에 있는 컴퓨터 등 정보처리장치를 이용하여 적법하게 취득한 피의자의 이메일 계정 아이디와 비밀번호를 입력하는 등 피의자가 접근하는 통상적인 방법에 따라 원격지의 저장매체에 접속하고 그곳에 저장되어 있는 피의자의 이메일 관련 전자정보를 수색장소의 정보처리장치로 내려받거나 그 화면에 현출시키는 것 역시 피의자의 소유에 속하거나 소지하는 전자정보를 대상으로 이루어지는 것이므로 그 전자정보에 대한 압수·수색을 위와 달리 볼 필요가 없다.

비록 수사기관이 위와 같이 원격지의 저장매체에 접속하여 그 저장된 전자정보를 수색장소의 정보처리장치로 내려받거나 그 화면에 현출시킨다 하더라도, 이는 인터넷서비스제공자가 허용한 피의자의 전자정보에 대한 접근 및 처분권한과 일반적 접속 절차에 기초한 것으로서, 특별한 사정이 없는 한 인터넷서비스제공자의 의사에 반하는 것이라고 단정할 수 없다.

또한 형사소송법 제109조 제1항, 제114조 제1항에서 영장에 수색할 장소를 특정하도록 한 취지와 정보통신망으로 연결되어 있는 한 정보처리장치 또는 저장매체 간 이전, 복제가 용이한 전자정보의 특성 등에 비추어 보면, 수색장소에 있는 정보처리장치를 이용하여 정보통신망으로 연결된 원격지의 저장매체에 접속하는 것이 위와 같은 형사소송법의 규정에 위반하여 압수·수색영장에서 허용한 집행의 장소적 범위를 확대하는 것이라고 볼 수 없다. 수색행위는 정보통신망을 통해 원격지의 저장매체에서 수색장소에 있는 정보처리장치로 내려받거나 현출된 전자정보에 대하여 위 정보처리장치를 이용하여 이루어지고, 압수행위는 위 정보처리장치에 존재하는 전자정보를 대상으로 그 범위를 정하여 이를 출력 또는 복제하는 방법으로 이루어지므로, 수색에서 압수에 이르는 일련의 과정이 모두 압수·수색영장에 기재된 장소에서 행해지기 때문이다.

위와 같은 사정들을 종합하여 보면, 피의자의 이메일 계정에 대한 접근권한에 갈음하여 발부받은 압수·수색영장에 따라 원격지의 저장매체에 적법하게 접속하여 내려받거나 현출된 전자정보를 대상으로 하여 범죄 혐의사실과 관련된 부분에 대하여 압수·수색하는 것은, 압수·수색영장의 집행을 원활하고 적정하게 행하기 위하여 필요한 최소한도의 범위 내에서 이루어지며 그 수단과 목적에 비추어 사회통념상 타당하다고 인정되는 대물적 강제처분 행위로서 허용되며, 형사소송법 제120조 제1항에서 정한 압수·수색영장의 집행에 필요한 처분에 해당한다. 그리고 이러한 법리는 원격지의 저장매체가 국외에 있는 경우라 하더라도 그 사정만으로 달리 볼 것은 아니다.

○ 대법원 2019. 11. 14. 선고 2019도13290 판결

[성폭력범죄의처벌등에관한특례법위반(카메라등이용촬영)]〈피고인이 휴대전화기의 카메라로 피해자를 몰래 촬영한 현장에서 현행범으로 체포되면서 위 휴대전화기를 수사기관에 임의제출한 사안에서, 피고인의 자백을 보강할 증거가 있는지 여부가 쟁점이 된 사건〉[공2020상,123]

【판시사항】

[1] 피고인이 지하철역 에스컬레이터에서 휴대전화기의 카메라를 이용하여 성명불상 여성 피해자의 치마 속을 몰래 촬영하다가 현행범으로 체포되어 성폭력범죄의 처벌 등에 관한 특례법 위반(카메라등이용촬영)으로 기소된 사안에서, 체포 당시 임의제출 방식으로 압수된 피고인 소유 휴대전화기에 대한 압수조서 중 '압수경위'란에 기재된 내용은 피고인이 범행을 저지르는 현장을 직접 목격한 사람의 진술이 담긴 것으로서 형사소송법 제312조 제5항에서 정한 '피고인이 아닌 자가 수사과정에서 작성한 진술서'에 준하는 것으로 볼 수 있고, 이에 따라 휴대전화기에 대한 임의제출절차가 적법하였는지에 영향을 받지 않는 별개의 독립적인 증거에 해당한다고 한 사례

[2] 현행범 체포현장이나 범죄 현장에서 소지자 등이 임의로 제출하는 물건을 형사소송법 제218조에 의하여 영장 없이 압수할 수 있는지 여부(적극) 및 이때 검사나 사법경찰관은 별도로 사후에 영장을 받아야 하는지 여부(소극)

【판결요지】

[1] 피고인이 지하철역 에스컬레이터에서 휴대전화기의 카메라를 이용하여 성명불상 여성 피해자의 치마 속을 몰래 촬영하다가 현행범으로 체포되어 성폭력범죄의 처벌 등에 관한 특례법 위반(카메라등이용촬영)으로 기소된 사안에서, 피고인은 공소사실에 대해 자백하고 검사가 제출한 모든 서류에 대하여 증거로 함에 동의하였는데, 그 서류들 중 체포 당시 임의제출 방식으로 압수된 피고인 소유 휴대전화기(이하 '휴대전화기'라고 한다)에 대한 압수조서의 '압수경위'란에 '지하철역 승강장 및 게이트 앞에서 경찰관이 지하철범죄 예방·검거를 위한 비노출 잠복근무 중 검정 재킷, 검정 바지, 흰색 운동화를 착용한 20대가량 남성이 짧은 치마를 입고 에스컬레이터를 올라가는 여성을 쫓아가 뒤에 밀착하여 치마 속으로 휴대폰을 집어넣는 등 해당 여성의 신체를 몰래 촬영하는 행동을 하였다'는 내용이 포함되어 있고, 그 하단에 피고인의 범행을 직접 목격하면서 위 압수조서를 작성한 사법경찰관 및 사법경찰리의 각 기명날인이 들어가 있으므로, 위 압수조서 중 '압수경위'란에 기재된 내용은 피고인이 범행을 저지르는 현장을 직접 목격한

사람의 진술이 담긴 것으로서 형사소송법 제312조 제5항에서 정한 '피고인이 아닌 자가 수사과정에서 작성한 진술서'에 준하는 것으로 볼 수 있고, 이에 따라 휴대전화기에 대한 임의제출절차가 적법하였는지에 영향을 받지 않는 별개의 독립적인 증거에 해당하여, 피고인이 증거로 함에 동의한 이상 유죄를 인정하기 위한 증거로 사용할 수 있을 뿐 아니라 피고인의 자백을 보강하는 증거가 된다고 볼 여지가 많다는 이유로, 이와 달리 피고인의 자백을 뒷받침할 보강증거가 없다고 보아 무죄를 선고한 원심판결에 자백의 보강증거 등에 관한 법리를 오해하거나 필요한 심리를 다하지 아니한 잘못이 있다고 한 사례.

[2] 범죄를 실행 중이거나 실행 직후의 현행범인은 누구든지 영장 없이 체포할 수 있고(형사소송법 제212조), 검사 또는 사법경찰관은 피의자 등이 유류한 물건이나 소유자·소지자 또는 보관자가 임의로 제출한 물건은 영장 없이 압수할 수 있으므로(제218조), 현행범 체포현장이나 범죄 현장에서도 소지자 등이 임의로 제출하는 물건은 형사소송법 제218조에 의하여 영장 없이 압수하는 것이 허용되고, 이 경우 검사나 사법경찰관은 별도로 사후에 영장을 받을 필요가 없다.

사례 6

甲은 2.1의 낮은 학점에도 운 좋게 장난감회사에 취직했다. 갑자기 추워진 날씨에 발난로를 켠 甲은 책상 아래에 난로를 그대로 두고 퇴근하였다. 그런데 乙이 밤에 甲의 사무실을 털기 위해 들어왔다가 甲의 책상에서 현금 30만원이 든 지갑을 발견하고 집어 들다가 난로를 넘어뜨렸고 바닥 카펫에 불이 옮겨 붙었다. 乙은 손쉽게 소화기로 불을 끌 수 있었음에도 그냥 도주해 버렸다. 마침 乙이 나간 직후 난로가 걱정된 甲이 회사로 돌아왔으나, 사무실 내부가 불타고 있는 것을 보고는 자신이 그런 것으로 오해 받을까봐 소화기로 끌 수 있었음에도 불구하고 그냥 나와 버렸고 사무실은 전소되었다.

양심의 가책을 느낀 甲은 사표를 제출하였고 실직 후 무위도식하였다. 그러던 중 자신이 졸업한 국립대의 학적과에 근무하던 동창생 F가 생각났고 90만원 상당의 술을 접대하면서 재취업을 위해 성적부 전산기록을 조작해 학점을 3.9로 만들어 달라고 부탁했다. F는 며칠 후 甲을 딱하다고 생각하고 부탁대로 전산시스템에 접속해 평점을 변경한 후 저장하였다.

새롭게 만들어진 성적에도 재취업에 계속 실패한 甲은 오토바이 날치기가 주특기인 친구 丙과 어울려 다녔다. 丙은 유흥비를 마련을 위해 날치기를 또 계획했고 귀가하던 여성 A의 핸드백을 낚아채 달아나려 했는데, A가 핸드백 줄을 놓치는 순간 丙도 균형을 잃고 오토바이를 탄 채 넘어졌다. 丙이 일어나 A의 핸드백을 들고 도주하기 시작했는데, A가 '도둑이야'라고 소리치자 마침 귀가하던 동생 B가 듣고 丙을 붙잡기 위해 추격하였다. 丙은 한참을 도주하던 중 잠시 골목길에 숨어, 주변에 살고 있는 친구 丁에게 휴대폰으로 전화하여 자초지종을 말하면서 자신이 쫓기고 있으니 도와 달라고 하였다. 丁은 공모한 대로 B를 제압하기 위해 번개처럼 나타나 달려오던 B의 얼굴을 가격해 전치 2주의 상해를 입혔다. 덕분에 丙은 무사히 도주할 수 있었다.

丙은 A의 핸드백에서 현금 100만원과 신용카드 1장을 발견하였다. 丙은 丁이 가고 난 후, A의 신용카드를 사용하여 은행 현금자동지급기에서 현금 70만원을 인출하였다.

돈을 벌어 신난 丙은 자신의 승용차를 타고 불광동으로 이사간 동네친구 戊를 만나러 갔다. 炳은 戊에게 戊의 여자친구 C도 함께 술을 마시자고 하였고 술을 사들고 가 戊의 투룸에서 술을 마시기 시작했다. 戊는 술이 약해 제일 먼저 거실에 누워잤고 곧이어 C도 졸리다며 방으로 들어갔다. 30여 분 후 丙은 C가 술에 만취해 잔다고 생각하고는 C의 몸을 만지다가 1회 간음하였다(C는 문자메시지를 보내는 등 잠을 자고 있지는 않았으나 戊가 깰까봐 자는 척하였다). 1시간 후 丙은 몰래 戊의 집을 빠져나와 자신의 승용차를 타고 문정동 집으로 향하였다.

1. 甲, 乙, 丙, 丁, F의 죄책을 논하시오.
2. 만일 C가 하루 뒤 丙의 간음행위를 신고하면서, 丙이 그날 밤 젤리를 줘서 같이 먹었는데, 정신이 몽롱하면서 신종마약처럼 이상했다고 말했다. 이에 사법경찰관 P1은 C가 먹은 젤리를 신종 마약젤리로 추측하고 압수·수색·검증영장을 발부받은 다음 丙의 주거지를 수색하였다. P1은 丙에게 영장에 기재된 대로 소변의 제출과 모발의 채취를 설득하였다. 그러나 3시간이 넘게 거부하고 자해하자 丙에게 수갑을 채운 뒤 강제로 인근 병원 응급실로 데려가 응급구조사로 하여금 소변(30cc)을 채취하게 하였고 국과수에 감정의뢰를 하였다. 소변감정 결과 마약성분이 검출되었다. 국과수의 감정서는 증거능력이 있는가?
3. 밑줄 친 부분에서 丙은 집으로 오던 중 택시를 기다리기 위해 인도에 내려와 있던 D를 충격하여 손목골절상을 입혔으나 음주 중이었으므로 도주하였다(혈중알코올농도 0.2%). 사고 장면을 목격한 W는 곧바로 경찰에 신고하였고 출동한 경찰관 P2는 丙을 추격하다 놓치고 10여 분 후 사고현장에서 5km 떨어진 이면도로에서 운전석에서 자고 있던 丙을 발견했다. P2는 丙을 적법한 절차를 거쳐 체포하면서 교통사고로 파손된 자동차의 사이드미러 부분을 검증하였다. P2의 검증은 적법한가?
4. 설문 3.에서 P2는 丙의 범행에 대하여 W의 참고인진술조서를 작성하여 증거로 제출하였다. 만일 丙이 제1심에서 증거동의를 하였으나 제2심에서 동의를 철회한 경우 이 조서는 제2심에서 증거로 사용할 수 있는가?

[1문]

Ⅰ. 쟁점의 정리

Ⅱ. 乙의 죄책

1. 야간주거침입절도죄의 성부

야간에 사람의 주거, 간수하는 저택, 건조물이나 선박 또는 점유하는 방실에 침입하여 타인의 재물을 절취하면 야간주거침입절도죄가 성립한다(제33조).
乙은 야간에 甲의 사무실에 침입하여 30만원이 든 지갑을 절취하였으므로 야간주거침입절도죄가 성립한다.

2. 실화죄의 성부

과실로 현주건조물 등, 공용건조물 등 또는 타인 소유의 일반건조물 등을 불태우면 실화죄가 성립한다(제170조).

乙은 난로를 발견하지 못한 과실로 난로를 전도시켰고 이로 인해 타인 소유 일반건조물인 사무실을 전소케 하였으므로 실화죄(제170조)가 성립한다.

3. 일반건조물방화죄의 성부

한편 乙의 실화라는 선행행위로 인해 부작위에 의한 일반건조물방화죄(제166조 제1항)이 성립할 것인가가 문제된다.

乙에게는 실화로 인한 위법한 선행행위를 유발하여 작위의무가 인정되며, 소화기로 쉽게 진화가 가능했다는 점에서 작위의 가능성이 있으며, 이미 카펫에 불이 옮겨 붙여 진화를 하지 않으면 건조물이 불에 탈 위험성이 있었다는 점에서 방화라는 작위행위와 동가치성을 인정할 수 있을 것이다.

판례도 부작위에 의한 방화죄 성립에 있어 동일한 기준을 제시하고 있다(2009도12109).

乙의 부작위와 불태움 사이에 인과관계와 객관적 귀속은 인정하기에 무리가 없으며, 주관적 구성요건으로 乙은 건조물의 불태움에 대한 인식과 인용이 있었으므로 고의 또한 인정된다고 하겠다.

방화의 경우 기수시기에 대해 불이 매개물을 떠나 목적물에 옮겨져 독립하여 연소할 수 있는 상태를 요구하는 독립연소설, 목적물의 중요부분이 소실되어 그 본래의 효용을 상실한 정도임을 요하는 효용상실설, 목적물의 중요부분에 연소가 개시된 때에 소훼가 인정된다는 중요부분연소개시설 등이 대립되며, 판례는 매개물을 떠나 스스로 연소할 수 있는 상태에 이를 것을 요하여 독립연소설을 취하고 있다(70도330).

생각건대 방화죄가 공공위험죄임을 고려할 때 독립연소설이 타당하다.

이 입장에 따르면 乙에게는 일반건조물방화죄의 기수가 성립한다.

Ⅳ. F의 죄책

1. 수뢰후부정처사죄의 성부

공무원이 수뢰, 사전수뢰, 제삼자뇌물제공의 죄를 범하여 부정한 행위를 한 때에는 수뢰후부정처사죄가 성립한다(제131조).

F는 국립대 직원이므로 공무원이며 직무에 관한 부당한 이익인 향응 90만원 상당을 제공받았으므로 수뢰를 하였다. 나아가 수뢰한 공무원인 F가 부정한 행위를 하여야 하는데, 이때 부정한 행위는 공무원이 직무에 위배하는 일체의 행위를 하는 것을 말한다. 따라서 학적과 직원으로서 정당한 절차 없이 甲의 성적부를 변작하고 저장한 것은 부정처사에 해당한다.

2. 공전자기록변작죄와 동행사죄의 성립 여부

사무처리를 그르치게 할 목적으로 공무원 또는 공무소의 전자기록 등 특수매체기록을 변작하면 공전자기록변작죄가 성립한다(제227조의2). 이때 위작 또는 변작은 운영주체의 의사에 반해 전자기록을 작성하거나 변경한 경우뿐만 아니라 권한 있는 공무원이 허위내용의 전자기록을 만드는 경우도 포함한다.

학적과 직원인 F가 전산시스템을 조작하여 甲의 성적을 조작한 것은 전자기록의 경우 명의인이 누구인지 불명확하므로 변경의 권한이 있는지 여부를 불문하고 공전자기록변작에 해당한다.

아울러 변경된 전자기록을 전산시스템에 저장하여 전산기록이 사무처리에 사용될 수 있게 한 것은 변작공전자기록행사죄에 해당한다. 양죄는 실체적 경합관계이다.

3. 소 결

한편 죄수와 관련하여 연결효과에 의한 상상적 경합이 문제된다. 2개의 독자적인 범죄행위와 각각 상상적 경합관계에 있는 제3의 행위가 있을 때에는 두 행위 사이에도 상상적 경합이 성립한다는 개념으로, 제3의 행위에 대한 이중평가를 막기 위해서 모든 죄를 상상적 경합으로 보는 긍정설과, 두 개 의 행위가 제3의 행위에 연결된다고 해서 하나의 행위가 될 수 없으며 행위자에게 지나치게 유리하여 상상적 경합으로 볼 수 없다는 부정설이 있다.

판례는 연결효과에 의한 상상적 경합(A－B)을 부정하면서도 그 처벌은 상상적 경합의 예(가장 중한 죄)에 따라야 한다고 한다. 수뢰후부정처사죄와 공도화 변조 및 동행사에서 이와 같은 입장을 취했다(2000도1216).

긍정설에 의할 경우 수뢰후부정처사죄와 상상적 경합관계에 있는 공전자기록변작죄와 변작공전자기록행사죄에 대해 전체 범죄의 상상적 경합을 인정할 수 있을 것이며 가장 무거운 수뢰후부정처사죄로 처벌된다. 다만, 판례에 의할 경우 처벌에 있어서는 가장 무거운 죄인 수뢰후부정처사죄에 의해 처벌할 수 있을 것이다.

그러나 제3의 행위 때문에 실체적 경합관계를 상상적 경합으로 처벌하는 것은 타당하다고 할 수 없으므로 실체적 경합관계에 있는 범죄를 경합가중한 후에 이들 범죄와 제3의 범죄의 경중을 따져 중한 죄로 처벌하는 것이 타당하며, F는 수뢰후부정처사죄로 처벌될 것이다.

III. 甲의 죄책

1. 실화죄의 성부

실화죄는 과실로 인하여 현주건조물 등 또는 공용건조물 등 또는 타인의 소유에 속하는 일반건조물 등을 불태우면 성립한다. 실화죄의 경우에도 인과관계와 객관적 귀속이 인정되어야 한다.

甲이 난로를 끄지 않고 퇴근하여 화재가 발생한 것은 맞지만, 甲의 과실이 개입하여 화재라는 결과가 발생하였다고 보기에는 상당인과관계 또는 객관적 귀속을 인정하기 어렵다. 실화죄는 성립하지 않는다.

2. 일반건조물방화죄의 성부

카펫에 불이 붙어 사무실에 발화가 일어난 사실을 인식하면서도 소화하지 않고 떠나버린 경우 부작위에 의한 일반건조물방화죄가 문제된다.

장난감회사의 직원으로 회사 사무실에 불이 났고 쉽게 소화기로 진화할 수 있다는 점에서 보증인지위와 작위의무가 인정되며, 자신이 아니면 소화를 할 사람을 기대할 수 없었으며 사무실이 전소될 위험이 컸다는 점에서 작위와의 동가치성을 인정할 수 있을 것이다.

그러나 방화죄는 전술한 대로 독립연소상태에 이르면 기수가 되는데, 甲의 부작위 당시 이미 카펫에 불이 붙어 독립연소상태가 되어 방화라는 결과 발생이 불가능하였으므로 불능미수가 될 수 있다. 사무실 내부가 불타고 있었지만 소화기로 불을 끄는 것이 용이하였다는 점에서 구객관설, 구체적 위험설, 추상적 위험설에 따라 위험성이 인정될 수 있다.

3. 증뢰죄의 성부

뇌물을 약속, 공여 또는 공여의 의사표시를 하면 증뢰죄가 성립한다(제133조 제1항). 공무원인 F에게 직무와 관련하여 성적변경을 위한 부정한 대가로 향응을 제공하였으므로 증뢰죄가 성립한다.

4. 공전자기록변작죄와 동행사죄의 교사범의 성부

피교사자에게 새롭게 범행결의를 유발하는 교사의 수단에는 제한이 없으므로 학점을 조작해 점수를 올려 달라는 '부탁'도 교사에 해당하며 교사범이 성립한다. 따라서 甲에게는 공전자기록변작죄와 동행사죄의 교사범이 성립한다.

Ⅲ. 병의 죄책

1. 강도상해죄의 성부

丙은 날치기를 계획하여 실행하였는데, 날치기 수법의 경우 유형력의 행사가 있으나 이는 재물을 재빨리 탈취하기 위해 순간적인 유형력의 행사이거나 부딪치는 행위처럼 피해자의 주의를 다른 곳으로 돌려 놓고 그 사이를 틈타 재물을 탈취하기 위한 경우가 대부분이다. 이러한 범행 특성에 비추어보면 강제력을 사용하여 재물을 절취하는 행위가 때로는 피해자를 넘어뜨리거나 부상케 하는 경우가 있고, 그러한 결과가 피해자의 반항 억압을 목적으로 함이 없이 점유탈취의 과정에서 우연히 가해진 경우라면 이는 강도가 아니라 절도에 불과하다(2003도2316).[1)]

설문에서도 A가 핸드백 줄을 놓치는 순간 丙은 균형을 잃고 보도 위로 넘어졌으며 丙이 일어나 A의 핸드백을 들고 도주한 것이므로 재물의 강취를 위한 폭행은 없었으며 절도에 해당한다.

문제는 丁이 체포면탈목적으로 B의 저지와 상해에 공모하고 가담하였으므로 준강도와 강도상해죄의 승계적 공동정범이 문제된다. 승계적 공동정범의 인정 여부에 대해 후행자도 선행자의 행위를 이용하려는 의사가 있었으며 의사연락이 반드시 공동의 실행행위 이전에 존재할 필요가 없다며 성립을 긍정하는 긍정설, 선행자의 행위와 후행자의 행위 사이에 인과관계가 없고 공동범행의사

---

1) 이와 달리 그 강제력의 행사가 사회통념상 객관적으로 상대방의 반항을 억압하거나 항거불능케 할 정도의 것이라면 이는 강도죄에서의 폭행에 해당하므로, 날치기 수법의 점유탈취 과정에서 이를 알아채고 재물을 뺏기지 않으려는 피해자의 반항에 부딪혔음에도 계속하여 피해자를 끌고 가면서 억지로 재물을 빼앗은 행위는 피해자의 반항을 억압한 후 재물을 강취한 것이다(2007도7601).

는 소급될 수 없다는 부정설이 있으며, 인정할 경우 후행자의 책임범위에 대해 적극설과 소극설이 다시 대립한다.

판례는 포괄적 일죄의 일부에 공동정범으로 가담한 자는 비록 그가 그때에 이미 이루어진 종전의 범행을 알았다 하여도 그 가담 이후의 범행에 대해서만 공동정범으로서 책임을 진다고 하여, 긍정설을 취하면서 책임범위에 대해서는 소극설의 입장을 취하는 것으로 보인다(82도884).

생각건대 실행행위 도중에 타인이 공동실행의 의사를 가지고 남은 행위를 한 경우에도 공동정범을 부정할 필요는 없으나 공동가공의사가 소급될 수는 없다는 점에서 긍정설이 타당하며 책임범위는 소극설로 판단하여야 할 것이다.

丙의 경우 승계적 공동정범을 긍정하면서 적극설을 취하면 강도상해죄, 부정하면 절도죄와 상해죄가 성립한다.

2. 절도죄의 성부

甲과 丙은 현금의 취득 및 취득할 현금의 분배에 대해서만 공모하였으므로 丙이 가고 난 후 甲이 신용카드를 사용한 행위들은 단독범행이 된다.

은행 현금자동지급기에서 현금 70만원을 인출한 행위처럼 절취한 신용카드를 사용하여 현금을 인출한 행위에 대해 절도죄가 성립한다는 견해와, 절도죄의 성립을 부정하면서 컴퓨터사용사기죄가 성립한다는 견해, 범죄가 성립하지 않는다는 무죄설이 대립된다.

판례는 현금지급기 관리자의 의사에 반해 그의 지배를 배제하고 현금을 자기의 지배 하에 옮긴 것으로 절도죄를 구성한다고 판시하였다(2007도1375).

정당한 권리자에게 지급하겠다는 것이 은행의 의사라는 점에서 절도죄설이 타당하며, 甲에게는 절도죄가 성립한다.

아울러 분실하거나 도난당한 신용카드나 직불카드를 사용한 행위에 해당하므로 여신전문금융업법상 신용카드부정사용죄(제70조 제1항 제3호)가 성립하며[2] 양자는 실체적 경합관계에 있다.

---

2) 신용카드업자의 부대업무로 긍정한 판결(97도2974)과 이를 구 여전법 하의 판례라며 부인한 판례(2003도3977, 2005도4233)가 있다.

3. 준강간죄의 성부

심신상실 또는 항거불능의 상태를 이용하여 간음하면 준강간죄가 성립한다(제299조). 설문에서 甲은 C가 술에 취해 잔다고 오인하여 간음을 시도하였으므로 준강간죄에서 객체의 불가능성이 문제된다.

이러한 사안에 대해 기습추행에 착안하여 강간죄의 성립을 인정하는 견해, 준강간죄의 장애미수를 인정하는 견해, 준강간죄의 불능미수를 인정하는 견해, 무죄를 인정하는 견해 등이 대립된다.

대법원의 다수의견은 유사한 사안에서 실행의 수단 또는 대상의 착오로 보아 준강간죄의 불능미수를 인정하였다. 즉 실행의 수단 또는 대상의 착오로 인하여 구성요건적 결과의 발생이 처음부터 불가능하였고 실제로 그러한 결과가 발생하였다고 할 수 없으며, 피고인이 행위 당시에 인식한 사정을 놓고 일반인이 객관적으로 판단하여 보았을 때 준강간의 결과가 발생할 위험성이 있었으므로 준강간죄의 불능미수가 성립한다는 것이다(2018도16002).

설문의 경우 대상의 불가능성을 인정할 경우 불능미수를 인정할 수 있을 것이다. 위험성의 경우 구체적 부합설이나 추상적 부합설 어느 견해에 의하더라도 성적 자기결정권을 침해할 위험성이 인정된다고 하겠다.

그러나 결과 발생의 불가능성을 사실적 판단이 아닌 규범적 판단(아무런 장애 없이 원천적으로 불가능한 경우)에 의할 경우 결과 발생이 불가능한 경우가 아니며 장애미수를 인정할 수 있다.

IV. 丁의 죄책

1. 강도상해죄의 성부

전술한 대로 丙은 乙의 절도 범행 이후 체포면탈을 저지하기 위하여 B를 폭행하여 상해를 입혀 사후강도 범행에 가담하였으므로 승계적 공동정범이 문제된다.[3)]

3) 범인도피교사의 경우 아래의 판례를 참고할 필요가 있다. "범인 스스로 도피하는 행위는 처벌되지 아니하므로, 범인이 도피를 위하여 타인에게 도움을 요청하는 행위 역시 도피행위의

승계적 공동정범의 인정 여부에 대해 긍정설, 부정설이 있으며, 인정할 경우 후행자의 책임범위에 대해 적극설과 소극설이 대립한다. 판례는 긍정설을 취하면서 소극설의 입장으로 보인다(82도884).

승계적 공동정범을 부정하면 상해죄(또는 丙의 전체 범행에 대한 방조), 긍정하면서 적극설을 취하면 강도상해죄, 소극설을 취하면 상해죄의 공동정범만 성립한다.

이와 달리 준강도의 주체가 절도에 한정되므로 신분범으로 이해하는 견해에 의하면 제33조의 문제로 보아 폭행·협박은 형을 가중하는 요소로 폭행치상(상해)의 죄책만 질 것이다. 그러나 절도죄의 주체는 제한이 없으며 이 죄의 절도도 결합범의 내용에 불과할 뿐 일신전속적 신분이라고 할 수는 없다.

2. 도로교통법위반죄의 성부

누구든지 술에 취한 상태에서 자동차등을 운전하여서는 아니된다. 따라서 丁은 음주운전죄가 성립한다(도로교통법 제148조의2 제2항, 제44조 제1항).

[2문]

Ⅰ. 쟁점의 정리

소변채취를 거부하는 자에게 강제채뇨가 허용되는지, 수갑을 채워 강제로 병원에 데려간 것이 적법한지, 감정결과가 증거능력이 있는지 문제된다.

범주에 속하는 한 처벌되지 아니하며, 범인의 요청에 응하여 범인을 도운 타인의 행위가 범인도피죄에 해당한다고 하더라도 마찬가지이다. 다만 범인이 타인으로 하여금 허위의 자백을 하게 하는 등으로 범인도피죄를 범하게 하는 경우와 같이 그것이 방어권의 남용으로 볼 수 있을 때에는 범인도피교사죄에 해당할 수 있다. 이 경우 방어권의 남용이라고 볼 수 있는지 여부는, 범인을 도피하게 하는 것이라고 지목된 행위의 태양과 내용, 범인과 행위자의 관계, 행위 당시의 구체적인 상황, 형사사법의 작용에 영향을 미칠 수 있는 위험성의 정도 등을 종합하여 판단하여야 한다"(대법원 2014. 4. 10. 선고 2013도12079 판결).

II. P1의 강제채뇨가 적법한지 여부

1. 강제채뇨를 위한 영장의 요부

실무상 혈액의 분리는 수색, 점유취득은 압수라는 점에 근거한 압수·수색설, 압수·수색영장과 함께 감정처분허가장(제221조의4)이 필요하다는 견해, 검증으로서 신체검사영장(제170조, 제219조)이 필요하다는 견해, 신체검사영장(제215조) 및 감정처분허가장(제221조의4)이 필요하다는 견해가 대립된다.

판례는 감정처분허가장 또는 압수수색의 방법으로 하여야 한다고 보았다(2018도6219).

강제채뇨는 압수·수색의 성격과 동시에 의사 등에 의해 적절한 방법으로 시행되어야 하는 감정의 성격도 있으므로 2설이 타당하다.

2. 채뇨를 위한 강제연행 및 수갑 사용의 적법 여부

반대설도 있으나, 적법한 영장의 발부가 있을 경우 영장집행시 필요한 처분으로 인정된다는 견해와, 채뇨장소까지의 연행은 강제채뇨영장이 예정하고 있는 범위라는 영장효력설 등이 있다.

대법원은 집행을 위해 강제로 차에 태워 병원으로 연행하는 것은 압수·수색영장의 집행을 위하여 필요한 처분으로 적법하며, 이 과정에서 공무집행에 항거하는 자를 제지하고 자해 위험을 방지하기 위해 수갑 등을 사용한 것은 경찰관 직무집행법에 따라 허용되는 경찰장구의 사용으로서 적법하다고 판시하였다(2018도6219).

생각건대 영장을 집행을 위해서는 채뇨장소로의 연행이 불가피하므로 압수·수색영장집행시 필요한 처분이라고 할 것이며 경찰장구의 사용도 정당행위로 볼 수 있다.

설문에서 P1의 연행과 수갑을 채운 행위는 丙이 채뇨를 거부하여 다른 방법이 없는 상황에서 소변 채취에 적합한 장소로 피의자를 데려가기 위해서 필요 최소한의 유형력을 행사한 것이며 저항을 제지하고 자해를 방지하기 위한 것이므로 적법하다고 하겠다.

Ⅲ. 감정회보의 증거능력

강제채뇨가 적법하므로 이에 기한 감정회보도 위법수집증거가 아니다. 감정서의 증거능력은 형사소송법 제313조 제3항에 의해 인정되는데, 수사기관의 촉탁에 의한 감정수탁자의 감정서도 여기에 포함된다.

따라서 감정수탁자가 작성한 것으로 제313조 제3항의 요건을 충족할 경우 증거능력 인정될 수 있을 것이다(통설).

[3문]

Ⅰ. 쟁점의 정리

P2는 丙을 영장 없이 체포하고 검증하였으므로 영장주의의 예외에 해당하는 체포와 검증인지 문제된다.

Ⅱ. P2의 체포의 적법 여부

우선 丙이 행한 범죄는 혈중알코올농도 0.2%에서 운전을 하여 사람을 상해에 이르게 하였으므로 위험운전치상죄가 성립하며 사고 후 아무런 조치를 하지 않고 도주하였으므로 특정범죄 가중처벌 등에 관한 법률상 위험운전치상죄와 도주차량죄가 성립한다. 양자의 관계에 대해 상상적 경합설이 있을 수 있으나 실체적 경합관계로 볼 수 있다.[4)]

현행범인이란 범죄의 실행 중이거나 실행의 직후인 자로, 실행의 직후는 범죄행위를 실행하여 끝마친 순간 또는 이에 아주 접착된 시간적 단계를 의미한다(2007도1249). 丙이 10분이 지나 5km 떨어진 곳에서 운전석에서 자고 있다가 발견되었는데, 이러한 장소와 시간은 시간적, 장소적으로 범죄행위의 종료와 매우 접착된 단계라고 볼 수 없어 현행범인의 체포에는 해당되지 않는다.

---

4) 판례는 음주운전과 위험운전치상의 경우 실체적 경합(2008도7143), 음주운전과 도주차량죄 모두 실체적 경합을 인정하고 있다(97도447).

그러나 사고장면을 목격한 W의 제보대로 승용차에 丙이 탑승한 채로 있었으므로 丙이 범죄에 사용하였다고 인정함에 충분한 물건을 소지하고 있는 경우라고 볼 수 있으므로(99도4341), 준현행범의 체포에는 해당한다.

Ⅲ. 검증의 적법 여부

검증의 경우에도 영장주의의 예외가 인정되는 바, 체포현장에서의 검증의 경우 사전 영장 없이 검증이 가능하다(형사소송법 제216조 제1항 제2호).

검증의 범위와 관련하여 체포현장에서의 검증의 법적 성격에 대해 검증은 체포보다 법익침해가 적으므로 체포가 적법할 경우 부수처분으로 허용된다는 부수처분설, 체포자의 안전과 증거인멸의 방지를 위해 검증이 허용된다는 긴급행위설, 증거가 존재할 개연성이 높은 체포현장에서의 합리적 증거수집을 위한 경우 긴급성이 필요 없다는 합리성설이 대립되고 있다.

생각건대 무영장에 의한 대물적 강체처분의 확대를 막기 위해서는 긴급행위설이 타당하다고 하겠다.

사안의 경우 丙이 음주상태로 운전을 하다가 D에게 상해를 입히고 도주하였으며 운전석에서 잠이 든 경우로 다시 음주운전을 하여 도주하여 증거를 인멸할 위험이 있으므로 긴급행위설에 의해서도 영장 없는 검증이 허용되며, 부수처분설에 의하더라도 적법한 검증에 해당한다.

Ⅳ. 사안의 해결

P2의 丙에 대한 체포는 적법하며 차량에 대한 검증도 적법하다.

[4문]

Ⅰ. 쟁점의 정리

명문의 규정이 없는 상황에서 증거동의의 철회와 그 허용시기가 문제된다.

II. 丙의 증거동의의 철회 가부

증거동의를 철회할 경우 그 허용시기에 대하여 증거조사 시행 전까지 가능하다는 견해와 증거조사 완료 전까지 가능하다는 견해, 구두변론 종결 전까지 가능하다는 견해가 대립된다.

판례는 증거조사가 완료되기 전까지 취소 또는 철회할 수 있으나 일단 증거조사가 완료된 뒤에는 취소 또는 철회할 수 없다고 하여 제2설의 입장이다(83도267).

생각건대 절차의 확실성과 소송경제의 조화를 위해서는 증거조사 완료 전까지 허용된다는 다수설과 판례의 입장이 타당하다고 하겠다.

丙은 증거조사가 완료된 제2심에서는 증거동의를 철회할 수 없으며 W의 참고인진술조서는 제2심에서도 증거능력이 인정된다.

<판례연구 6>

○ 대법원 2019. 3. 28. 선고 2018도16002 전원합의체 판결

[강간(인정된죄명:준강간미수,변경된죄명:준강간)]〈준강간죄의 불능미수 성립을 인정할 수 있는지 여부에 관한 사건〉[공2019상,1005]

【판시사항】

[1] 준강간죄에서 '고의'의 내용

[2] 피고인이 피해자가 심신상실 또는 항거불능의 상태에 있다고 인식하고 그러한 상태를 이용하여 간음할 의사로 피해자를 간음하였으나 피해자가 실제로는 심신상실 또는 항거불능의 상태에 있지 않은 경우, 준강간죄의 불능미수가 성립하는지 여부(적극)

【판결요지】

[1] 형법 제297조는 "폭행 또는 협박으로 사람을 강간한 자는 3년 이상의 유기징역에 처한다"라고 규정하고, 제299조는 "사람의 심신상실 또는 항거불능의 상태를 이용하여 간음 또는 추행을 한 자는 제297조, 제297조의2 및 제298조의 예에 의한다"라고 규정하고 있다. 형법은 폭행 또는 협박의 방법이 아닌 심신상실 또는 항거불능의 상태를 이용하여 간음한 행위를 강간죄에 준하여 처벌하고 있으므로, 준강간의 고의는 피해자가 심신상실 또는 항거불능의 상태에 있다는 것과 그러한 상태를 이용하여 간음한다는 구성요건적 결과 발생의 가능성을 인식하고 그러한 위험을 용인하는 내심의 의사를 말한다.

[2] [다수의견] 형법 제300조는 준강간죄의 미수범을 처벌한다. 또한 형법 제27조는 "실행의 수단 또는 대상의 착오로 인하여 결과의 발생이 불가능하더라도 위험성이 있는 때에는 처벌한다. 단, 형을 감경 또는 면제할 수 있다"라고 규정하여 불능미수범을 처벌하고 있다.

따라서 피고인이 피해자가 심신상실 또는 항거불능의 상태에 있다고 인식하고 그러한 상태를 이용하여 간음할 의사로 피해자를 간음하였으나 피해자가 실제로는 심신상실 또는 항거불능의 상태에 있지 않은 경우에는, 실행의 수단 또는 대상의 착오로 인하여 준강간죄에서 규정하고 있는 구성요건적 결과의 발생이 처음부터 불가능하였고 실제로 그러한 결과가 발생하였다고 할 수 없다. 피고인이 준강간의 실행에 착수하였으나 범죄가 기수에 이르지 못하였으므로 준강간죄의 미수범이 성립한다. 피고인이 행위 당시에 인식한 사정을 놓고 일반인이 객관적으로 판단하여 보았을 때 준강간의 결과가 발생할 위험

성이 있었으므로 준강간죄의 불능미수가 성립한다.

구체적인 이유는 다음과 같다.

① 형법 제27조에서 규정하고 있는 불능미수는 행위자에게 범죄의사가 있고 실행의 착수라고 볼 수 있는 행위가 있지만 실행의 수단이나 대상의 착오로 처음부터 구성요건이 충족될 가능성이 없는 경우이다. 다만 결과적으로 구성요건의 충족은 불가능하지만, 그 행위의 위험성이 있으면 불능미수로 처벌한다. 불능미수는 행위자가 실제로 존재하지 않는 사실을 존재한다고 오인하였다는 측면에서 존재하는 사실을 인식하지 못한 사실의 착오와 다르다.

② 형법은 제25조 제1항에서 "범죄의 실행에 착수하여 행위를 종료하지 못하였거나 결과가 발생하지 아니한 때에는 미수범으로 처벌한다"라고 하여 장애미수를 규정하고, 제26조에서 "범인이 자의로 실행에 착수한 행위를 중지하거나 그 행위로 인한 결과의 발생을 방지한 때에는 형을 감경 또는 면제한다"라고 하여 중지미수를 규정하고 있다. 장애미수 또는 중지미수는 범죄의 실행에 착수할 당시 실행행위를 놓고 판단하였을 때 행위자가 의도한 범죄의 기수가 성립할 가능성이 있었으므로 처음부터 기수가 될 가능성이 객관적으로 배제되는 불능미수와 구별된다.

③ 형법 제27조에서 정한 '실행의 수단 또는 대상의 착오'는 행위자가 시도한 행위방법 또는 행위객체로는 결과의 발생이 처음부터 불가능하다는 것을 의미한다. 그리고 '결과 발생의 불가능'은 실행의 수단 또는 대상의 원시적 불가능성으로 인하여 범죄가 기수에 이를 수 없는 것을 의미한다고 보아야 한다.

한편 불능범과 구별되는 불능미수의 성립요건인 '위험성'은 피고인이 행위 당시에 인식한 사정을 놓고 일반인이 객관적으로 판단하여 결과 발생의 가능성이 있는지 여부를 따져야 한다.

④ 형법 제299조에서 정한 준강간죄는 사람의 심신상실 또는 항거불능의 상태를 이용하여 간음함으로써 성립하는 범죄로서, 정신적·신체적 사정으로 인하여 성적인 자기방어를 할 수 없는 사람의 성적 자기결정권을 보호법익으로 한다. 심신상실 또는 항거불능의 상태는 피해자인 사람에게 존재하여야 하므로 준강간죄에서 행위의 대상은 '심신상실 또는 항거불능의 상태에 있는 사람'이다. 그리고 구성요건에 해당하는 행위는 그러한 '심신상실 또는 항거불능의 상태를 이용하여 간음'하는 것이다. 심신상실 또는 항거불능의 상태에 있는 사람에 대하여 그 사람의 그러한 상태를 이용하여 간음행위를 하면 구성요건이 충족되어 준강간죄가 기수에 이른다.

피고인이 피해자가 심신상실 또는 항거불능의 상태에 있다고 인식하고 그러한 상태를 이용하여 간음할 의사를 가지고 간음하였으나, 실행의 착수 당시부터 피해자가 실제로는 심신상실 또는 항거불능의 상태에 있지 않았다면, 실행의 수단 또는 대상의 착오로 준강간죄의 기수에 이를 가능성이 처음부터 없다고 볼 수 있다. 이 경우 피고인이 행위 당시에 인식한 사정을 놓고 일반인이 객관적으로 판단하여 보았을 때 정신적·신체적 사정으로 인하여 성적인 자기방어를 할 수 없는 사람의 성적 자기결정권을 침해하여 준강간의 결과가 발생할 위험성이 있었다면 불능미수가 성립한다.

[대법관 권순일, 대법관 안철상, 대법관 김상환의 반대의견] ① 형법 제13조(범의)는 "죄의 성립요소인 사실을 인식하지 못한 행위는 벌하지 아니한다"라고 규정하고 있다. 여기에서 '죄의 성립요소인 사실'이란 형법에 규정된 범죄유형인 구성요건에서 외부적 표지인 객관적 구성요건요소, 즉 행위주체·객체·행위·결과 등을 말한다. 이와 달리 행위자의 내면에 속하는 심리적·정신적 상태를 주관적 구성요건요소라고 하는데, 고의가 대표적인 예이다. 형법 제13조는 고의범이 성립하려면 행위자는 객관적 구성요건요소인 행위주체·객체·행위·결과 등에 관한 인식을 갖고 있어야 한다고 규정하고 있으므로, 구성요건 중에 특별한 행위양태(예컨대 강간죄에서의 '폭행·협박'이나 준강간죄에서의 '심신상실 또는 항거불능의 상태를 이용' 등)를 필요로 하는 경우에는 이러한 사정의 존재까지도 행위자가 인식하여야 한다.

② 형법 제27조(불능범)는 "실행의 수단 또는 대상의 착오로 인하여 결과의 발생이 불가능하더라도 위험성이 있는 때에는 처벌한다. 단, 형을 감경 또는 면제할 수 있다"라고 규정하고 있다. 이 조항 표제에서 말하는 '불능범'이란 범죄행위의 성질상 결과 발생 또는 법익침해의 가능성이 절대로 있을 수 없는 경우를 말한다. 여기에서 '실행의 수단의 착오'란 실행에 착수하였으나 행위자가 선택한 실행수단의 성질상 그 수단으로는 의욕한 결과 발생을 현실적으로 일으킬 수 없음에도 무지나 오인으로 인하여 당해 구성요건적 행위의 기수가능성을 상정한 경우를 의미한다. 그리고 대상의 착오란 행위자가 선택한 행위객체의 성질상 그 행위객체가 흠결되어 있거나 침해될 수 없는 상태에 놓여 있어 의욕한 결과 발생을 현실적으로 일으킬 수 없음에도 무지나 오인으로 인하여 당해 구성요건적 행위의 기수가능성을 상정한 경우를 의미한다. 한편 형법 제27조에서 '결과 발생이 불가능'하다는 것은 범죄기수의 불가능뿐만 아니라 범죄실현의 불가능을 포함하는 개념이다. 행위가 종료된 사후적 시점에서 판단하게 되면 형법에 규정된 모든 형태의 미수범은 결과가 발생하지 않은 사태라고 볼 수 있으므로, 만약 '결과불발생', 즉 결과가 현실

적으로 발생하지 않았다는 것과 '결과발생불가능', 즉 범죄실현이 불가능하다는 것을 구분하지 않는다면 장애미수범과 불능미수범은 구별되지 않는다. 다시 말하면, 형법 제27조의 '결과 발생의 불가능'은 사실관계의 확정단계에서 밝혀지는 '결과불발생'과는 엄격히 구별되는 개념이다.

이 조항의 표제는 '불능범'으로 되어 있지만, 그 내용은 가벌적 불능범, 즉 '불능미수'에 관한 것이다. 불능미수란 행위의 성질상 어떠한 경우에도 구성요건이 실현될 가능성이 없지만 '위험성' 때문에 미수범으로 처벌하는 경우를 말한다. 판례는 불능미수의 판단기준으로서 위험성의 판단은 피고인이 행위 당시에 인식한 사정을 놓고 이것이 객관적으로 일반인의 판단으로 보아 결과 발생의 가능성이 있느냐를 따져야 한다는 입장을 취하고 있다.

형법 제27조의 입법 취지는, 행위자가 의도한 대로 구성요건을 실현하는 것이 객관적으로 보아 애당초 가능하지 않았기 때문에 원칙적으로 미수범으로도 처벌의 대상이 되지 않을 것이지만 규범적 관점에서 보아 위험성 요건을 충족하는 예외적인 경우에는 미수범으로 보아 형사처벌을 가능하게 하자는 데 있다. 그렇기 때문에 형법 제27조에서 말하는 결과 발생의 불가능 여부는 실행의 수단이나 대상을 착오한 행위자가 아니라 그 행위 자체의 의미를 통찰력이 있는 일반인의 기준에서 보아 어떠한 조건하에서도 결과 발생의 개연성이 존재하지 않는지를 기준으로 판단하여야 한다. 따라서 일정한 조건하에서는 결과 발생의 개연성이 존재하지만 특별히 그 행위 당시의 사정으로 인해 결과 발생이 이루어지지 못한 경우는 불능미수가 아니라 장애미수가 될 뿐이다.

③ 강간죄나 준강간죄는 구성요건결과의 발생을 요건으로 하는 결과범이자 보호법익의 현실적 침해를 요하는 침해범이다. 그러므로 강간죄나 준강간죄에서 구성요건결과가 발생하였는지 여부는 간음이 이루어졌는지, 즉 그 보호법익인 개인의 성적 자기결정권이 침해되었는지를 기준으로 판단하여야 한다.

다수의견은 준강간죄의 행위의 객체를 '심신상실 또는 항거불능의 상태에 있는 사람'이라고 보고 있다. 그러나 형법 제299조는 "사람의 심신상실 또는 항거불능의 상태를 이용하여 간음 또는 추행을 한 자는 제297조, 제297조의2 및 제298조의 예에 의한다"라고 규정함으로써 '심신상실 또는 항거불능의 상태를 이용'하여 '사람'을 '간음 또는 추행'하는 것을 처벌하고 있다. 즉 심신상실 또는 항거불능의 상태를 이용하는 것은 범행 방법으로서 구성요건의 특별한 행위양태에 해당하고, 구성요건행위의 객체는 사람이다. 이러한 점은 "폭행 또는 협박으로 사람을 강간한 자는 3년 이상의 유기징역에 처한다"라고 정한 형법 제297조의 규정과 비교하여 보면 보다 분명하게 드러난다. 형법 제297조의 '폭행 또는 협박으로'에 대응하는 부분이 형법 제299조의 '사람의 심신상실 또는 항거불능의 상태를 이용하여'라는 부분이다. 구성요건행위이자 구성요건결과인 간음이 피해자가 저항할 수 없는 상태에 놓였을 때 이루어진다는 점은 강간죄나 준강간죄 모두 마찬가지이다. 다만 강간죄의 경우에는 '폭행 또는 협박으로' 항거를 불가능하게 하는 데 반하여, 준강간죄의 경우에는 이미 존재하고 있는 '항거불능의 상태를 이용'한다는 점이 다를 뿐이다. 다수의견의 견해는 형벌조항의 문언의 범위를 벗어나는 해석이다.

④ 결론적으로, 다수의견은 구성요건해당성 또는 구성요건의 충족의 문제와 형법 제27조에서 말하는 결과 발생의 불가능의 의미를 혼동하고 있다. 만약 다수의견처럼 보게 되면, 피고인의 행위가 검사가 공소 제기한 범죄의 구성요건을 충족하지 못하면 그 결과의 발생이 불가능한 때에 해당한다는 것과 다름없고, 검사가 공소장에 기재한 적용법조에서 규정하고 있는 범죄의 구성요건요소가 되는 사실을 증명하지 못한 때에도 불능미수범으로 처벌할 수 있다는 결론에 이르게 된다. 이러한 해석론은 근대형법의 기본원칙인 죄형법정주의를 전면적으로 형해화하는 결과를 초래하는 것이어서 도저히 받아들일 수 없다.

○ 대법원 2018. 7. 12. 선고 2018도6219 판결

[마약류관리에관한법률위반(향정)][공2018하,1686]

【판시사항】

[1] '강제 채뇨'의 의미 / 수사기관이 범죄 증거를 수집할 목적으로 하는 강제 채뇨가 허용되기 위한 요건 및 채뇨의 방법

[2] 수사기관이 범죄 증거를 수집할 목적으로 피의자의 동의 없이 피의자의 소변을 채취하는 것을 '감정에 필요한 처분'으로 할 수 있는지 여부(적극) 및 이를 압수·수색의 방법으로도 할 수 있는지 여부(적극) / 압수·수색의 방법으로 소변을 채취하는 경우, 압수대상물인 피의자의 소변을 확보하기 위한 수사기관의 노력에도 불구하고 피의자가 소변채취에 적합한 장소로 이동하는 것에 동의하지 않거나 저항하는 등 임의동행을 기대할 수 없는 사정이 있는 때에는 수사기관이 소변 채취에 적합한 장소로 피의자를 데려가기 위해서 필요 최소한의 유형력을 행사하는 것이 허용되는지 여부(적극) 및 이는 '압수·수색영장의 집행에 필요한 처분'에 해당하는지 여부(적극)

[3] 피고인이 메트암페타민(일명 '필로폰')을 투약하였다는 마약류 관리에 관한 법률

위반(향정) 혐의에 관하여, 피고인의 소변(30cc), 모발(약 80수), 마약류 불법사용 도구 등에 대한 압수·수색·검증영장을 발부받은 다음 경찰관이 피고인의 주거지를 수색하여 사용 흔적이 있는 주사기 4개를 압수하고, 위 영장에 따라 3시간가량 소변과 모발을 제출하도록 설득하였음에도 피고인이 계속 거부하면서 자해를 하자 이를 제압하고 수갑과 포승을 채운 뒤 강제로 병원 응급실로 데려고 가 응급구조사로 하여금 피고인의 신체에서 소변(30cc)을 채취하도록 하여 이를 압수한 사안에서, 피고인의 소변에 대한 압수영장 집행이 적법하다고 본 원심판단을 수긍한 사례

【판결요지】

[1] 강제 채뇨는 피의자가 임의로 소변을 제출하지 않는 경우 피의자에 대하여 강제력을 사용해서 도뇨관(catheter)을 요도를 통하여 방광에 삽입한 뒤 체내에 있는 소변을 배출시켜 소변을 취득·보관하는 행위이다. 수사기관이 범죄 증거를 수집할 목적으로 하는 강제 채뇨는 피의자의 신체에 직접적인 작용을 수반할 뿐만 아니라 피의자에게 신체적 고통이나 장애를 초래하거나 수치심이나 굴욕감을 줄 수 있다. 따라서 피의자에게 범죄 혐의가 있고 그 범죄가 중대한지, 소변성분 분석을 통해서 범죄 혐의를 밝힐 수 있는지, 범죄 증거를 수집하기 위하여 피의자의 신체에서 소변을 확보하는 것이 필요한 것인지, 채뇨가 아닌 다른 수단으로는 증명이 곤란한지 등을 고려하여 범죄 수사를 위해서 강제 채뇨가 부득이하다고 인정되는 경우에 최후의 수단으로 적법한 절차에 따라 허용된다고 보아야 한다. 이때 의사, 간호사, 그 밖의 숙련된 의료인 등으로 하여금 소변 채취에 적합한 의료장비와 시설을 갖춘 곳에서 피의자의 신체와 건강을 해칠 위험이 적고 피의자의 굴욕감 등을 최소화하는 방법으로 소변을 채취하여야 한다.

[2] 수사기관이 범죄 증거를 수집할 목적으로 피의자의 동의 없이 피의자의 소변을 채취하는 것은 법원으로부터 감정허가장을 받아 형사소송법 제221조의4 제1항, 제173조 제1항에서 정한 '감정에 필요한 처분'으로 할 수 있지만(피의자를 병원 등에 유치할 필요가 있는 경우에는 형사소송법 제221조의3에 따라 법원으로부터 감정유치장을 받아야 한다), 형사소송법 제219조, 제106조 제1항, 제109조에 따른 압수·수색의 방법으로도 할 수 있다. 이러한 압수·수색의 경우에도 수사기관은 원칙적으로 형사소송법 제215조에 따라 판사로부터 압수·수색영장을 적법하게 발부받아 집행해야 한다.

압수·수색의 방법으로 소변을 채취하는 경우 압수대상물인 피의자의 소변을 확보하기 위한 수사기관의 노력에도 불구하고, 피의자가 인근 병원 응급실 등 소변 채취에 적합한 장소로 이동하는 것에 동의하지 않거나 저항하는 등 임의동행을 기대할 수 없는 사

정이 있는 때에는 수사기관으로서는 소변 채취에 적합한 장소로 피의자를 데려가기 위해서 필요 최소한의 유형력을 행사하는 것이 허용된다. 이는 형사소송법 제219조, 제120조 제1항에서 정한 '압수·수색영장의 집행에 필요한 처분'에 해당한다고 보아야 한다. 그렇지 않으면 피의자의 신체와 건강을 해칠 위험이 적고 피의자의 굴욕감을 최소화하기 위하여 마련된 절차에 따른 강제 채뇨가 불가능하여 압수영장의 목적을 달성할 방법이 없기 때문이다.

[3] 피고인이 메트암페타민(일명 '필로폰')을 투약하였다는 마약류 관리에 관한 법률 위반(향정) 혐의에 관하여, 피고인의 소변(30cc), 모발(약 80수), 마약류 불법사용 도구 등에 대한 압수·수색·검증영장을 발부받은 다음 경찰관이 피고인의 주거지를 수색하여 사용 흔적이 있는 주사기 4개를 압수하고, 위 영장에 따라 3시간가량 소변과 모발을 제출하도록 설득하였음에도 피고인이 계속 거부하면서 자해를 하자 이를 제압하고 수갑과 포승을 채운 뒤 강제로 병원 응급실로 데리고 가 응급구조사로 하여금 피고인의 신체에서 소변(30cc)을 채취하도록 하여 이를 압수한 사안에서, 피고인에 대한 피의사실이 중대하고 객관적 사실에 근거한 명백한 범죄 혐의가 있었다고 보이고, 경찰관의 장시간에 걸친 설득에도 피고인이 소변의 임의 제출을 거부하면서 판사가 적법하게 발부한 압수영장의 집행에 저항하자 경찰관이 다른 방법으로 수사 목적을 달성하기 곤란하다고 판단하여 강제로 피고인을 소변 채취에 적합한 장소인 인근 병원 응급실로 데리고 가 의사의 지시를 받은 응급구조사로 하여금 피고인의 신체에서 소변을 채취하도록 하였으며, 그 과정에서 피고인에 대한 강제력의 행사가 필요 최소한도를 벗어나지 않았으므로, 경찰관의 조치는 형사소송법 제219조, 제120조 제1항에서 정한 '압수영장의 집행에 필요한 처분'으로서 허용되고, 한편 경찰관이 압수영장을 집행하기 위하여 피고인을 병원 응급실로 데리고 가는 과정에서 공무집행에 항거하는 피고인을 제지하고 자해 위험을 방지하기 위해 수갑과 포승을 사용한 것은 경찰관 직무집행법에 따라 허용되는 경찰장구의 사용으로서 적법하다는 이유로, 같은 취지에서 피고인의 소변에 대한 압수영장 집행이 적법하다고 본 원심판단을 수긍한 사례.

사례 7

甲은 최근 사업이 어려워지자 주사(酒邪)가 더욱 심해진 아버지를 피해 독립을 결심했다. 甲은 아버지의 간섭도 받지 않게 되자 명품 자전거를 타고 싶었던 소망을 실천하고자 인터넷 중고장터에서 대상을 물색한 후 A와 상도역에서 만나 자전거를 거래하기로 하였다. 甲은 A에게 "명품 쇼버가 달린 자전거인데, 한번 시운전을 해보겠다"고 한 후 그대로 타고 도주하였다.

甲의 친구 乙은 아르바이트 구하기가 쉽지 않자 편의점을 털기로 마음먹고, 편의점에서 고가이면서도 부피가 작은 양주를 훔쳤다. 며칠 후에도 乙은 편의점에서 휴지를 사는 척하며 양주를 훔쳐 나왔는데, 乙의 걸어가는 모습이 이상하다고 생각한 경찰관 P1과 P2는 乙에게 신분증의 제시를 요구하였다. 이에 乙은 쌍둥이 동생의 면허증을 제시한 후 귀가하였다.

자전거를 타고 도주한 甲은 한동안은 자전거를 숨겨둬야겠다는 생각에 믿을 만한 친구인 F의 미사동 집에 보관하기로 결정했다. 이에 자신이 타고 도주한 자전거라는 사정을 모르는 乙에게 "자전거 타기를 좋아하니 내 친구 F집까지 타고 가 전해 달라"고 부탁했다. 그러나 乙은 동네 후배 丙과 얘기해 자전거를 다시 중고로 팔기로 계획했다. 丙은 乙이 甲에게서 배달을 부탁받은 것이라는 사실을 잘 알면서도 공모한 대로 800만원을 받고 B에게 팔았다(수익은 두 사람이 5대 5로 배분하였다).

한편 다세대주택 건축업을 하던 甲의 아버지 丁은 극심한 경영난으로 종중 회장인 자신에게 종중이 명의신탁한 X토지를 몰래 활용해 원룸을 건축분양하여 위기를 타개하려고 계획을 세웠다. 이에 자신이 재산관리업무를 하는 것을 기화로 시가 16억원인 X토지에 근저당권을 설정하고 은행으로부터 12억원을 대출받았다. 한 달 후 이왕 이렇게 된 거 팔아버리자며 정은 급기야 X토지의 매각을 마음먹었다. 이에 문중결의를 기재한 임시총회 회의록을 작성하여 자신의 도장과 문중의 직인을 날인하여 매매계약서 작성시 첨부하고 C에게 매각하였다.

여전히 자금난이 시달리던 丁은 자신이 오래전에 전처 D와 함께 경락받았던 토지를 매도하기 위해 고민하였다. 丁은 D와 공동소유 중이었으나 이혼 후 별거 중인 D가 주민등록을 이전하지 않은 것을 기화로 매매를 원인으로 한 소유권이전등기청구의 소를 제기했다. 丁은 변론기일 소환장 등을 본인이 수령하는 방법으로 재판부를 속여 원고승소판결을 받았고 서산지원 등기소의 공무원으로 하여금 전산에 등록되게 하였다.

1. 甲, 乙, 丙, 丁의 죄책은?
2. 만일 밑줄 친 부분과 달리 乙이 계획을 바꿔 편의점 강도를 하기로 결정했고, 친구 F에

게 전화로 강도에 필요한 도구를 빌려 줄 것을 요청하였다. 이에 F는 乙에게 빠루를 제공했는데, 다음 날 밤 乙은 편의점 앞에서 거구의 점원을 보고는 범행에 나아가지 않았다면 F의 죄책은?

3. 재판과정에서 丁의 회사 경리직원 W가 증인으로 소환되어 자신에게 한 진술과 달리 丁에게 유리한 진술을 하였다. 이에 검사 S는 W를 검찰청으로 소환하여 위증 혐의를 조사한 내용을 담은 피의자신문조서를 작성하였다. 이 조서를 甲에 대한 유죄의 증거로 사용할 수 있는가?
4. 丁에 대한 수사를 진행하던 사법경찰관 P3는 丁이 사업 초기인 2013. 5. 1. 건축행위 인허가를 위해 공무원 戊에게 뇌물 2천만원을 주었다는 사실을 확인했다. 戊의 체포에 나섰으나 전날 명예퇴직을 한 후 이미 세계일주를 떠난 후였다. 이에 丁만 먼저 체포되어 2014. 8. 1. 검찰에서 기소되었으며 2015. 1. 20. 상소포기로 징역 3년의 유죄판결이 확정되었다. 후에 체포된 戊는 2023. 5. 30. 기소되었다. 戊에 대한 공소시효는 완성되었는가?
5. 만일 설문 4에서 丁에 대하여 1심에서 징역 1년에 몰수 2,500만원이 선고되었으나, 丁만 양형부당을 이유로 항소하였다. 丁에 대하여 2심 재판부가 징역 1년 6월의 집행유예와 몰수 2,500만원을 선고하였다면 이는 적법한 판결인가?

[1문]

Ⅰ. 쟁점의 정리

Ⅱ. 甲의 죄책

甲은 시운전을 이유로 자전거의 점유를 이전받았으므로 사기죄인지 절도죄인지 문제된다. 사안처럼 책략절도와 사기의 구별을 위해서는 처분행위의 의미나 내용을 인식하고 처분행위의 결과 자신에게 손해가 발생할 것이라는 점까지 인식했는지 판단되어야 한다.

절취의 방법으로 기망을 수단으로 한 경우 책략절도가 인정되는 기준은 피해자의 점유이전의사와 기망행위가 점유취득의 직접적 수단이었는가를 기준으로 하여, 점유이전의사가 없고 기망행위가 점유취득의 수단이 되면 절도죄가 성립한다고 하겠다. 이와 달리 점유이전의사가 있고 기망행위가 처분행위의 수단이 되면 착오로 교부된 것으로 사기죄가 성립한다고 볼 수 있다.

판례는 목걸이를 시착하겠다고 한 후 도주한 사건에서 절도죄를 인정하는 등(94도1487) 책략절도 사안에서 주로 절도죄를 인정하는 입장이다. 그러나 자전거를 시운전하는 척 그대로 도망간 사안에서는 사기죄가 성립한다고 판시한 바 있다(68도480).

甲에게는 절도죄가 성립한다. 다만 판례에 의할 경우 사기죄가 성립할 것이다.

Ⅲ. 乙의 죄책

1. 절도죄

타인의 재물을 절취하면 절도죄가 성립한다(제329조). 乙은 편의점에서 타인의 재물인 양주를 훔쳤으므로 절도죄가 성립한다.

2. 주거침입죄의 성부

절도라는 범죄목적으로 건조물에 침입한 경우 건조물침입죄가 문제되는데, 동의권자의 실질적 의사와 추정적 거절의사를 고려할 때 긍정함이 타당하다. 그러나 판례는 종래 이른바 초원복집 사건에서 일반인의 출입이 허용된 음식점이라 하더라도, 영업주의 명시적 또는 추정적 의사에 반하여 들어간 것이라면 주거침입죄가 성립된다는 입장(95도2674)에서 최근 견해를 변경하여 무단녹음·녹화를 위해 들어갔더라도'영업주로부터 승낙을 받아 통상적인 출입방법에 따라 들어간 이상 사실상의 평온상태가 침해되었다고 볼 수 없다'는 이유로 견해를 변경하였다(2017도18272). 이러한 판례의 입장에 의하면 주거침입죄는 성립하지 않는다.

3. 공문서부정행사죄의 성부

공무원 또는 공무소의 문서를 부정행사하면 공문서부정행사죄가 성립한다(제230조). 운전면허증은 자격증명 외에 동일인증명기능을 동시에 가지고 있으므로 공문서에 해당하며(2000도1985), 신분확인을 요구하는 경찰관에게 제시하였으므로 을에게는 공문서부정행사죄가 성립한다.

4. 횡령죄의 성부

타인의 재물을 보관하는 자가 그 재물을 횡령하거나 그 반환을 거부한 때에는 횡령죄가 성립한다(제355조 제1항). 乙이 운반을 위해 보관하던 재물을 처분하였으므로 횡령죄가 문제된다.[1)]

먼저 乙과 丙의 관계에서 丙이 공동정범인지 검토되어야 하는데, 정범과 공범의 구별은 규범적 행위지배로 이해하여 정범은 사태의 중심인물로서 적합한 수단을 계획적으로 조종할 의사를 가지고 구성요건실현의 경과를 자신의 수중에 두어 장악하고 있는 자이며, 공범은 행위지배 없이 사태의 부수인물로서 구성요건 실현을 조력하는 데 그치는 자로 볼 수 있다.

1) 장물에 대한 인식이 없었으므로 장물보관죄 등이 성립하지는 않는다.

丙이 공모한 대로 주도적으로 정상적인 중고물품인 척 B에게 팔고 대금을 수령한 후 5:5로 수익을 배분한 사정 등에 비춰보면 丙은 단순한 방조자 또는 피교사자가 아니라 공동정범으로서 기능적 행위분담을 했다고 봄이 타당하다.[2)]

5. 사기죄의 성부

사람을 기망하여 재물의 교부를 받거나 재산상의 이익을 취득하면 사기죄가 성립한다(제347조). 도품인 자전거를 정상적인 물품처럼 매도한 것이 사기죄인지도 검토되어야 한다. 도품의 처분이 절도행위와 보호법익을 같이 하고 그 침해의 양을 초과하지 않으면 불가벌적 사후행위가 되나 새로운 법익을 침해한 것이면 별죄를 구성한다(80도2310).

통상 매매계약에 있어 매도인은 매매의 목적물이 매수인이 원하는 성질을 구비한 것으로 묵시적으로 설명했다고 할 수 있으므로 하자 없는 자기의 물건으로 기망한 것이며 이로 인해 800만원을 교부받은 丙의 행위는 사기죄에 해당하며, 乙은 병과 공동정범 관계에 있다.

IV. 丙의 죄책

1. 횡령죄의 성부

丙은 단순한 방조자도 아니며 도구로 이용된 경우가 아니라 공모와 범행 후 수익배분 등으로 범행에 적극 가담하고 기능적 행위분담을 한 자에 해당한다.

비신분자가 재물보관자의 횡령행위에 가담하여 공동실행한 것이므로 횡령죄의 공동정범이 된다.

---

2) 만일 수익 분배 없이 '시켰다'는 문언만 있을 경우, 동네 후배가 공동정범인가, 도구인가라는 문제가 생길 수 있다. 조폭 부하대원처럼 도구나 손발로 의사지배가 가능하였다면 '신분 없는 고의 있는 도구'로 간접정범설과 교사범설이 대립되며, 이 경우 제34조의 취지와 의사지배는 불가능하다는 점에서 교사로 보아야 할 것이며. 이때 판례는 신분 없는 고의 있는 도구에 대해 간접정범을 인정한다(83도515).

2. 사기죄의 성부

사람을 기망하여 재물의 교부를 받거나 재산상의 이익을 취득하면 사기죄가 성립한다(제347조). 매매계약에 있어 매도인은 매매의 목적물이 매수인이 원하는 성질을 구비한 것으로 묵시적으로 설명했다고 할 수 있으므로 하자 없는 자기의 물건으로 기망한 것이며 이로 인해 800만원을 교부받은 행위는 사기죄에 해당하며,[3] 乙과 공동정범 관계에 있다.

Ⅵ. 丁의 죄책

1. 업무상 횡령죄의 성부

(1) X토지에 대한 근저당권 설정행위

부동산 실권리자명의의 등기에 관한 법률상 조세포탈, 강제집행의 면탈 또는 법령상 제한의 회피를 목적으로 하지 않는 것으로 보이므로 丁과 종중과의 명의신탁은 유효하다(동법 제8조).

근저당권을 설정하는 행위는 불법영득의사를 외부에 표현한 것으로 명의수탁자로서 횡령행위에 나아간 것으로 횡령죄가 성립한다. 丁은 종중대표로서 타인의 재물에 대한 보관을 내용으로 하는 사무에 종사하는 자이므로 업무자에 해당하여 업무상 횡령행위가 된다.

다만, 근저당권설정등기를 마치는 방법으로 명의수탁된 부동산을 횡령함으로 인하여 취득한 구체적인 이득액은 부동산의 시가 상당액에서 범행 전에 설정된 피담보채무액을 공제한 잔액이 아니라 부동산을 담보로 제공한 피담보채무액 내지 그 채권최고액이므로(2013도2857 판결), 횡령액은 12억원이 되어 특정경제범죄가중처벌등에관한법률위반(횡령)죄가 성립한다(동법 제3조 제1항 제2호).

---

3) 판례는 절취한 재물을 자기 것인 양 처분하고 대가를 받은 경우 제3자에 대한 관계에서는 새로운 법익의 침해가 있어 사기죄가 성립하며(80도2310), 그 돈은 절취로 영득한 장물은 아니지만 도품의 처분이 사기죄를 구성하는 경우 사기죄에 의해 취득한 재물로 장물이 된다(2010도15350)하였다. 따라서 丙의 사기 범행 이후에 새로운 행위가담자가 나올 경우 장물죄의 성부를 검토하여야 할 것이다.

(2) X토지의 매각행위

후행 처분행위가 근저당권 설정을 넘어서서, 선행 처분행위로 예상할 수 없는 새로운 위험을 추가함으로써 법익침해에 대한 위험을 증가시키거나 선행 처분행위와는 무관한 방법으로 법익침해의 결과를 발생시키는 경우라면, 이는 선행 처분행위에 의하여 이미 성립된 횡령죄에 의해 평가된 위험의 범위를 벗어나는 것이므로 별도로 횡령죄를 구성한다. 대법원도 동일한 입장이다(2010도10500).

이 경우 이득액이 문제되는데, 부동산의 시가 상당액에서 근저당권의 채권최고액 범위 내에서의 피담보채권액, 압류에 걸린 집행채권액에 상당하는 금액을 공제하여 4억 원을 이득액이라고 볼 수 있고(2005도7288 전합), 이 경우 특정경제범죄가중처벌등에관한법률위반(횡령)죄는 성립하지 않고 업무상횡령죄가 성립한다.

2. 사문서위조와 동행사죄의 성부

행사할 목적으로 권리·의무 또는 사실증명에 관한 타인의 문서를 위조하면 사문서위조죄가 성립한다(제231조). 丁은 종중회의록을 작성할 권한이 없으면서 회의록을 작성하여, X토지의 매매계약서에 첨부하였다. 이는 행사의 목적하에 문중결의에 대한 권한이 없는 자가 종중직인을 찍어 타인인 종중명의를 모용하고 사실증명에 관한 종중 회의록을 작성하였으므로 사문서위조죄가 성립한다.

丁이 위조된 종중 회의록을 토지매매계약서에 첨부하는 것은 법적 거래에 있어 문서의 기능적 이용에 해당하는 것이며, 진정문서 또는 내용이 진실한 문서인 것처럼 사용한 것으로 위조사문서행사죄가 성립하며, 이때 사인부정사용죄는 흡수된다.

3. 사기죄의 성부

삼각사기가 인정되며 처분행위자가 법원인 경우에도 사기죄가 인정되며 소송사기가 된다. 丁이 소유권이전등기청구의 소송에서 소환장을 자신이 송달

받아 민사소송법 제150조 제3항에 따라 D의 변론기일 불출석으로 인한 자백간주가 이뤄졌다. 법원에 대해 丁이 D로부터 토지를 매수하였다는 사실은 불요증사실이 되며 변론주의원칙상 법원은 丁의 주장에 구속된다(동법 제288조). 따라서 법원은 원고승소판결을 내려야 하므로 착오에 빠진 것이 된다.

피기망자의 처분권한에 대해 사실상 지위설과 법적 권한설이 대립되는데, 경제적 재산 개념에 부합하고 처분행위의 지나친 축소를 막기 위해서는 사실상 지위설이 타당하다. 판례도 이러한 입장이다(94도1575). 법원은 D의 재산을 처분할 권한을 가지며, 사안의 경우 丁에게 사기죄가 성립한다.

생각할 거리

만일 丁의 아내 D가 이미 사망하였다면 丁의 죄책은 어떻게 달라지는가?

- 소송 상대방이 사자(死者)라면 판례는 사자 상대의 소송은 사자가 당사자가 되나(실질적 표시설), 당사자 능력이 없는 자에 대한 소 제기로서 확정판결이 있더라도 당연무효인 판결로 보고 있으므로 사기죄가 성립하지 않으며(97도632; 2000도1881), 불능미수가 검토되어야 한다. 사자를 상대로 한 소송사기는 판결의 내용에 따른 효력이 생기지 않고 상속인에게도 효력이 미치지 아니하므로 丙에게 사기죄는 성립하지 않기 때문이다.
- 불능미수의 위험성 판단의 경우 판례에 의할 경우 추상적 위험이 인정되지 않을 것이며, 구체적 위험의 경우도 인정되지 않는다고 하겠다.

4. 사문서위조 및 동행사죄

자신이 토지를 매수하였다는 허위의 내용을 담은 D와의 매매계약서를 작성하여 법원에 제출하였으므로 본죄가 성립한다(97도632).

5. 위계에 의한 공무집행방해죄

위계로써 공무원의 직무집행을 방해하면 위계에 의한 공무집행방해죄가 성립한다(제137조).

주소를 허위로 기재해 송달하게 하고 D를 사칭해 소환장을 수령한 것이 재판업무 및 송달업무 자체를 방해한 것이 아니므로 본죄는 성립하지 않는다. 판례도 법원공무원의 구체적이고 현실적인 어떤 직무집행이 방해되었다고는 볼 수 없다고 하여 본죄의 성립을 부정하여(96도312), 동일한 입장을 취하고 있다.

6. 공전자기록등불실기재 및 동행사죄의 성부

승소판결문 및 이를 기화로 丁이 소유권이전등기서류를 작성해 등기부에 기재하도록 한 경우 공전자기록등불실기재죄가 문제된다. 공무원에 대하여 허위신고를 하여 공정증서원본 또는 이와 동일한 전자기록등 특수매체기록에 부실의 사실을 기재 또는 기록하게 하면 공정정서원본 등의 부실기재죄가 성립한다(제228조).

이때 공정증서원본이란 권리의무에 관한 사실을 증명하는 효력을 갖는 문서이므로 사실관계를 증명하는 문서나 증명하고자 하는 법률적 행위가 문서 그 자체로서 이루어지는 처분문서의 경우 제외되나, 부동산등기부는 공정증서에 해당한다. 전자기록 등 특수매체기록은 공정증서원본과 동일한 효력을 가지는 것으로 전산화한 부동산등기파일에 여기에 포함된다.

丁은 법원의 확정판결이라도 그 내용이 진실에 반하는 것임을 알면서 등기신청을 하였으므로 고의로 허위신고를 한 경우로 공전자기록등불실기재가 성립하고 전산파일을 통해 열람이 되도록 하였으므로 동행사죄가 성립한다(95도2468).[4]

[2문]

Ⅰ. 쟁점의 정리

乙의 특수강도에 있어 타인예비와 예비죄의 방조가 문제된다.

---

4) 허위공문서작성죄가 문제될 수 있으나 비신분범이 신분범인 공무원을 기망하였더라도 성립할 수 없으나(76도151), 등기공무원에게 허위의 서류를 제출할 때 등기신청은 단순한 '신고'가 아니라 신청에 따른 등기관의 심사 및 처분을 예정하고 있으므로, 등기신청인이 제출한 허위의 소명자료 등에 대하여 등기관이 나름대로 충분히 심사를 하였음에도 이를 발견하지 못하여 등기가 마쳐지게 되었다면 위계에 의한 공무집행방해죄가 성립할 수 있다(대법원 2016. 1. 28. 선고 2015도17297 판결).

II. 타인예비의 성부

자기예비란 자기 스스로 또는 타인과 공동하여 실행행위를 목적으로 물적 준비를 하는 것이나, 타인예비는 타인의 실행행위를 위해 준비행위를 하는 경우이다.

타인예비의 허용 여부에 대해 긍정설과 부정설이 대립된다. 준비행위와 준비에 도움을 주는 행위는 구별하여야 하므로 부정설이 타당하다고 하겠다.

사안이 경우 乙이 실행에 착수하지 않았으므로 F를 특수강도예비로 규율할 수 없고 특수강도예비죄의 종범에 해당하는지가 문제된다.

III. 특수강도예비죄의 종범 여부

정범이 실행에 착수할 것이라 예상하고 방조하였으나 가벌적 예비에 그친 경우로, 그 성립 가부에 대하여 부정설과 긍정설이 대립하며, 판례는 정범이 예비에 그친 경우 예비의 공동정범이 되는 경우를 제외하고는 종범의 성립을 부정한다(79도2201).

실패한 방조를 처벌하지 않는 점을 고려할 때 예비의 방조도 부정함이 타당하며, F는 특수강도예비죄(중지미수)의 종범으로 처벌할 수 없다고 하겠다.

생각할 거리

1. 甲이 X를 죽이려는 乙에게 권총을 주었으나, 乙은 권총이 아니라 자신이 준비한 청산가리로 X를 죽인 경우 甲의 책임은?

- 불요설, 필요설 중 결과야기설, 기회증대설이 있으며, 판례는 간첩방조사건과 유서대필사건에서 긍정설을 취하였다.
- 방조의 미수는 처벌하지 않으므로 정범을 강화하거나 용이하게 한다는 '가능성'만으로는 부족하다. 열쇠를 주었으나 문이 열려 있어 그냥 들어가 절도한 경우처럼 결과야기설은 불합리한 경우가 생기므로 기회증대설이 타당하다(이때 인과관계는 정범의 실행행위와 결과 사이에 요구되는 인과관계와는 구별되는 개념이다).
- 甲의 경우 물질적 방조는 성립되지 않지만, 甲의 흉기제공이 乙의 범의를 강화시켜 주었다

면 정신적 방조로 객관적으로 귀속될 수 있다(cf. 범죄실행에 추가적인 동기를 특별히 부여했거나 범죄로부터 후퇴하려는 반대동기를 적극적으로 방해하는 것이 아니므로 정신적 방조 부정)

2. 丁이 A토지를 매각하는 과정에서 丁의 회사 전 경리직원 戊가 도와 주었다면 戊의 형사책임은 무엇인가?(종중회의록 작성과 매매계약서 작성에 대한 부분은 기술할 필요 없음)(10점)

- 업무상횡령죄에 대하여 통설은 이중신분범에 대해서는 먼저 제33조 본문을 적용하고 이후 비신분자에 대해서만 제33조 단서를 적용한다. 따라서 단순횡령죄가 성립하고, 단순횡령죄로 처벌된다.

  반면 소수 견해와 판례는 제33조 본문에 의해 업무상 횡령죄의 공범이 성립하고 과형에 있어서만 제33조 단서에 의해 단순횡령죄의 형을 과해야 한다. 업무상횡령죄공범, 단순횡령죄 처벌된다고 한다(86도1517).

  생각건대 제33조 본문은 불법신문의 연대성을, 단서는 책임신분의 개별성을 규정한 것으로 봄이 제한적 종속형식에 부합한다는 점에서 통설이 타당하다.

[3문]

Ⅰ. 쟁점의 정리

참고인을 공판정에서 진술한 증언 내용에 대한 위증 혐의로 공소 제기한 후에 조사하면서 작성된 피의자신문조서가 공소제기 후의 수사로 허용되는지 문제된다.

Ⅱ. 피의자신문조서의 증거능력

참고인의 경우 피고인 이외의 자로 그에 대한 임의수사는 원칙적으로 공소제기 후에도 허용된다고 봄이 일반적이다. 임의수사는 상대방의 실질적 법익 침해를 가져오지 않기 때문이다. 그러나 피고인에게 유리한 증언을 한 증인을 수사기관이 법정 외에서 다시 참고인으로 조사하여 공판정에서의 진술을 번복하게 하는 것은 당사자주의·공판중심주의·직접주의에 반하는 위법한 수사방법이다(2012도13665).

마찬가지로 설문과 같이 참고인을 공판정에서 진술한 증언 내용에 대한 위증 혐의로 공소제기 후에 조사하면서 작성된 피의자신문조서도 동일한 관점에서 당사자주의·공판중심주의·직접주의에 반하는 위법한 수사라고 볼 수 있으므로, 이 과정에서 작성된 피의자신문조서는 乙의 유죄에 대해 증거능력이 인정되지 않는다. 판례도 동일한 입장이다(2012도13665). 다만 진술조서에 대해 피고인이 증거로 할 수 있음에 동의[5]하면 증거능력이 있다.

[4문]

Ⅰ. 쟁점의 정리

필요적 공범에서 공범 1인이 기소되어 판결이 확정된 경우 타 공범의 공소시효 기산점이 문제된다.

Ⅱ. 필요적 공범에서 타 공범에 대한 공소시효정지의 효력이 있는지 여부

공범의 1인에 대한 공소시효 정지는 타 공범에 대하여 효력이 미치고 당해 사건의 재판이 확정된 때로부터 정지된 시효가 다시 진행된다(형사소송법 제253조 제2항). 이는 공범사건의 통일적 처리와 처벌의 형평을 기하기 위한 것이다.

뇌물수수와 공여는 대향범 관계로 필요적 공범인데 이는 대향된 자의 존재를 요구할 뿐 각각 증뢰죄와 수뢰죄로 별개의 구성요건을 실현하고 그에 따라 처벌되는 것이어서 형법총칙상의 공범과는 다르다고 보아야 할 것이므로 제253조 제2항의 공범에는 해당되지 않는다고 보아야 할 것이다. 판례도 뇌물공여와 뇌물수수의 필요적 공범에 대해서는 제253조 제2항의 공범에 포함되지 않는다

5) 그 후 원진술자인 종전 증인이 다시 법정에 출석하여 증언을 하면서 그 진술조서의 성립의 진정함을 인정하고 피고인 측에 반대신문의 기회가 부여되어 그 증언 자체를 유죄의 증거로 할 수 있음은 별론으로 한다.

고 판시하였다(2012도4842).

III. 사안의 해결

공소시효 진행은 범죄행위 종료시이며 초일은 1일로 산정하므로, 丁이 2013. 5. 1. 戊에게 뇌물을 준 시점이 기산점이 된다. 戊가 범한 수뢰죄는 공소시효가 7년이다. 여기서 丁이 2014. 8. 1. 검찰에서 기소되었으며 2015. 1. 20. 상소 포기로 징역 3년의 유죄판결이 확정되었는데, 공범에 대한 공소제기에 의한 공소시효 정지의 효력이 戊에게 미치지 않으므로 2020. 4. 30.에 공소시효가 완성되므로 2023. 5. 30. 기소된 무는 공소시효가 완성되었으며 면소판결하여야 한다.

[5문]

I. 쟁점의 정리

징역형의 형기를 늘리면서 집행유예를 붙이는 것이 불이익변경금지원칙에 반하는지 문제된다.

II. 불이익변경금지원칙의 위배 여부

불이익변경금지의 원칙을 적용할 때에는 주문을 개별적·형식적으로 고찰할 것이 아니라 전체적·실질적으로 고찰하여 그 경중을 판단하여야 하는데, 선고된 형이 피고인에게 불이익하게 변경되었는지 여부는 일단 형법상 형의 경중을 기준으로 하되, 나아가 병과형이나 부가형, 집행유예, 노역장 유치기간 등 주문 전체를 고려하여 피고인에게 실질적으로 불이익한가에 의하여 판단하여야 한다(2012도7198).

징역형의 형기를 늘리면서 집행유예를 붙이는 것에 대해 견해의 대립이 있는데, 피고인에게 실질적으로는 유리하므로 불이익변경에 해당하지 않는다는 소극설과 형의 집행유예가 취소되거나 실효되는 경우의 불이익이 있으므로 불이익변경이라는 적극설이 대립한다.

판례는 형의 집행유예가 취소되거나 실효되는 경우의 불이익을 이유로 징역형에 집행유예를 붙이면서 벌금형을 병과하거나 벌금액을 늘린 경우 불이익변경으로 판단하였다(66도1319 전합; 2013도6608).

검토컨대 집행유예가 취소되거나 실효되는 경우의 불이익을 고려할 때 불이익변경으로 보는 것이 타당하다.

사안의 경우 적극설 및 판례에 의할 경우 불이익변경금지원칙에 반하는 위법한 판결에 해당한다.

<판례연구 7>

○ 대법원 2022. 3. 24. 선고 2017도18272 전원합의체 판결

[주거침입]

【판시사항】

[1] 주거침입죄의 구성요건적 행위인 '침입'의 의미 및 침입에 해당하는지 판단하는 기준 / 행위자가 거주자의 승낙을 받아 주거에 들어갔으나 범죄 등을 목적으로 한 출입이거나 거주자가 행위자의 실제 출입 목적을 알았더라면 출입을 승낙하지 않았을 것이라는 사정이 인정되는 경우, 행위자의 출입행위가 주거침입죄에서 규정하는 침입행위에 해당하기 위한 요건 / 일반인의 출입이 허용된 음식점에 영업주의 승낙을 받아 통상적인 출입 방법으로 들어간 경우, 주거침입죄에서 규정하는 침입행위에 해당하는지 여부(소극) 및 이때 행위자가 범죄 등을 목적으로 음식점에 출입하였거나 영업주가 행위자의 실제 출입 목적을 알았더라면 출입을 승낙하지 않았을 것이라는 사정이 인정되더라도 마찬가지인지 여부(적극)

[2] 피고인들이 공모하여 甲, 乙이 운영하는 각 음식점에서 인터넷 언론사 기자 丙을 만나 식사를 대접하면서 丙이 부적절한 요구를 하는 장면 등을 확보할 목적으로 녹음·녹화장치를 설치하거나 장치의 작동 여부 확인 및 이를 제거하기 위하여 각 음식점의 방실에 들어감으로써 甲, 乙의 주거에 침입하였다는 내용으로 기소된 사안에서, 피고인들이 각 음식점 영업주로부터 승낙을 받아 통상적인 출입방법에 따라 각 음식점의 방실에 들어간 행위는 주거침입죄에서 규정하는 침입행위에 해당하지 아니하고, 설령 다른 손님인 丙과의 대화 내용과 장면을 녹음·녹화하기 위한 장치를 설치하거나 장치의 작동 여부 확인 및 이를 제거할 목적으로 각 음식점의 방실에 들어갔더라도, 그러한 사정만으로는 피고인들에게 주거침입죄가 성립하지 않는다고 한 사례

【판결요지】

[1] [다수의견] (가) 주거침입죄는 사실상 주거의 평온을 보호법익으로 한다. 주거침입죄의 구성요건적 행위인 침입은 주거침입죄의 보호법익과의 관계에서 해석하여야 하므로, 침입이란 주거의 사실상 평온상태를 해치는 행위 태양으로 주거에 들어가는 것을 의미하고, 침입에 해당하는지는 출입 당시 객관적·외형적으로 드러난 행위 태양을 기준으로 판단함이 원칙이다. 사실상의 평온상태를 해치는 행위 태양으로 주거에 들어가는 것

이라면 대체로 거주자의 의사에 반하겠지만, 단순히 주거에 들어가는 행위 자체가 거주자의 의사에 반한다는 주관적 사정만으로는 바로 침입에 해당한다고 볼 수 없다. 거주자의 의사에 반하는지는 사실상의 평온상태를 해치는 행위 태양인지를 평가할 때 고려할 요소 중 하나이지만 주된 평가 요소가 될 수는 없다. 따라서 침입행위에 해당하는지는 거주자의 의사에 반하는지가 아니라 사실상의 평온상태를 해치는 행위 태양인지에 따라 판단되어야 한다.

(나) 행위자가 거주자의 승낙을 받아 주거에 들어갔으나 범죄나 불법행위 등(이하 '범죄 등'이라 한다)을 목적으로 한 출입이거나 거주자가 행위자의 실제 출입 목적을 알았더라면 출입을 승낙하지 않았을 것이라는 사정이 인정되는 경우 행위자의 출입행위가 주거침입죄에서 규정하는 침입행위에 해당하려면, 출입하려는 주거 등의 형태와 용도·성질, 외부인에 대한 출입의 통제·관리 방식과 상태, 행위자의 출입 경위와 방법 등을 종합적으로 고려하여 행위자의 출입 당시 객관적·외형적으로 드러난 행위 태양에 비추어 주거의 사실상 평온상태가 침해되었다고 평가되어야 한다. 이때 거주자의 의사도 고려되지만 주거 등의 형태와 용도·성질, 외부인에 대한 출입의 통제·관리 방식과 상태 등 출입 당시 상황에 따라 그 정도는 달리 평가될 수 있다.

일반인의 출입이 허용된 음식점에 영업주의 승낙을 받아 통상적인 출입방법으로 들어갔다면 특별한 사정이 없는 한 주거침입죄에서 규정하는 침입행위에 해당하지 않는다. 설령 행위자가 범죄 등을 목적으로 음식점에 출입하였거나 영업주가 행위자의 실제 출입 목적을 알았더라면 출입을 승낙하지 않았을 것이라는 사정이 인정되더라도 그러한 사정만으로는 출입 당시 객관적·외형적으로 드러난 행위 태양에 비추어 사실상의 평온상태를 해치는 방법으로 음식점에 들어갔다고 평가할 수 없으므로 침입행위에 해당하지 않는다.

○ 대법원 2017. 2. 16. 선고 2016도13362 전원합의체 판결

[특정경제범죄가중처벌등에관한법률위반(사기)(예비적죄명:사기)·사기·사문서위조·위조사문서행사·공정증서원본불실기재·불실기재공정증서원본행사·횡령]<근저당권설정계약서 등에 대한 피해자의 서명·날인을 사취한 사건>[공2017상,673]

【판시사항】

[1] 피기망자가 처분행위의 의미나 내용을 인식하지 못하였으나 피기망자의 작위 또는 부작위가 직접 재산상 손해를 초래하는 재산적 처분행위로 평가되고, 이러한 작위 또는 부작위를 피기망자가 인식하고 한 경우, 사기죄의 처분행위에 상응하는 처분의사가 인정

되는지 여부(적극)

[2] 피기망자가 행위자의 기망행위로 인하여 착오에 빠진 결과 내심의 의사와 다른 효과를 발생시키는 내용의 처분문서에 서명 또는 날인함으로써 처분문서의 내용에 따른 재산상 손해가 초래된 경우, 피기망자의 행위가 사기죄에서 말하는 처분행위에 해당하는지 여부(적극) / 이때 피기망자가 처분결과, 즉 문서의 구체적 내용과 법적 효과를 미처 인식하지 못하였으나 처분문서에 서명 또는 날인하는 행위에 관한 인식이 있었던 경우, 피기망자의 처분의사가 인정되는지 여부(적극)

[3] 피고인 등이 토지의 소유자이자 매도인인 피해자 甲 등에게 토지거래허가 등에 필요한 서류라고 속여 근저당권설정계약서 등에 서명·날인하게 하고 인감증명서를 교부받은 다음, 이를 이용하여 甲 등의 소유 토지에 피고인을 채무자로 한 근저당권을 乙 등에게 설정하여 주고 돈을 차용하는 방법으로 재산상 이익을 취득하였다고 하여 특정경제범죄 가중처벌 등에 관한 법률 위반(사기) 및 사기로 기소된 사안에서, 甲 등의 행위는 사기죄에서 말하는 처분행위에 해당하고 甲 등의 처분의사가 인정됨에도, 甲 등에게 그 소유 토지들에 근저당권 등을 설정하여 줄 의사가 없었다는 이유만으로 甲 등의 처분행위가 없다고 본 원심판결에 법리오해의 잘못이 있다고 한 사례

【판결요지】

[1] [다수의견] 사기죄에서 처분행위는 행위자의 기망행위에 의한 피기망자의 착오와 행위자 등의 재물 또는 재산상 이익의 취득이라는 최종적 결과를 중간에서 매개·연결하는 한편, 착오에 빠진 피해자의 행위를 이용하여 재산을 취득하는 것을 본질적 특성으로 하는 사기죄와 피해자의 행위에 의하지 아니하고 행위자가 탈취의 방법으로 재물을 취득하는 절도죄를 구분하는 역할을 한다. 처분행위가 갖는 이러한 역할과 기능을 고려하면, 피기망자의 의사에 기초한 어떤 행위를 통해 행위자 등이 재물 또는 재산상의 이익을 취득하였다고 평가할 수 있는 경우라면 사기죄에서 말하는 처분행위가 인정된다.

사기죄에서 피기망자의 처분의사는 기망행위로 착오에 빠진 상태에서 형성된 하자 있는 의사이므로 불완전하거나 결함이 있을 수밖에 없다. 처분행위의 법적 의미나 경제적 효과 등에 대한 피기망자의 주관적 인식과 실제로 초래되는 결과가 일치하지 않는 것이 오히려 당연하고, 이 점이 사기죄의 본질적 속성이다. 따라서 처분의사는 착오에 빠진 피기망자가 어떤 행위를 한다는 인식이 있으면 충분하고, 그 행위가 가져오는 결과에 대한 인식까지 필요하다고 볼 것은 아니다.

사기죄의 성립요소로서 기망행위는 널리 거래관계에서 지켜야 할 신의칙에 반하는 행

위로서 사람으로 하여금 착오를 일으키게 하는 것을 말하고, 착오는 사실과 일치하지 않는 인식을 의미하는 것으로, 사실에 관한 것이든, 법률관계에 관한 것이든, 법률효과에 관한 것이든 상관없다. 또한 사실과 일치하지 않는 하자 있는 피기망자의 인식은 처분행위의 동기, 의도, 목적에 관한 것이든, 처분행위 자체에 관한 것이든 제한이 없다. 따라서 피기망자가 기망당한 결과 자신의 작위 또는 부작위가 갖는 의미를 제대로 인식하지 못하여 그러한 행위가 초래하는 결과를 인식하지 못하였더라도 그와 같은 착오 상태에서 재산상 손해를 초래하는 행위를 하기에 이르렀다면 피기망자의 처분행위와 그에 상응하는 처분의사가 있다고 보아야 한다.

피해자의 처분행위에 처분의사가 필요하다고 보는 근거는 처분행위를 피해자가 인식하고 한 것이라는 점이 인정될 때 처분행위를 피해자가 한 행위라고 볼 수 있기 때문이다. 다시 말하여 사기죄에서 피해자의 처분의사가 갖는 기능은 피해자의 처분행위가 존재한다는 객관적 측면에 상응하여 이를 주관적 측면에서 확인하는 역할을 하는 것일 뿐이다. 따라서 처분행위라고 평가되는 어떤 행위를 피해자가 인식하고 한 것이라면 피해자의 처분의사가 있다고 할 수 있다. 결국 피해자가 처분행위로 인한 결과까지 인식할 필요가 있는 것은 아니다.

결론적으로 사기죄의 본질과 구조, 처분행위와 그 의사적 요소로서 처분의사의 기능과 역할, 기망행위와 착오의 의미 등에 비추어 보면, 비록 피기망자가 처분행위의 의미나 내용을 인식하지 못하였더라도, 피기망자의 작위 또는 부작위가 직접 재산상 손해를 초래하는 재산적 처분행위로 평가되고, 이러한 작위 또는 부작위를 피기망자가 인식하고 한 것이라면 처분행위에 상응하는 처분의사는 인정된다. 다시 말하면 피기망자가 자신의 작위 또는 부작위에 따른 결과까지 인식하여야 처분의사를 인정할 수 있는 것은 아니다.

[대법관 이상훈, 대법관 김용덕, 대법관 김소영, 대법관 조희대, 대법관 박상옥, 대법관 이기택의 반대의견] 절도는 범죄행위자의 탈취행위에 의하여 재물을 취득하는 것이고, 사기는 피해자의 처분행위에 의하여 재산을 취득하는 것으로, 양자는 처분행위를 기준으로 하여 구분된다. 이러한 의미에서 사기죄는 자기손상범죄, 절도죄는 타인손상범죄라고 설명된다. 사기죄에서 이러한 자기손상행위로서 처분행위의 본질이 충족되기 위해서는 피해자에게 자기 재산 처분에 대한 결정의사가 필수적이다. 다시 말하면 피해자의 행위가 자신의 재산권과 관련되어 있다는 인식에 기초하여 형성된 의사에 지배된 작위 또는 부작위만이 사기죄에서 말하는 처분행위에 해당한다고 규범적으로 평가할 수 있다. 처분결과에 대한 아무런 인식 또는 의사가 없는 처분행위는 그 자체로서 모순이라고 하지 않을 수 없다. 요컨대 피해자가 자신의 재산과 관련하여 무엇을 하였는지조차 전혀

인식하지 못하는 모습의 사기죄는 자기손상범죄로서의 본질에 반한다.

사기죄의 구성요건은 사기죄의 본질에 따라 해석되어야 하고, 이러한 본질에 반하는 구성요건 해석론은 정당성을 인정받기 어렵다. 자기손상범죄로서 사기죄를 특징짓고 절도죄와 구분 짓는 처분행위의 해석상 피기망자에게 처분결과에 대한 인식은 당연히 요청되는 것으로, 사기죄의 다른 구성요건인 착오와 기망행위를 해석함에 있어서도 이에 반하는 해석론을 전개할 수는 없다. 즉, 사기죄의 본질 및 이를 통해 도출되는 처분의사의 의미에 의하면, 착오에 빠진 피기망자가 자신의 행위의 의미와 결과에 대한 인식을 가진 채 처분행위를 한 경우에만 사기죄가 성립될 수 있으므로, 구성요건요소로서 피기망자의 착오 역시 처분행위의 동기, 의도, 목적에 관한 것에 한정되고, 처분결과에 대한 인식조차 없는 처분행위 자체에 관한 착오는 해석론상 사기죄에서 말하는 착오에 포섭될 수 없다. 구성요건으로서 기망행위에 대한 적정한 해석론 역시 이와 다르지 않다. 결국 사기죄의 본질과 특수성을 고려하지 않은 채 이루어진 착오 및 기망행위에 대한 부적절한 구성요건 해석을 들어 피기망자의 처분결과에 대한 인식이 반드시 필요한 것은 아니라는 다수의견의 논증은 선후가 바뀐 해석론에 불과하여 그대로 받아들이기 어렵다.

사기죄의 처분의사 판단에서 피기망자에게 처분결과에 대한 인식이 필요 없는 것으로 해석하는 다수의견에 의하면 사기죄 성립 여부가 불분명해지고, 그 결과 처벌 범위 역시 확대될 우려가 있다. 행위자의 기망적 행위가 개입한 다수의 범행에서 피기망자의 인식을 전혀 고려하지 않은 채 사기 범행과 사기 아닌 범행을 명확히 구분해 낼 수 있을지 의문이다. 피기망자로 하여금 자신의 행위로 인한 결과를 미처 인식하지 못하도록 하는 위법한 기망행위를 통해 재산상의 이익을 취득한 행위자를 형사처벌하고자 한다면, 다수의견과 같이 사기죄에 관한 확립된 법리의 근간을 함부로 변경할 것이 아니라 별도의 입법을 하는 것이 올바른 해결책이다.

[2] [다수의견] 이른바 '서명사취' 사기는 기망행위에 의해 유발된 착오로 인하여 피기망자가 내심의 의사와 다른 처분문서에 서명 또는 날인함으로써 재산상 손해를 초래한 경우이다. 여기서는 행위자의 기망행위 태양 자체가 피기망자가 자신의 처분행위의 의미나 내용을 제대로 인식할 수 없는 상황을 이용하거나 피기망자로 하여금 자신의 행위로 인한 결과를 인식하지 못하게 하는 것을 핵심적인 내용으로 하고, 이로 말미암아 피기망자는 착오에 빠져 처분문서에 대한 자신의 서명 또는 날인행위가 초래하는 결과를 인식하지 못하는 특수성이 있다. 피기망자의 하자 있는 처분행위를 이용하는 것이 사기죄의 본질인데, 서명사취 사안에서는 그 하자가 의사표시 자체의 성립과정에 존재한다.

이러한 서명사취 사안에서 피기망자가 처분문서의 내용을 제대로 인식하지 못하고 처분문서에 서명 또는 날인함으로써 내심의 의사와 처분문서를 통하여 객관적·외부적으로 인식되는 의사가 일치하지 않게 되었더라도, 피기망자의 행위에 의하여 행위자 등이 재물이나 재산상 이익을 취득하는 결과가 초래되었다고 할 수 있는 것은 그러한 재산의 이전을 내용으로 하는 처분문서가 피기망자에 의하여 작성되었다고 볼 수 있기 때문이다. 이처럼 피기망자가 행위자의 기망행위로 인하여 착오에 빠진 결과 내심의 의사와 다른 효과를 발생시키는 내용의 처분문서에 서명 또는 날인함으로써 처분문서의 내용에 따른 재산상 손해가 초래되었다면 그와 같은 처분문서에 서명 또는 날인을 한 피기망자의 행위는 사기죄에서 말하는 처분행위에 해당한다. 아울러 비록 피기망자가 처분결과, 즉 문서의 구체적 내용과 법적 효과를 미처 인식하지 못하였더라도, 어떤 문서에 스스로 서명 또는 날인함으로써 처분문서에 서명 또는 날인하는 행위에 관한 인식이 있었던 이상 피기망자의 처분의사 역시 인정된다.

[대법관 이상훈, 대법관 김용덕, 대법관 김소영, 대법관 조희대, 대법관 박상옥, 대법관 이기택의 반대의견] 사기죄의 본질 및 구조에 비추어 사기죄에서 말하는 처분행위란 어디까지나 처분의사에 지배된 행위이어야 하고, 이러한 처분의사는 자신의 행위로 인한 결과에 대한 인식을 당연히 전제한다. 그 결과 피기망자가 기망행위로 인하여 문서의 내용을 오신한 채 내심의 의사와는 다른 효과를 발생시키는 문서에 서명·날인하여 행위자 등에게 교부함으로써 행위자 등이 문서의 내용에 따른 재산상의 이익을 취득하게 되는 이른바 서명사취 사안의 경우에는, 비록 피기망자에게 문서에 서명 또는 날인한다는 인식이 있었더라도, 처분결과에 대해 아무런 인식이 없었으므로 처분의사와 처분행위를 인정할 수 없음이 명백하다.

재산적 처분행위나 그 요소로서의 처분의사가 존재하는지는 처분행위자인 피기망자의 입장에서 파악할 수밖에 없고, 피기망자가 문서의 내용에 관하여 기망당하여 그에 대한 아무런 인식 없이 행위자에 의해 제시된 서면에 서명·날인하였다면, 오히려 작성명의인인 피기망자의 의사에 반하는 문서가 작성된 것으로서 문서의 의미를 알지 못한 피기망자로서는 그 명의의 문서를 위조하는 범행에 이용당한 것일 뿐, 그 의사에 기한 처분행위가 있었다고 평가할 수는 없다.

서명사취 사안의 행위자가 위조된 서면을 이용하여 그 정을 모르는 금전 대여자로부터 금전을 차용하기에 이르렀다면 금전 대여자에 대한 금전편취의 사기죄가 성립될 여지도 충분함을 아울러 고려하여 볼 때, 토지 소유자에 대한 사기죄가 성립되지 아니한다고 하여 적정한 형벌권 행사에 장애가 초래된다거나 처벌의 불균형이 발생한다고 단정하기도 어렵다. 더욱이 이러한 경우에 금전 대여자에 대한 사기죄와 별개로 토지 소유자를 피해자로 한 사기죄가 성립한다고 보아 처벌하는 것이 타당한지도 의문이다. 행위자가 최초부터 금전을 편취할 의도 아래 토지 소유자 명의의 문서를 위조하였다면, 서명사취 범행에 따른 문서 위조는 금전 대여자에 대한 기망을 통하여 금전을 편취하는 일련의 사기 범행을 위한 수단이거나 그 실행행위에 포함되는 행위로 보아야 한다.

이러한 사정을 종합하여 보면, 사기죄에서 말하는 처분행위가 인정되기 위해서는 처분결과에 대한 피기망자의 주관적인 인식이 필요하고, 서명사취 사안의 경우 피기망자에게는 자신이 서명 또는 날인하는 처분문서의 내용과 법적 효과에 대하여 아무런 인식이 없으므로 처분의사와 그에 기한 처분행위를 부정함이 옳다.

[3] 피고인 등이 토지의 소유자이자 매도인인 피해자 甲 등에게 토지거래허가 등에 필요한 서류라고 속여 근저당권설정계약서 등에 서명·날인하게 하고 인감증명서를 교부받은 다음, 이를 이용하여 甲 등의 소유 토지에 피고인을 채무자로 한 근저당권을 乙 등에게 설정하여 주고 돈을 차용하는 방법으로 재산상 이익을 취득하였다고 하여 특정경제범죄 가중처벌 등에 관한 법률 위반(사기) 및 사기로 기소된 사안에서, 甲 등은 피고인 등의 기망행위로 착오에 빠진 결과 토지거래허가 등에 필요한 서류로 잘못 알고 처분문서인 근저당권설정계약서 등에 서명 또는 날인함으로써 재산상 손해를 초래하는 행위를 하였으므로 甲 등의 행위는 사기죄에서 말하는 처분행위에 해당하고, 甲 등이 비록 자신들이 서명 또는 날인하는 문서의 정확한 내용과 문서의 작성행위가 어떤 결과를 초래하는지를 미처 인식하지 못하였더라도 토지거래허가 등에 관한 서류로 알고 그와 다른 근저당권설정계약에 관한 내용이 기재되어 있는 문서에 스스로 서명 또는 날인함으로써 그 문서에 서명 또는 날인하는 행위에 관한 인식이 있었던 이상 처분의사도 인정됨에도, 甲 등에게 그 소유 토지들에 근저당권 등을 설정하여 줄 의사가 없었다는 이유만으로 甲 등의 처분행위가 없다고 보아 공소사실을 무죄로 판단한 원심판결에 사기죄의 처분행위에 관한 법리오해의 잘못이 있다고 한 사례.

○ 대법원 2019. 5. 30. 선고 2016도5816 판결

[업무상횡령]

【판시사항】

[1] 법인의 대표자가 직무집행정지가처분 신청을 받은 이사의 가처분사건 소송비용을

법인 경비에서 지급한 경우, 업무상횡령죄가 성립하는지 여부(원칙적 소극) / 상가관리운영위원회의 운영위원장이 그에 대하여 제기된 직무집행정지가처분 신청에 대응하기 위하여 선임한 변호사의 선임료를 상가 관리비에서 지급한 경우에도 같은 법리가 적용되는지 여부(적극)

[2] 법인이 소송당사자가 된 경우, 변호사 선임료를 법인의 비용으로 지출할 수 있는지 여부(원칙적 적극)

【주 문】

원심판결을 파기하고, 사건을 창원지방법원 합의부에 환송한다.

【이 유】

상고이유를 판단한다.

1. 이 사건 공소사실의 요지는, 「○○복합상가관리운영위원회(이하 '이 사건 운영위원회'라고 한다)의 운영위원장으로 선출된 피고인이 입점자들을 위해 관리비를 업무상 보관하던 중 2015. 3. 13.경 330만원을 인출하여 자신의 개인용도인 직무집행정지가처분 신청사건(이하 '이 사건 신청사건'이라고 한다)에 대한 변호인 선임료 등으로 지출하여 횡령하였다」는 것이다.

2. 원심판결 이유에 의하면, 원심은, ① 이 사건 신청사건 및 이 사건 운영위원회를 상대로 하여 제기된 선거무효확인 사건(이하 '이 사건 본안사건'이라고 한다)은 실질적으로 피고인의 당선을 무효화하기 위해 제기된 소송인 점, ② 이 사건 신청사건에서 피고인의 직무집행을 정지하는 결정이 내려졌고, 이 사건 본안사건 제1심에서 피고인을 운영위원장으로 선출한 선거(이하 '이 사건 선거'라고 한다)가 무효임을 확인하는 판결이 선고된 점, ③ 피고인의 직무집행을 정지하는 결정이 내려진 후 직무대행자가 선임되어 이 사건 운영위원회의 업무수행에 지장이 없었던 것으로 보이는 점 등에 비추어 볼 때 피고인이 관리비로 변호사 선임료를 지급한 것은 업무상횡령죄에 해당한다고 판단하였다.

3. 그러나 원심의 위와 같은 판단은 다음과 같은 이유로 수긍하기 어렵다.

가. 법인의 이사를 상대로 한 이사직무집행정지가처분 신청이 받아들여질 경우, 당해 법인의 업무를 수행하는 이사의 직무집행이 정지당함으로써 사실상 법인의 업무수행에 지장을 받게 될 것이 명백하므로, 해당 법인으로서는 그 이사 자격의 부존재가 객관적으로 명백하여 항쟁의 여지가 없는 경우가 아닌 한 위 가처분신청에 대항하여 항쟁할 필요가 있고, 위와 같은 필요에서 법인의 대표자가 법인 경비에서 당해 가처분사건의 소송비

용을 지급하는 것은 법인의 업무수행을 위하여 필요한 비용을 지급하는 것에 해당한다. 따라서 이러한 지급을 가지고 법인의 경비를 횡령한 것이라고 할 수 없다(대법원 2010. 6. 24. 선고 2010도4512 판결 참조). 이러한 법리는 상가관리운영위원회의 운영위원장이 그에 대하여 제기된 직무집행정지가처분 신청에 대응하기 위하여 선임한 변호사의 선임료를 상가 관리비에서 지급한 경우에도 마찬가지로 적용된다.

그리고 법인 자체가 소송당사자가 된 경우에는 원칙적으로 그 소송의 수행이 법인의 업무수행이라고 볼 수 있으므로 그 소송에서 법인이 형식적으로 소송당사자가 되어 있을 뿐 실질적인 당사자가 따로 있고 법인으로서는 그 소송의 결과에 있어서 별다른 이해관계가 없다고 볼 만한 특별한 사정이 없는 한 그 변호사 선임료를 법인의 비용으로 지출할 수 있다(대법원 2008. 6. 26. 선고 2007도9679 판결 등 참조).

나. 위 법리에 비추어 기록을 살펴보면, ① 피고인은 관리비 330만원으로 ㉠ 이 사건 신청사건과 ㉡ 이 사건 운영위원회를 당사자로 하여 제기된 이 사건 본안사건에 대한 변호사 선임료를 지급하였는데, ② 입점자들은 이 사건 운영위원회의 구성에 대하여도 이의를 제기하였기 때문에 이 사건 신청사건과 본안사건에서 패소할 경우 피고인뿐만 아니라 운영위원들의 자격과 기존에 이 사건 운영위원회가 처리해 온 업무의 효력 등이 연쇄적으로 문제될 수 있어 위 각 사건의 결과에 대하여 이 사건 운영위원회에 실질적인 이해관계가 있었고, ③ 이 사건 신청사건과 본안사건 제1심은 선거의 절차에서 법령에 위반한 사유가 있는 경우에도 그로 인하여 선거의 결과에 영향을 미쳤다고 인정될 때에만 선거가 무효가 된다는 전제하에 이 사건 선거의 무효 여부를 판단하였으며, 이 사건 본안사건 항소심에서는 소를 취하하는 한편, 직무대행자에 의하여 선임된 선거관리위원과 운영위원의 결정에 승복하기로 하는 취지의 조정이 성립하였는바, 위 각 사건 당시 피고인의 운영위원장 자격의 부존재가 객관적으로 명백하여 항쟁의 여지가 없었다고 보기 어려우므로, 피고인이 관리비로 이 사건 신청사건과 본안사건의 수행을 위한 변호사 선임료를 지급한 것은 이 사건 운영위원회의 업무수행을 위하여 필요한 비용을 지급한 것에 해당하고, 관리비를 횡령한 것이라고 볼 수 없다.

다. 그럼에도 원심이 이 사건 공소사실을 유죄로 판단한 것은 업무상횡령에 관한 법리를 오해하여 판단을 그르친 것이다.

○ 대법원 2019. 11. 28. 선고 2013도6825 판결

[특정범죄가중처벌등에관한법률위반(알선수재)]〈진술조서의 증거능력과 법정 증언의 증명력이 문제된 사건〉[공2020상,210]

【판시사항】

제1심에서 피고인에 대하여 무죄판결[6]이 선고되어 검사가 항소한 후, 수사기관이 항소심 공판기일에 증인으로 신청하여 신문할 수 있는 사람을 특별한 사정 없이 미리 수사기관에 소환하여 작성한 진술조서의 증거능력 유무(원칙적 소극) / 참고인이 나중에 법정에 증인으로 출석하여 위 진술조서의 성립의 진정을 인정하고 피고인 측에 반대신문의 기회가 부여되더라도 위 진술조서의 증거능력을 인정할 수 없음은 마찬가지인지 여부(적극) / 참고인이 법정에서 위와 같이 증거능력이 없는 진술조서와 같은 취지로 피고인에게 불리한 내용의 진술을 한 경우, 그 진술에 신빙성을 인정하여 유죄의 증거로 삼을 것인지 판단하는 기준

---

6) 피고인은 2004년경 서울 ○○구 △△동에 있는 △△ 화물터미널 복합개발 사업(이하 '이 사건 사업'이라 한다)의 시행자인 공소외 1 주식회사 및 공소외 2 주식회사의 대표이사 공소외 3에게 '공소외 4 등을 통하여 이 사건 사업 인허가를 받도록 도와주겠다.'고 제의하여 접근한 다음, 2007. 8.경 공소외 3에게 이 사건 사업의 인허가를 받도록 도와준 경비 명목의 금원을 요구하여 2007. 8. 30. 피고인 명의의 스탠다드차타드은행 계좌(이하 '이 사건 계좌'라 한다)로 1억 원을 송금받은 것을 비롯하여 2007. 8. 30.부터 2008. 5. 9.까지 총 6회(① 2007. 8. 30. 1억 원, ② 2007. 12. 7. 5,000만 원, ③ 2008. 2. 5. 5,000만 원, ④ 2008. 2. 12. 5,000만 원, ⑤ 2008. 3. 14. 1억 원, ⑥ 2008. 5. 9. 2억 원)에 걸쳐 공소외 3으로부터 서울특별시 소관인 이 사건 사업의 인허가 청탁비용 명목으로 합계 5억 5,000만 원(이하 '이 사건 금원'이라 한다)을 피고인의 위 계좌로 송금받아 공무원의 직무에 속한 사항의 알선에 관하여 금품을 수수하였다.

피고인은 검찰에서 조사를 받으면서 당초 이를 부인하였는데, 제13회 검찰 조사를 받던 중 자신이 공소외 3에게 서울특별시 관련 공무원 등을 통해 인허가 문제를 해결한다고 말하여 그 경비로 이 사건 금원을 받았다고 진술(이하 '검찰 자백진술'이라 한다)하였다. 그러나 피고인은 제1심 및 원심 공판기일에서 일관되게 공소외 3으로부터 5억 5,000만 원을 받은 것은 사실이지만 공소외 4에게 전달할 목적으로 지급받았을 뿐 알선의 대가로 받은 것이 아니라고 다투었다.

제1심은 이 사건 공소사실에 대하여 범죄의 증명이 없다고 보아 무죄로 판단하였다.

제2심은 이 사건 금원 중 2007. 12. 대통령선거(이하 '대선'이라 한다) 이후 수수된 합계 4억 원(③ 내지 ⑥)에 대해서는 공소외 3의 원심 법정진술, 공소외 3에 대한 검찰 제4회 진술조서, 피고인의 검찰 자백진술 등에 신빙성을 인정하여 제1심판결을 파기하고 이 부분 공소사실을 유죄로 판단하고, 그 전에 수수된 합계 1억 5,000만 원(① 내지 ②)에 대하여는 증명이 없다고 보아 이유에서 무죄로 판단하였다.

【판결요지】

헌법은 제12조 제1항 후문에서 적법절차의 원칙을 천명하고, 제27조에서 재판받을 권리를 보장하고 있다. 형사소송법은 이를 실질적으로 구현하기 위하여, 피고사건에 대한 실체심리가 공개된 법정에서 검사와 피고인 양 당사자의 공격·방어활동에 의하여 행해져야 한다는 당사자주의와 공판중심주의 원칙, 공소사실의 인정은 법관의 면전에서 직접 조사한 증거만을 기초로 해야 한다는 직접심리주의와 증거재판주의 원칙을 기본원칙으로 채택하고 있다. 이에 따라 공소가 제기된 후에는 그 사건에 관한 형사절차의 모든 권한이 사건을 주재하는 수소법원에 속하게 되며, 수사의 대상이던 피의자는 검사와 대등한 당사자인 피고인의 지위에서 방어권을 행사하게 된다. 형사소송법상 법관의 면전에서 당사자의 모든 주장과 증거조사가 실질적으로 이루어지는 제1심법정에서의 절차가 실질적 직접심리주의와 공판중심주의를 구현하는 원칙적인 것이지만, 제1심의 공판절차에 관한 규정은 특별한 규정이 없으면 항소심의 심판절차에도 준용되는 만큼 항소심도 제한적인 범위 내에서 이러한 원칙에 따른 절차로 볼 수 있다.

이러한 형사소송법의 기본원칙에 따라 살펴보면, 제1심에서 피고인에 대하여 무죄판결이 선고되어 검사가 항소한 후, 수사기관이 항소심 공판기일에 증인으로 신청하여 신문할 수 있는 사람을 특별한 사정 없이 미리 수사기관에 소환하여 작성한 진술조서는 피고인이 증거로 할 수 있음에 동의하지 않는 한 증거능력이 없다. 검사가 공소를 제기한 후 참고인을 소환하여 피고인에게 불리한 진술을 기재한 진술조서를 작성하여 이를 공판절차에 증거로 제출할 수 있게 한다면, 피고인과 대등한 당사자의 지위에 있는 검사가 수사기관으로서의 권한을 이용하여 일방적으로 법정 밖에서 유리한 증거를 만들 수 있게 하는 것이므로 당사자주의·공판중심주의·직접심리주의에 반하고 피고인의 공정한 재판을 받을 권리를 침해하기 때문이다.

위 참고인이 나중에 법정에 증인으로 출석하여 위 진술조서의 성립의 진정을 인정하고 피고인 측에 반대신문의 기회가 부여된다 하더라도 위 진술조서의 증거능력을 인정할 수 없음은 마찬가지이다.

위 참고인이 법정에서 위와 같이 증거능력이 없는 진술조서와 같은 취지로 피고인에게 불리한 내용의 진술을 한 경우, 그 진술에 신빙성을 인정하여 유죄의 증거로 삼을 것인지는 증인신문 전 수사기관에서 진술조서가 작성된 경위와 그것이 법정진술에 영향을 미쳤을 가능성 등을 종합적으로 고려하여 신중하게 판단하여야 한다.

사례 8

[사실관계 1] 신참 중고차 매매상 甲은 SNS에 외국인들을 대상으로 고급 승용차를 싼 가격에 판매하는 것처럼 광고하였다. 이 차들은 이른바 자동차깡으로 싸게 나온 차였다. 귀화한 방송인 乙은 자신의 동거녀 X가 현금카드로 200만원을 인출해 오라는 부탁을 하자, 몰래 100만원을 더 인출하고 유흥비로 썼다. 이를 기화로 알게 된 비밀번호를 가지고 집에서 신용카드를 들고 나가, 광고를 본 甲의 매장에서 신용카드로 그랜저 차량을 2천만원에 구매하고는 신용카드를 제자리에 돌려놓았다.

乙은 주차를 한 후 동네 슈퍼에서 담배를 사면서 5천원을 냈는데, 눈이 나쁜 슈퍼 주인이 거스름돈으로 1만2천원을 주었으나 모른 척 그냥 나왔다. 甲은 乙에게 자동차등록증, 양도증명서, 인감증명서, 차량포기각서 등 소유권 이전등록에 필요한 일체의 서류를 주었으나, 乙이 구매해 간 차량에 GPS를 부착했고 추적 후 주차장소를 알아낸 후 밤에 가지고 있던 보조키로 문을 열어 몰래 가져왔다.

[사실관계 2] 甲은 동업자 A와 최근 수익 분배 문제로 다투고는 '혼내 주겠다'는 생각으로 조직폭력배 丙에게 A를 병원에 입원하게 해 달라며 교사하였는데, 丙은 A라고 생각하고 그의 쌍둥이 동생 A2를 때리던 도중에 갑자기 살해의 고의를 일으켜 A2를 살해하였다.

甲은 치매를 앓고 있는 노모의 부양 문제로 처와 부부싸움을 자주 하던 와중에 A2의 사망으로 골치가 아팠다. 퇴근을 하면서 이면도로에서 신호를 대기하던 중 바닥에 떨어진 핸드폰을 주우려던 B의 차량이 후미를 충돌하였다. 전치 3주의 요추염좌상을 입은 甲은 B가 공무원이라고 말하자 '한 건 해야지'라고 생각하고는 B에게 합의금으로 2,500만원을 주지 않으면 감독 부처에 신고해서 징계를 받도록 하겠다는 태도를 보여 1,500만원을 받아냈다.

1,500만원을 받고 신난 甲은 내연녀 丁이 사고 싶어하던 스포츠카를 할부로 샀다. 丁의 이름으로 구입하면서 캐피털사로부터 5천만원을 대출받고, 담보로 근저당권을 설정하였다. 3달 후 甲은 丁과 함께 친구 C에게 2천만원을 빌린 후 차를 담보로 제공하는 방법으로 넘겨 주었다.

이에 캐피털사로부터 고소를 당하였는데, 甲과 丁 중 丁에 대해서 공모사실에 대한 증명이 부족하다며 무죄판결이 확정되었다.

1. 甲과 乙, 丙의 죄책은?
2. [사실관계 2]에서 만일 甲이 丙에게 전화해 "마음을 바꿨다. A를 병원에 입원시킬 필요

가 없다. 나중에 밥이나 먹자"고 한 경우 甲의 형사책임은 달라지는가?

3. 만일 [사실관계 1]에서 乙과 그의 동거녀 X가 '차를 빼돌린 사기꾼'이라고 항의하자, 동업자 Y와 甲이 매장에서 이들의 명예를 훼손하는 발언을 하였고, 이에 이들에 대한 명예훼손 혐의로 공소가 제기되었다. 1심 공판 진행 중 乙과 X가 Y에 대해서만 갑자기 고소를 취소하였다면, 1심 법원이 甲에 대해 취할 수 있는 조치는 무엇인가?
4. 乙이 그랜저 차량을 운전하여 가던 도중 보행자를 치고 달아났다는 혐의(특정범죄가중처벌등에관한법률 위반)를 받다가 탐문수사를 벌이던 경찰관 P는 주거지 인근에서 피가 묻은 그랜저 차량의 범퍼를 수리했다는 자동차 정비공장 공장장의 말을 듣고는 乙을 긴급체포하였다. 그런데 乙은 "친구에게 빌려 줬는데 사고 증거를 없애 달라고 부탁해서 수리하였을 뿐이다"라고 진술했다. 이에 검사 S는 특정범죄가중법 위반죄를 주위적 공소사실로, 증거인멸죄를 예비적 공소사실로 기재하려고 한다. 적법한가?
5. [사실관계 1]에서 검사 S는 과거 甲이 오토바이상사를 하면서도 동일한 수법으로 범행한 전과를 발견했고 이에 상습범으로 기소했다. 그런데 법원은 乙에 대한 혐의는 인정되지만 상습성이 없이 기본 구성요건만 성립한다고 판단한 경우 어떠한 조치를 하여야 하는가?

[1문]

Ⅰ. 쟁점의 정리

Ⅱ. 丙의 형사책임

丙은 甲으로부터 A를 혼내서 병원에 입원시키라는 교사를 받은 바 이는 생리적 기능의 훼손, 상해의 교사라고 할 수 있다. 이때 주관적 구성요건과 관련하여 A와 A2의 착오는 구체적 사실의 착오 중 객체의 착오로 부합론 중 어느 견해에 의하더라도 착오는 의미 없고 발생한 객체에 대한 고의가 인정된다.

상해의 교사를 받았으나 교사범위를 넘어 살인의 고의로 살인에 나갔으므로 A2에 대한 살인죄가 성립한다.

Ⅲ. 甲의 형사책임

1. 절도죄의 성부

타인의 재물을 절취하면 절도죄가 성립한다(제329조). 그런데 甲이 자동차를 매도할 당시 소유권 이전 의사가 없어 절도가 아니라 사기죄가 성립하는지 문제된다.

甲은 자동차를 인도하고 소유권이전등록에 필요한 일체의 서류를 교부함으로써 구매자인 乙이 언제든지 자동차의 소유권이전등록을 마칠 수 있게 된 이상, 甲이 자동차를 양도한 후 다시 절취할 의사를 가지고 있었더라도 자동차의 소유권을 이전하여 줄 의사가 없었다고 볼 수 없고, 甲이 자동차를 매도할 당시 곧바로 다시 절취할 의사를 가지고 있으면서도 이를 숨긴 것을 기망이라고 할 수 없어, 결국 甲이 자동차를 매도할 당시에는 사기죄가 성립하지 않는다. 판례도 동일한 관점에서 기망행위를 부정하며 사기죄가 성립하지 않는다는 입장이다(2015도17452).

따라서 乙이 점유하고 있는 자동차를 무단으로 점유를 이전하여 취득한 甲

에게는 절도죄가 성립한다.

2. 상해치사죄의 교사범의 성부

앞서 살펴보았듯이 병의 경우 A와 A2의 착오는 구체적 사실의 착오 중 객체의 착오로 어느 견해에 의하더라도 착오는 의미 없고 발생한 객체에 대한 고의가 인정되며 상해의 교사를 받았으나 살인의 고의로 살인에 나갔으므로 A2에 대한 살인죄 성립한다.

그런데 주관적 구성요건인 고의와 관련하여 교사자인 甲에게 피교사자의 객체의 착오가 문제되는 바 丙의 착오, 구체적 사실의 착오 중 객체의 착오가 해결되어야 한다. 이에 대해 피교사자가 일반적으로 범할 수 있는 착오는 예견가능하므로 객체의 착오라는 견해, 교사자에게는 방법의 착오와 동일한 구조이므로 방법의 착오에 해당한다는 견해가 대립되고 있다. 물론 일반적인 생활경험상 예견 가능한 불일치의 경우 교사자의 고의를 인정하는 인과과정의 착오설도 있다.

생각건대 피교사자가 일반적으로 범할 수 있는 상황이며 교사자의 처벌이 정범에 종속된다는 측면에서 객체의 착오로 봄이 타당하다. 고의의 전용이 인정된다.

상해를 교사했는데 피교사자가 양적으로 초과실행하여 살인으로 나아간 경우, 기본범죄를 교사하였으나 가중적 결과에 대해 예견 가능성이 있는 경우 결과적 가중범의 교사범 성립이 가능하다. 판례도 동일하다(97도1075).

甲이 조직폭력배 대원에게 교사한 점에 비춰 A의 사망에 대하여 예견할 수 있었다고 하겠으며, 甲은 상해치사죄의 교사범으로 처벌된다.[1]

3. 공갈죄의 성부

권리의 행사와 공갈죄의 성부에 대해 무죄설, 이득이 정당한 범위 내이면 폭행 또는 협박, 초과하면 공갈이라는 폭행·협박죄설, 공갈죄설이 대립한다.

---

1) 상해를 교사하였으며 병에 대한 기타 사정이 없으므로 예견 가능성이 없다는 서술이 가능할 수도 있을 것이다.

판례는 정당한 권리가 있다 하더라도 그 권리 행사를 빙자하여 사회통념상 용인되기 어려운 정도를 넘는 협박을 수단으로 상대방을 외포케 하여 재물의 교부 또는 재산상의 이익을 받으려 하였다면 공갈죄가 성립한다는 입장(95도2801)으로 공갈죄설을 취하고 있다.

생각건대 불법영득의사의 불법을 영득의 불법으로 이해하여 권리 행사의 수단이 불법하면 공갈죄로 인정하는 것이 타당하다.

甲이 단순히 민원을 넣겠다는 수준을 넘어(2019도9007) 전치 3주에 불과한 상해에도 불구하고 사회통념상 용인되는 수준을 넘는 2,500만원을 요구하고 1,500만원을 수령한 것은 공갈죄가 인정된다고 하겠다.

4. 권리행사방해죄의 성부

권리행사방해죄는 타인의 점유 또는 권리의 목적이 된 자기의 물건을 취거, 은닉 또는 손괴하여 타인의 권리행사를 방해함으로써 성립하는데(제323조), 그 취거, 은닉 또는 손괴한 물건이 자기의 물건이 아니라면 권리행사방해죄가 성립할 여지가 없다. 이때 은닉은 타인에게 매각하는 등 담보권자에게 담보물의 소재를 발견할 수 없도록 하는 경우도 포함된다(2020도6258).

물건의 소유자가 아닌 사람은 형법 제33조 본문에 따라 소유자의 권리행사방해 범행에 가담한 경우에 한하여 그의 공범이 될 수 있을 뿐이다. 그러나 권리행사방해죄의 공범으로 기소된 물건의 소유자에게 고의가 없는 등으로 범죄가 성립하지 않는다면 공동정범이 성립할 여지가 없다(2017도4578).

공동정범 중 소유자인 丁에게 무죄판결이 확정된 이상 공동정범으로 가담한 甲에게 권리행사방해죄는 인정되지 않는다.

Ⅳ. 乙의 형사책임

1. 컴퓨터사용사기죄의 성부

의뢰받은 금액을 초과하여 인출한 경우, 컴퓨터사용사기죄설과 배임죄설, 절도죄설이 대립된다. 판례는 현금카드로 의뢰받은 금액보다 초과인출시 초과

부분은 컴퓨터등사용사기가 성립한다는 것(2005도3516)과 통장을 이용한 경우 배임죄가 성립한다는 것이 있다(72도297[2]).

생각건대 현금을 재물로 보는 이상 재산상 이익을 객체로 하는 컴퓨터등사용사기죄는 성립이 부정되어야 하며, 현금지급기 관리자의 의사에 반하는 것으로 보면 절도죄를 인정할 수 있을 것이다.

2. 절도죄의 성부

절도죄가 성립하기 위해서는 주관적 구성요건으로 고의 외에 불법영득의사가 요구된다. 그 객체에 대해 가치설과 물체설이 있으나 물체는 물론 단순한 사용가치를 넘어 재물과 개념적으로 결합된 특수한 기능가치가 침해되면 불법영득의사를 인정할 수 있을 것이다.

乙은 신용카드를 권리자를 배제하고 소유자로서 신용카드를 이용하려는 의사[3]로 가지고 나왔으나 '반환의사'가 있었으며 신용카드의 경우 카드의 가치가 감소된 것은 아니므로 절도죄는 성립하지 않는다.

3. 사기죄의 성부

사람을 기망하여 재물의 교부를 받거나 재산상의 이익을 취득하면 사기죄가 성립한다(제347조). 乙에게는 두 번의 기망행위가 있었다.

우선 乙은 X의 신용카드를 몰래 가지고 나와 甲의 중고차매장에서 2천만원을 결제하고 차량을 구입하였는데, 타인의 신용카드를 카드가맹점에 대하여 자신의 것처럼 가장하여 물품을 구매한 경우 사기죄가 성립한다(96도1181). 이 경우 여신전문금융업법상 신용카드부정사용죄(동법 제70조 제1항 제3호)도 성립한다. 소유자 또는 점유자의 점유를 이탈한 신용카드를 취득하거나 그 점유를 배제한 자가 반드시 유죄의 처벌을 받아야 하는 것은 아니다(99도857). 乙이 X의 신용카드를 사용하고 되돌려 주었다고 하더라도 여신전문금융업법위반죄의 성립에는 지장이 없다(사문서위조죄와 동행사죄는 흡수되고 사기죄와는 실체적 경합

---

2) 횡령이라는 95도2753 판결도 있다.
3) 판례는 경제적 용법에 따른 이용도 추가로 요구한다(90도573).

관계임).

다음으로 상대방이 착오로 과다한 거스름돈을 준 것을 알면서 받은 경우 부작위에 의한 사기죄가 문제된다. 신의칙상 고지의무를 근거로 사기죄가 성립한다는 견해, 알고 받으면 사기죄가 성립하고 사후에 알고 영득한 때에는 점유이탈물횡령죄가 성립한다는 견해, 사기죄가 성립하지 않는다는 견해가 대립된다.

대법원은 부동산 매매 사안에서 매매잔금을 지급 받음에 있어 매수인이 착오에 빠져 지급해야 할 금액을 초과하여 교부한 돈을 수령한 행위에 있어 두 번째 견해와 같은 입장을 취하였다(2003도4531).

생각건대 상대방에게 거스름돈이 맞는지 고지할 의무는 없으므로 부작위에 의한 기망행위가 인정될 수 없다고 봄이 타당하다. 따라서 乙에게 사기죄는 성립하지 않는다. 다만 판례에 의할 경우 사기죄가 성립할 것이다.

[2문]

Ⅰ. 쟁점의 정리

甲에게 丙의 범행에 대한 교사관계의 이탈이 인정되는지 문제된다.

Ⅱ. 교사의 이탈인지 여부

교사의 이탈이 인정되기 위해서는 피교사자가 실행행위로 나아가기 전에 교사범에 의해 형성된 피교사자의 범죄 실행 결의를 해소하여야 한다. 즉 교사범이 교사행위를 철회한다는 의사표시를 하고 피교사자가 그에 따르기로 하거나, 교사범이 명시적으로 교사행위를 철회하고 피교사자의 범죄 실행 방지를 위해 진지한 노력을 해야 한다. 이러한 노력을 통해 교사의 고의가 계속 존재한다고 보기 어렵고 교사행위에 의해 형성된 피교사자의 범죄 실행 결의가 더 이상 유지되지 않는 경우 교사범으로서의 죄책을 부담하지 않는다(2012도7407).

설문의 경우 甲은 단순히 전화로 범행을 만류하는 취지의 말만 한 것이며

丙이 명시적으로 따르기로 한 것이 아니므로 이를 통해 교사행위와 丙의 범죄실행행위에 대하여 교사관계에서 이탈한 것으로 보기는 어려울 것이다.

따라서 甲의 형사책임에 변화는 없다.

[3문]

Ⅰ. 쟁점의 정리

반의사불벌죄에 고소불가분의 원칙이 적용되는지에 따라 고소취소가 이뤄지지 않은 자에 대한 법원의 조치가 문제된다.

Ⅱ. 반의사불벌죄에 대한 고소불가분의 원칙이 준용되는지 여부

처벌의사표시의 철회는 1심 판결 선고 전까지 가능하나(형사소송법 제232조 제3항), 설문의 경우 제1심 공판 도중 이뤄졌으므로 유효하다.

반의사불벌죄에 대해 고소불가분의 원칙이 준용되는가에 대해 입법의 불비로 적용 가능하다는 긍정설, 제232조 제3항의 취지 및 친고죄와의 차별적 취급이 합리적이라는 부정설이 대립하고 있다. 판례는 반의사불벌죄에 준용규정을 두지 않은 것은 양 제도의 취지가 달라 달리 규정한 것이며 입법의 불비가 아니라면서 부정설을 취하고 있다(93도1689).

생각건대 반의사불벌죄에 준용규정이 없는 것은 양자의 차별적 취급을 전제한 것으로 보는 것이 합리적이므로 부정설이 타당하다.

Ⅲ. 법원의 조치

긍정설에 의하면 법원은 甲에 대하여 공소기각판결하여야 하나(제6호), 부정설과 판례에 따라 실체판결을 해야 한다.

[4문]

Ⅰ. 쟁점의 정리

공소사실의 동일성과 예비적 기재의 허용범위가 문제된다.

Ⅱ. 공소사실의 동일 여부

공소사실의 동일성에 대하여는 자연적 관점에서 공소사실과 그 기초가 되는 사회적 사실 간의 기본적인 점의 동일성 여부를 기준으로 하는 기본적 사실동일설, 구성요건의 유형적 본질의 동일성 여부가 기준이 된다는 죄질동일설, 구성요건이 상당한 정도 부합하는 경우 동일성을 인정하는 구성요건공통설, 소인의 주요 부분의 공통 여부가 기준이 된다는 소인공통설이 대립된다. 생각건대 죄질동일설은 동일성의 범위를 너무 좁게 해석하며 구성요건공통설은 구성요건의 상당부합의 의미가 불명확하다는 점에서, 소인공통설의 경우 소인이 동일하면 공소사실이 동일하다는 것은 순환논법에 불과하다는 점에서 기본적 사실동일설이 타당하다.

설문에서 자연적 관점에서 공소사실과 그 기초가 되는 사회적 사실 간의 기본적인 점의 동일성 여부를 기준으로 판단하여 보면, 특정범죄가중법위반죄라는 주위적 공소사실과 증거인멸죄라는 예비적 공소사실 사이에는 범죄의 일시와 장소, 행위 태양, 피해법익이나 죄질이 다르므로 동일성은 부정된다고 하겠다.

Ⅲ. 예비적 기재의 허용 여부

범죄사실 사이에 동일성이 없는 경우에 예비적 기재가 허용되는지에 관해 피고인에게 방어부담을 가중시키는 것이 아니며 무용한 절차의 반복을 막아 소송경제를 달성할 필요가 있다는 이유로 긍정하는 비한정설, 피고인의 방어권 행사에 실질적인 차이를 가져오며 조건부 공소제기를 허용하는 결과를 가져온다는 점에서 예비적 기재의 허용을 부정하는 한정설이 대립된다.

판례는 비한정설의 입장이다(2017도1549).

비한정설에 의하면 공소제기 가능하나, 한정설에 의하면 공소제기 불가하다.

[5문]

Ⅰ. 쟁점의 정리

상습성이 인정되지 않을 때 기본범죄를 인정하기 위하여 공소장 변경이 필요한지 여부, 축소사실이 인정되는 경우 법원의 의무성이 문제된다.

Ⅱ. 공소장 변경의 요부

공소장 변경은 공소사실의 동일성을 해하지 않는 범위에서 허용된다(제298조 제1항). 공소장 변경은 공소사실의 동일성이 인정되는 범위에서만 가능하므로 공소사실의 동일성은 공소장 변경의 한계가 된다.

상습사기(제351조)의 공소사실에는 사기죄(347조)의 공소사실이 모두 포함되어 있어 공소사실의 동일성은 문제되지 않는다.[4] 다만 여기서 어느 범위에서 법원이 공소장 변경 없이 공소사실과 다른 사실을 인정할 수 있는가(필요성)에 대한 견해로, 구체적 사실관계가 다른 경우에도 벌조 또는 구성요건에 변경이 없는 한 공소장 변경이 필요 없다는 동일벌조설, 법률구성에 영향이 없으면 공소장 변경이 불필요하다는 법률구성설, 공소장에 기재되어 있는 사실과 실질적으로 다른 사실을 인정할 때에는 공소장 변경이 필요하다는 사실기재설이 대립된다.

생각건대 동일벌조설이나 법률구성설에 의하면 형사소송법 제298조가 무의미해져 피고인의 방어권 행사에 불이익을 초래하므로 사실기재설이 타당하다고 하겠다. 이러한 사실기재설에 따라 필요성을 구체적으로 판단해 보면, 구성요건이 같은 경우에도 범행의 일시, 장소, 수단과 방법, 객체 등 심판의 대상을

---

4) 판례는 사기죄에서 상습사기죄의 변경은 공소장 변경이 필요하다고 보았다(77도2233).

특정하기 위해 필요불가결한 사항은 공소장 변경이 필요하다. 마찬가지로 구성요건이 달라지는 경우에는 축소사실을 인정하거나, 법률평가만을 달리하는 경우 외에는 공소장 변경이 필요하다.

Ⅲ. 축소사실 인정에 대한 법원의 의무

축소사실의 변경으로 법원이 축소사실에 대한 의무를 가지는가에 대해 법원이 공소장 변경 없이 심판할 수 있는 사실은 법원의 현실적 심판의 대상이 된 사실이므로 이 경우에도 유죄판결을 해야 한다는 의무설, 현저히 정의와 형평에 반하는 경우가 아닌 한 법원이 직권으로 유죄를 인정할 필요는 없다는 예외적 의무설이 대립된다.

판례는 법원은 공소사실의 동일성이 인정되는 범위 내에서 심리의 경과에 비추어 피고인의 방어권 행사에 실질적인 불이익을 초래할 염려가 없다고 인정되는 때에는 공소장이 변경되지 않았더라도 직권으로 공소장에 기재된 공소사실과 다른 범죄사실을 인정할 수 있고, 공소장이 변경되지 않았다는 이유로 이를 처벌하지 않는다면 적정절차에 의한 신속한 실체적 진실의 발견이라는 형사소송의 목적에 비추어 현저히 정의와 형평에 반하는 것으로 인정되는 경우라면 법원으로서는 직권으로 그 범죄사실을 인정하여야 한다고 판시했다(2007도616). 즉 예외적 의무설의 입장이다.

검토하건대 축소사실은 이미 공소사실에 포함되어 현실적 심판의 대상이 되었으므로 법원에 판결 의무가 있다고 보는 것이 타당하다.

Ⅳ. 사안의 해결

의무설에 의하면 사기죄는 상습사기죄라는 공소사실에 포함되어 현실적 심판의 대상이 되었으므로 유죄판결해야 한다.

판례에 의하더라도 사기죄로 처벌하지 않으면 현저히 정의와 형평에 반하는 것으로 인정될 수 있으며 피고인의 방어권 행사 면에서도 어떠한 실질적인 불이익을 준다고도 볼 수도 없다. 따라서 유죄판결을 선고해야 할 것이다.

<판례연구 8>

○ 대법원 2017. 5. 17. 선고 2017도2230 판결

[권리행사방해][공2017상,1333]

【판시사항】

[1] 권리행사방해죄의 구성요건 중 '은닉'의 의미 및 권리행사방해죄가 성립하기 위하여 현실로 권리행사가 방해되었을 것이 필요한지 여부(소극)

[2] 피고인들이 공모하여 렌트카 회사인 甲 주식회사를 설립한 다음 乙 주식회사 등의 명의로 저당권등록이 되어 있는 다수의 차량들을 사들여 甲 회사 소유의 영업용 차량으로 등록한 후 자동차대여사업자등록 취소처분을 받아 차량등록을 직권말소시켜 저당권 등이 소멸되게 함으로써 乙 회사 등의 저당권의 목적인 차량들을 은닉하는 방법으로 권리행사를 방해하였다는 내용으로 기소된 사안에서, 피고인들이 차량들을 은닉하였다고 단정할 수 없다는 이유로 무죄로 판단한 원심판결에 법리오해의 잘못이 있다고 한 사례.

【판결요지】

[1] 형법 제323조의 권리행사방해죄는 타인의 점유 또는 권리의 목적이 된 자기의 물건 또는 전자기록 등 특수매체기록을 취거, 은닉 또는 손괴하여 타인의 권리행사를 방해함으로써 성립한다. 여기서 '은닉'이란 타인의 점유 또는 권리의 목적이 된 자기 물건 등의 소재를 발견하기 불가능하게 하거나 또는 현저히 곤란한 상태에 두는 것을 말하고, 그로 인하여 권리행사가 방해될 우려가 있는 상태에 이르면 권리행사방해죄가 성립하고 현실로 권리행사가 방해되었을 것까지 필요로 하는 것은 아니다.

[2] 피고인들이 공모하여 렌트카 회사인 甲 주식회사를 설립한 다음 乙 주식회사 등의 명의로 저당권등록이 되어 있는 다수의 차량들을 사들여 甲 회사 소유의 영업용 차량으로 등록한 후 자동차대여사업자등록 취소처분을 받아 차량등록을 직권말소시켜 저당권 등이 소멸되게 함으로써 乙 회사 등의 저당권의 목적인 차량들을 은닉하는 방법으로 권리행사를 방해하였다는 내용으로 기소된 사안에서, 피고인들은 처음부터 자동차대여사업자에 대한 등록취소 및 자동차등록 직권말소절차의 허점을 이용하여 권리행사를 방해할 목적으로 범행을 모의한 다음 렌트카 사업자등록만 하였을 뿐 실제로는 영업을 하지 아니함에도 차량 구입자들 또는 지입차주들로 하여금 차량을 관리·처분하도록 함으로써 차량들의 소재를 파악할 수 없게 하였고, 나아가 자동차대여사업자등록이 취소되어 차량

들에 대한 저당권등록마저 직권말소되도록 하였으므로, 이러한 행위는 그 자체로 저당권자인 乙 회사 등으로 하여금 자동차등록원부에 기초하여 저당권의 목적이 된 자동차의 소재를 파악하는 것을 현저하게 곤란하게 하거나 불가능하게 하는 행위에 해당함에도, 이와 달리 피고인들이 차량들을 은닉하였다고 단정할 수 없다는 이유로 무죄로 판단한 원심판결에 권리행사방해죄에 관한 법리오해의 잘못이 있다고 한 사례.

○ 대법원 2020. 10. 22. 선고 2020도6258 전원합의체 판결

[특정경제범죄가중처벌등에관한법률위반(사기)·사기·사문서위조·위조사문서행사·도로교통법위반·횡령·업무상배임·배임·근로기준법위반·근로자퇴직급여보장법위반·권리행사방해·조세범처벌법위반]〈저당권이 설정된 자동차를 임의처분한 경우 및 자동차 이중양도의 경우 배임죄 성립 여부가 문제되는 사건〉[공2020하,2236]

【판시사항】

[1] 금전채권채무 관계에서 채무자가 채권자에 대하여 '타인의 사무를 처리하는 자'에 해당하는지 여부(소극) / 채무자가 금전채무를 담보하기 위하여 '자동차 등 특정동산 저당법' 등에 따라 그 소유의 동산에 관하여 채권자에게 저당권을 설정해 주기로 약정하거나 저당권을 설정한 경우, 채권자에 대한 관계에서 배임죄의 주체인 '타인의 사무를 처리하는 자'에 해당하는지 여부(소극) 및 이때 채무자가 담보물을 제3자에게 처분하는 등으로 담보가치를 감소 또는 상실시켜 채권자의 담보권 실행이나 이를 통한 채권 실현에 위험을 초래하는 경우, 배임죄가 성립하는지 여부(소극) / 위와 같은 법리는, 금전채무를 담보하기 위하여 '공장 및 광업재단 저당법'에 따라 저당권이 설정된 동산을 채무자가 제3자에게 임의로 처분한 사안에도 마찬가지로 적용되는지 여부(적극)

[2] 동산 매매계약에서 매도인이 매수인에 대하여 그의 사무를 처리하는 지위에 있는지 여부(소극) 및 이때 매도인이 목적물을 타에 처분한 경우, 형법상 배임죄가 성립하는지 여부(소극) / 권리이전에 등기·등록을 요하는 동산에 대한 매매계약에서 자동차 등의 매도인이 매수인에 대하여 그의 사무를 처리하는 지위에 있는지 여부(소극) 및 이때 매도인이 매수인에게 소유권이전등록을 하지 아니하고 타에 처분한 경우, 배임죄가 성립하는지 여부(소극)

【판결요지】

[1] 금전채권채무 관계에서 채권자가 채무자의 급부 이행에 대한 신뢰를 바탕으로 금전을 대여하고 채무자의 성실한 급부 이행에 의해 채권의 만족이라는 이익을 얻게 된다

하더라도, 채권자가 채무자에 대한 신임을 기초로 그의 재산을 보호 또는 관리하는 임무를 부여하였다고 할 수 없고, 금전채무의 이행은 어디까지나 채무자가 자신의 급부의무의 이행으로서 행하는 것이므로 이를 두고 채권자의 사무를 맡아 처리하는 것으로 볼 수 없다. 따라서 채무자를 채권자에 대한 관계에서 '타인의 사무를 처리하는 자'에 해당한다고 할 수 없다.

채무자가 금전채무를 담보하기 위하여 '자동차 등 특정동산 저당법' 등에 따라 그 소유의 동산에 관하여 채권자에게 저당권을 설정해 주기로 약정하거나 저당권을 설정한 경우에도 마찬가지이다. 채무자가 저당권설정계약에 따라 부담하는 의무, 즉 동산을 담보로 제공할 의무, 담보물의 담보가치를 유지·보전하거나 담보물을 손상, 감소 또는 멸실시키지 않을 소극적 의무, 담보권 실행시 채권자나 그가 지정하는 자에게 담보물을 현실로 인도할 의무와 같이 채권자의 담보권 실행에 협조할 의무 등은 모두 저당권설정계약에 따라 부담하게 된 채무자 자신의 급부의무이다. 또한 저당권설정계약은 피담보채권의 발생을 위한 계약에 종된 계약으로, 피담보채무가 소멸하면 저당권설정계약상의 권리·의무도 소멸하게 된다. 저당권설정계약에 따라 채무자가 부담하는 의무는 담보목적의 달성, 즉 채무 불이행시 담보권 실행을 통한 채권의 실현을 위한 것이므로 저당권설정계약의 체결이나 저당권 설정 전후를 불문하고 당사자 관계의 전형적·본질적 내용은 여전히 금전채권의 실현 내지 피담보채무의 변제에 있다.

따라서 채무자가 위와 같은 급부의무를 이행하는 것은 채무자 자신의 사무에 해당할 뿐이고, 채무자가 통상의 계약에서의 이익대립관계를 넘어서 채권자와의 신임관계에 기초하여 채권자의 사무를 맡아 처리한다고 볼 수 없으므로 채무자를 채권자에 대한 관계에서 배임죄의 주체인 '타인의 사무를 처리하는 자'에 해당한다고 할 수 없다. 그러므로 채무자가 담보물을 제3자에게 처분하는 등으로 담보가치를 감소 또는 상실시켜 채권자의 담보권 실행이나 이를 통한 채권실현에 위험을 초래하더라도 배임죄가 성립하지 아니한다.

위와 같은 법리는, 금전채무를 담보하기 위하여 '공장 및 광업재단 저당법'에 따라 저당권이 설정된 동산을 채무자가 제3자에게 임의로 처분한 사안에도 마찬가지로 적용된다.

[2] 매매와 같이 당사자 일방이 재산권을 상대방에게 이전할 것을 약정하고 상대방이 그 대금을 지급할 것을 약정함으로써 효력이 생기는 계약의 경우(민법 제563조), 쌍방이 그 계약의 내용에 좇은 이행을 하여야 할 채무는 특별한 사정이 없는 한 '자기의 사무'에 해당하는 것이 원칙이다. 동산 매매계약에서의 매도인은 매수인에 대하여 그의 사무를

처리하는 지위에 있지 아니하므로, 매도인이 목적물을 타에 처분하였다 하더라도 형법상 배임죄가 성립하지 아니한다. 위와 같은 법리는 권리이전에 등기·등록을 요하는 동산에 대한 매매계약에서도 동일하게 적용되므로, 자동차 등의 매도인은 매수인에 대하여 그의 사무를 처리하는 지위에 있지 아니하여, 매도인이 매수인에게 소유권이전등록을 하지 아니하고 타에 처분하였다고 하더라도 마찬가지로 배임죄가 성립하지 아니한다.

○ 대법원 2017. 1. 25. 선고 2016도15526 판결

[살인]〈이른바 '이태원 살인사건'〉[공2017상,500]

【판시사항】

[1] 형사소송절차에서 두 죄 사이에 공소사실이나 범죄사실의 동일성이 있는지 판단하는 기준

[2] 피고인이 '1997. 4. 3. 21:50경 서울 용산구 이태원동에 있는 햄버거 가게 화장실에서 피해자 甲을 칼로 찔러 乙과 공모하여 甲을 살해하였다'는 내용으로 기소되었는데, 선행사건에서 '1997. 2. 초순부터 1997. 4. 3. 22:00경까지 정당한 이유 없이 범죄에 공용될 우려가 있는 위험한 물건인 휴대용 칼을 소지하였고, 1997. 4. 3. 23:00경 乙이 범행 후 햄버거 가게 화장실에 버린 칼을 집어 들고 나와 용산 미8군 영내 하수구에 버려 타인의 형사사건에 관한 증거를 인멸하였다'는 내용의 범죄사실로 유죄판결을 받아 확정된 사안에서, 살인죄의 공소사실과 선행사건에서 유죄로 확정된 증거인멸죄 등의 범죄사실 사이에 기본적 사실관계의 동일성이 없다고 한 사례.

…

【판결요지】

[1] 형사소송절차에서 두 죄 사이에 공소사실이나 범죄사실의 동일성이 있는지는 기본적 사실관계가 동일한지에 따라 판단하여야 한다. 이는 순수한 사실관계의 동일성이라는 관점에서만 파악할 수 없고, 피고인의 행위와 자연적·사회적 사실관계 이외에 규범적 요소를 고려하여 기본적 사실관계가 실질적으로 동일한지에 따라 결정해야 한다.

[2] 피고인이 '1997. 4. 3. 21:50경 서울 용산구 이태원동에 있는 햄버거 가게 화장실에서 피해자 甲을 칼로 찔러 乙과 공모하여 甲을 살해하였다'는 내용으로 기소되었는데, 선행사건에서 '1997. 2. 초순부터 1997. 4. 3. 22:00경까지 정당한 이유 없이 범죄에 공용될 우려가 있는 위험한 물건인 휴대용 칼을 소지하였고, 1997. 4. 3. 23:00경 乙이 범행 후 햄버거 가게 화장실에 버린 칼을 집어 들고 나와 용산 미8군 영내 하수구에

버려 타인의 형사사건에 관한 증거를 인멸하였다'는 내용의 범죄사실로 유죄판결을 받아 확정된 사안에서, 살인죄의 공소사실과 선행사건에서 유죄로 확정된 폭력행위 등 처벌에 관한 법률 위반(우범자)죄와 증거인멸죄(이하 '증거인멸죄 등'이라고 한다)는 범행의 일시, 장소와 행위 태양이 서로 다르고, 살인죄는 폭력행위 등 처벌에 관한 법률 위반(우범자)죄나 증거인멸죄와는 보호법익이 서로 다르며 죄질에서도 현저한 차이가 있으므로, 살인죄의 공소사실과 증거인멸죄 등의 범죄사실 사이에 기본적 사실관계의 동일성이 없다고 한 사례.

[3] 형사재판에서 유죄의 인정은 법관으로 하여금 합리적인 의심을 할 여지가 없을 정도로 공소사실이 진실한 것이라는 확신을 갖도록 할 수 있는 증명력을 가진 증거에 의하여야 한다. 여기에서 말하는 합리적 의심이란 모든 의문이나 불신을 말하는 것이 아니라 논리와 경험법칙에 기하여 증명이 필요한 사실과 양립할 수 없는 사실의 개연성에 대한 합리적인 의문을 의미한다. 따라서 단순히 관념적인 의심이나 추상적인 가능성에 기초한 의심은 합리적 의심에 포함되지 않는다. 법관은 반드시 직접증거로만 범죄사실에 대한 증명이 있는지를 판단하는 것은 아니고, 직접증거와 간접증거를 종합적으로 고찰하여 논리와 경험의 법칙에 따라 범죄사실에 대한 증명이 있는 것으로 판단할 수 있다.

[4] 피고인이 '1997. 4. 3. 21:50경 서울 용산구 이태원동에 있는 햄버거 가게 화장실에서 피해자 甲을 칼로 찔러 乙과 공모하여 甲을 살해하였다'는 내용으로 기소된 사안에서, 甲은 피고인과 乙만 있던 화장실에서 칼에 찔려 사망하였고, 피고인과 乙은 서로 상대방이 甲을 칼로 찔렀고 자신은 우연히 그 장면을 목격하였을 뿐이라고 주장하나, 범행 현장에 남아 있던 혈흔 등에 비추어 乙의 주장에는 특별한 모순이 발견되지 않은 반면 피고인의 주장에는 쉽사리 해소하기 힘든 논리적 모순이 발생하는 점, 범행 이후의 정황에 나타난 여러 사정들 역시 피고인이 甲을 칼로 찌르는 것을 목격하였다는 乙의 진술의 신빙성을 뒷받침하는 점 등 제반 사정을 종합하면, 피고인이 甲을 칼로 찔러 살해하였음이 합리적인 의심을 할 여지가 없을 정도로 충분히 증명되었다고 본 원심판단이 정당하다고 한 사례.

○ 대법원 2017. 6. 19. 선고 2013도564 판결

[사기][공2017하,1587]

【판결요지】

[1] 기소된 공소사실의 재산상 피해자와 공소장에 기재된 피해자가 다른 것이 판명된

경우에는 공소사실의 동일성을 해하지 않고 피고인의 방어권 행사에 실질적 불이익을 주지 않는 한 공소장변경절차 없이 직권으로 공소장 기재의 피해자와 다른 실제의 피해자를 적시하여 이를 유죄로 인정하여야 한다.

[2] 근저당권자가 집행법원을 기망하여 원인무효이거나 피담보채권이 존재하지 않는 근저당권에 기해 채무자 또는 물상보증인 소유의 부동산에 대하여 임의경매신청을 함으로써 경매절차가 진행된 결과 부동산이 매각되었더라도 그 경매절차는 무효로서 채무자나 물상보증인은 부동산의 소유권을 잃지 않고, 매수인은 부동산의 소유권을 취득할 수 없다.

이러한 경우에 허위의 근저당권자가 매각대금에 대한 배당절차에서 배당금을 지급받기에 이르렀다면 집행법원의 배당표 작성과 이에 따른 배당금 교부행위는 매수인에 대한 관계에서 그의 재산을 처분하여 직접 재산상 손해를 야기하는 행위로서 매수인의 처분행위에 갈음하는 내용과 효력을 가진다.

[3] 피고인이 피해자 甲에 대한 대여금 채권이 없음에도 甲 명의의 차용증을 허위로 작성하고 甲 소유의 부동산에 관하여 피고인 앞으로 근저당권설정등기를 마친 다음, 그에 기하여 부동산임의경매를 신청하여 배당금을 교부받아 편취하였다는 내용으로 기소된 사안에서, 공소사실과 동일성이 인정되고 피고인의 방어권 행사에 불이익을 주지 않는 이상 피해자가 공소장에 기재된 甲이 아니라고 하여 곧바로 피고인에게 무죄를 선고할 것이 아니라 진정한 피해자를 가려내어 그 피해자에 대한 사기죄로 처벌하여야 하고, 공소사실에 따른 실제 피해자는 부동산 매수인 乙이므로 乙에 대한 관계에서 사기죄가 성립함에도, 이와 달리 진정한 피해자가 누구인지를 가려내지 않은 채 공소사실을 무죄로 판단한 원심판결에 사기죄의 처분행위, 공소사실의 동일성과 심판 범위에 관한 법리오해의 잘못이 있다고 한 사례.

사례 9

甲, 乙, 丙은 세 사람은 신선식품 판매점을 하는 X녀가 현금이 많다는 소문을 듣고 집을 털기로 공모하였다. 최근 갑자기 체중이 증가한 丙은 애초 범행을 주도한 시점의 계획과는 달리 범행 현장에 같이 가는 대신 망을 보기로 하고 금고를 여는 시범을 보이면서 예행연습을 주도하였다. 세 명은 범죄수익도 ⅓씩 나누기로 공모하였다. 계획대로 丙은 일요일 오후 X의 집에서 500m 떨어진 골목 밖에서 망을 보다가 甲과 乙이 담을 넘기 전 겁이 나서, "미안해 난 도저히 못하겠어"라고 문자를 甲에게 보내고 도망쳤다. 甲은 "나쁜 새끼. 잘먹고 잘살아라"라고 답장을 보냈고 丙의 도망에도 불구하고 甲과 乙은 범행을 중단하지 않았다. 어차피 丙의 위치에서는 X의 집이 보이지 않았기 때문이다. 무사히 현금을 훔친 甲은 자신의 계좌에 돈을 넣은 후 절반을 乙에게 송금해 주었다.

X의 후배 丁은 보험설계사로 근무하고 있는데, X가 2년 전 신장결석으로 치료받은 사실이 있음을 알면서도 회사를 속이고 보험계약을 체결하였다. X는 한 달 후 결석이 재발하자 예전 치료 사실을 까맣게 잊고 5일간 입원하여 결석 제거시술을 받고는 보험금을 청구하여 50만원을 수령하였다(丁은 결석이 잘 재발하며 X가 향후 보험금 청구를 할 수 있다는 점을 알고 있었음).

丁은 X가 갑자기 연락이 와서 "요즘 몸도 안 좋은데 불미스러운 일만 생긴다. 은행 주거래 계좌가 해킹당한 것 같으니, 비상금 계좌에서 2천만원만 출금해달라"는 부탁을 받았다. 丁은 X에게 카드를 받아 현금자동지급기에서 2천만원을 출금해 전달했으나, X가 납품업자를 만나러 급히 나가는 바람에 돌려주지 못한 카드를 가지고 신용정보 조회사이트에 접속하여 자신의 신용정보를 조회하면서 X의 신용카드의 번호와 비밀번호를 입력하여 서비스이용대금 4천원을 결제하였다.

사실 丙이 甲과 乙과의 범행에 공모한 이유는 따로 있었다. 丙은 조선소의 설계파트 직원으로 넉넉한 월급을 받았으나 최근 투자 주식이 폭락한 가운데 증권회사와 친구 A로부터 대출상환을 독촉받기 시작했기 때문이었다. 丙은 급기야 자신이 어머니에게 상속받은 다이아몬드 반지를 B에게 매도하기로 하고 계약금과 중도금을 받았다. 그런데 B에게 얘기를 들은 B의 친구 C가 찾아와서 꼭 사고 싶으니 자신에게 양도하라며 대금을 완불하고 반지를 가져갔다.

이렇게 해도 채무가 다 해결되지 않자 丙은 중국 조선회사 '다롄 선박공사'의 스카웃 제의가 생각났다. 丙은 사직서를 내고, 재직시 적법하게 자신이 반출해서 가지고 있던 선박터빈의 설계도 사진을 입사 시 작성했던 보안서약서와 달리 반납하지 않고 있었다. 이후 丙은 다롄 선박공사와 접촉해 '스카웃 + 수고비로 3억원'을 받고 설계도 사진을 넘겨 주었다. 이로 인해 회사는 300억원 상당의 영업비밀이 유출된 결과가 발생되었다.

1. 甲, 乙, 丙, 丁의 죄책은?
2. 만일 밑줄 친 부분에서 丁이 X 몰래 카드로 은행 현금지급기에서 2백만원을 자신의 계좌로 이체한 후 그 돈을 인출하여 돈의 취득 경위를 잘 아는 戊에게 용돈이라며 주었다면 戊의 죄책은 무엇인가?
3. 검사 S는 "출산을 2주 남겨 둔 아내의 상황이 궁금하지 않냐? 수사에 적극 협조하면 휴대폰 통화를 시켜주겠다"고 약속하여 甲의 자백을 받아냈다. 이 자백은 증거능력이 있는가?
4. 乙은 송금받은 돈을 찾아 평소 마음에 있던 후배 Y에게 "오늘 너 원하는 거 다 쏜다"며 불러내서 한참 마시다가 술기운을 빌려 Y의 가슴을 만져 추행하였다. 乙은 다음 날 Y의 절친 Z와 만나 "내가 잠깐 정신이 나가 취중에 Y에게 큰 실수를 했다"는 자백 취지의 진술을 했고 전날 밤 Y와 통화하면서 이런 사실을 알고 있던 Z의 휴대폰에 녹음되었다. 이 녹음이 검찰에 제출되었다면 증거능력이 있는가?
5. X의 빌라 담을 넘어 몰래 들어가던 乙의 모습이 인근 주민 D의 차량 블랙박스에 녹화되었다. 이 장면을 복사한 USB가 제출되었다면 증거능력이 있는가? 이와 함께 乙이 범행 당일 D의 차량에서 블랙박스가 깜박이는 것을 보고 붙어 있던 전화번호로 "블랙박스 삭제해. 안 그러면 차 박살내버린다"라고 보낸 문자메시지가 D에 의해 촬영되어 제출되었다면 증거능력이 있는가?

[1문]

Ⅰ. 쟁점의 정리

Ⅱ. 甲과 乙의 죄책

1. 특수절도죄의 성부

2인 이상이 합동하여 타인의 재물을 절취하면 특수절도죄가 성립한다(형법 제331조). 합동범의 본질에 대하여는 합동범을 공동정범의 상위개념으로 보는 공모공동정범설, 본질상 공동정범이지만 집단범죄에 대처하기 위해 형을 가중한 것이라는 가중적 공동정범설, 시간적·장소적 협동이 필요하다는 현장설, 현장설과 가중적 공동정범설을 절충한 현장적 공동정범설이 대립되나, 합동이라는 법문의 취지상 현장설이 타당하다. 판례도 현장설의 입장이다(96도313).

甲과 乙은 공모한 대로 시간적·장소적 협동을 통해 X에 대한 절도에 나아갔으므로 합동범인 특수절도죄가 성립한다.

2. 폭력행위등처벌에관한법률위반(공동주거침입)죄의 성부

공동하여 주거에 침입하였으므로 주거침입죄가 검토되어야 하는데, 2인 이상이 공동하여 침입하였으므로 폭력행위 등 처벌에 관한 법률 제2조 제2항의 공동주거침입죄가 성립한다. 특수절도죄와는 실체적 경합관계이다(2009도9667).

3. 장물죄의 성부

甲에게는 장물보관죄, 乙에게는 장물취득죄가 문제되나 은행에 예금으로 보관한 것은 재물의 동일성에 변질이 없으며 甲과 乙 모두 특수절도의 본범이므로 장물죄는 성립하지 않는다.

Ⅲ. 丙의 죄책

1. 특수절도죄의 성부

특수절도를 공모하고 공범인 甲과 乙이 실행에 착수하기 전 이탈한 경우이다. 丙은 처음부터 범행을 주도적으로 모의하였고 금고를 여는 방법을 시연하였으며 예행연습도 주도하였다. 나아가 범행 수익도 동일하게 배분하기로 공모하였다는 점에서 공동가공의사는 물론 기능적 역할 분담 또한 인정된다. 그러나 비대한 체격으로 범행현장에 가는 대신 X의 집이 보이지 않는 지점에서 망을 본 것은 현장성을 인정하기 어려워 합동범으로 볼 수는 없다(2011도2021 참조).[1)]

실행의 착수 전 이탈에 대해 견해가 대립하는 바, 이탈의 의사가 명시, 묵시적으로 표시되어야 한다는 견해, 주모자와 평균적 일원을 구분하여 후자는 이탈의 의사표시로 족하나 주모자는 다른 공범의 실행에 미친 영향력을 제거하기 위한 진지한 노력이 필요하다는 견해가 있다. 판례는 공모공동정범에 있어 이탈을 위해서는 기능적 행위지배의 해소가 필요하며 주도적 참여자는 다른 공모자의 실행에 미친 영향력을 제거하여야 한다고 하여 이원설의 입장을 취하고 있다(2008도1274).

이탈을 부정하면 합동절도에 대한 공동정범 인정할 수 있느냐에 대한 긍정설과 부정설의 문제가 되며, 이때 이탈을 긍정하면 합동절도에 대한 책임을 지지 않는다.

丙은 단순히 망을 보는 정도에 그치는 것이 아니라 범행 시범을 보이는 등 주도적으로 범행에 참여하였으므로 이탈을 인정할 수 없다. 이 경우 합동범에 대한 공모공동정범을 인정할 수 있을 것인가에 대해 긍정설과 부정설이 대립되며, 판례는 긍정설을 취하고 있다.

합동범의 합동성을 고려할 때 부정하는 것이 타당하다. 이 경우 단순절도

---

1) 피고인이 甲, 乙과 공모한 후 甲, 乙은 피해자 회사의 사무실 금고에서 현금을 절취하고, 피고인은 위 사무실로부터 약 100m 떨어진 곳에서 망을 보는 방법으로 합동하여 재물을 절취하였다고 하여 주위적으로 기소된 사안에서, 제반 사정에 비추어 甲, 乙의 합동절도 범행에 대한 공동정범으로서 죄책을 면할 수 없는데도, 이와 달리 보아 피고인에게 무죄를 인정한 원심판결에 법리오해의 위법이 있다(대법원 2011. 5. 13. 선고 2011도2021 판결).

의 공동정범이라는 견해, 단순절도의 공동정범과 합동범의 방조의 상상적 경합이라는 견해, 특수절도의 방조라는 견해 등이 있다. 판례에 의하면 특수절도의 공동정범 인정될 것이다. 이 경우 폭력행위등처벌에관한법률위반(공동주거침입)죄에 대하여도 동일하다.

2. 업무상 배임죄의 성부

타인의 사무를 처리하는 자가 업무상의 임무에 위배하는 행위로써 재산상의 이익을 취득하거나 제삼자로 하여금 이를 취득하게 하여 본인에게 손해를 가하면 업무상 배임죄가 성립한다(제356조). 설계도는 회사의 영업비밀 또는 영업상 주요한 자산에 해당하므로 이를 유출하지 않을 의무가 있는 자가 유출한다면 이는 업무상 배임죄를 구성한다(2006도9089).

회사직원이 영업비밀 등을 적법하게 반출한 경우라도, 퇴사 시에 영업비밀 등을 회사에 반환하거나 폐기할 의무가 있음에도 경쟁업체에 유출하거나 스스로의 이익을 위하여 이용할 목적으로 이를 반환하거나 폐기하지 아니하였다면, 퇴사 시에 업무상배임죄의 기수가 된다.

판례도 유사한 사안에서 동일한 입장으로 판시한 바 있다(2017도3808[2]).

한편 이러한 丙의 영업비밀 누설행위는 부정경쟁방지및영입비밀보호에관한법률위반(영업비밀누설등)죄에도 해당한다(제18조 제1항).

3. 배임죄의 성부

동산이중양도시 배임죄가 인정될 수 있는가에 관해 타인의 사무임을 인정하는 긍정설과 자기의 사무에 불과하다는 배임죄 부정설이 대립된다. 판례는

2) 대법원은 회사직원이 재직 중에 영업비밀 또는 영업상 주요한 자산을 경쟁업체에 유출하거나 자신의 이익을 위하여 이용할 목적으로 무단으로 반출하였다면 타인의 사무를 처리하는 자로서 업무상의 임무에 위배하여 유출 또는 반출한 것이어서 유출 또는 반출시에 업무상 배임죄의 기수가 되나, 회사직원이 퇴사한 후에는 특별한 사정이 없는 한 퇴사한 회사직원은 더 이상 업무상 배임죄에서 타인의 사무를 처리하는 자의 지위에 있다고 볼 수 없고, 이후 반환하거나 폐기하지 아니한 영업비밀 등을 경쟁업체에 유출하는 것은 이는 이미 성립한 업무상 배임행위의 실행행위에 지나지 아니하므로, 그 유출 내지 이용행위가 따로 업무상 배임죄를 구성하지는 않는다고 판시하였다(대법원 2017. 6. 29. 선고 2017도3808 판결).

자기사무인 동산인도채무 외에 별도로 매수인의 재산 보호 내지 관리행위에 협력할 의무가 없다며 배임죄의 성립을 부정하였다(2008도10479).

동산인도채무는 단순한 민사상의 채무로서 자기의 사무에 불과하여 타인의 사무에 해당하지 않는다고 하겠다.

따라서 배임죄는 성립하지 않는다.

생각할 거리

丙의 친구 F는 도품인 줄 알고 다이아몬드를 보관하다가 이중매도하였다. F의 죄책은?

- 장물보관죄와 횡령죄의 관계가 문제되는데, 횡령은 불가벌적 사후행위가 되며(판례), 도품매각의 경우 통상의 매매계약에서 매수자는 정상품인 것으로 인식하고 매수하므로 새로운 법익을 침해하여 묵시적 기망에 의한 사기죄가 성립한다.
- 동산의 이중매매의 경우 긍정설이 있으나 배임죄의 성립을 부정하여야 할 것이다(판례).

Ⅳ. 丁의 죄책

1. 사기죄의 성부

丁은 보험회사 직원으로 타인의 사무처리자인데, 부작위에 의한 기망을 통해 X가 보험금이라는 재산상의 이익을 취득하게 만들었으므로 사기죄 외에도 배임죄가 문제 된다.

우선 사기죄의 경우 기망행위는 작위에 의한 경우든 부작위에 의한 경우든 고의가 필요하며 미필적 고의라도 인정되기 위해서는 범죄사실의 발생 가능성에 대한 인식이 있음은 물론 나아가 범죄사실이 발생할 위험을 용인하는 내심의 의사가 있어야 한다. 보험계약은 사람의 생명 또는 신체에 관한 '우연한 사고'에 대하여 보험금을 지급하기로 하는 약정을 말하고, '우연한 사고'라 함은 사고가 피보험자가 예측할 수 없는 원인에 의하여 발생하는 것으로서 고의에 의한 것이 아니고 예견하지 않았는데 우연히 발생하고 통상적인 과정으로는 기대할 수 없는 결과를 가져오는 사고를 의미한다(2008다78491, 78507). 따라서 보험계약자가 상법상 고지의무를 위반하여 보험자와 생명보험계약을 체결한다고 하더라도 그 보험금은 보험계약의 체결만으로 지급되는 것이 아니라 우연한 사고가 발생하여야만 지급되는 것이므로, 상법상 고지의무를 위반하여 보험계약을 체결하였다는 사정만으로 보험계약자에게 미필적으로나마 보험금 편취를 위한 고의의 기망행위가 있었다고 단정할 수 없다.

설문에서 丁은 보험사고가 이미 발생하였음에도 이를 묵비한 채 보험계약을 체결하거나 보험사고 발생의 개연성이 농후함을 인식하면서도 보험계약을 체결하는 경우 또는 보험사고를 임의로 조작하려는 의도를 갖고 보험계약을 체결하는 경우와 같이 그 행위가 '보험사고의 우연성'과 같은 보험의 본질을 해할 정도에 이르지는 않았으므로 미필적 고의를 인정하기 어렵다(2010도6910). 따라서 사기죄는 성립하지 않는다.

2. 업무상 배임죄의 성부

丁은 보험회사 직원으로 타인의 사무처리자이며, X가 50만원이라는 재산상의 이익을 취득하였으므로 업무상 배임죄가 문제된다.

丁에게는 보험설계사로서 가입시 계약자의 질병 내역을 정확히 기입하도록 하는 임무가 있으며 신장결석의 재발이 빈번하다는 것을 알고 있었으므로 임무 위배를 인정할 수 있다.

사기죄 외에 배임죄가 성립할 경우 양자의 관계에 대해 사기죄만 성립한다는 견해, 배임죄가 성립한다는 견해, 상상적 경합이라는 견해가 있으며, 판례는 상상적 경합설의 입장이다(2002도669전합).

생각건대 행위의 태양, 보호법익을 고려할 때 상상적 경합설이 타당하다. 사안의 경우 사기죄는 성립하지 않으므로 업무상 배임죄만 성립한다.

3. 컴퓨터사용사기죄의 성부

컴퓨터를 이용하여 신용정보 조회 서비스사이트에 접속하여 신용정보를 조회하면서 그 서비스이용대금의 결제를 위하여 X의 신용카드의 번호와 비밀번호를 입력하는 행위를 하였는데, 이 행위는 권한 없는 자가 진실한 정보를 입력하거나 허용된 명령을 입력한 것으로 컴퓨터등사용사기죄가 성립한다(2002도2363).[3)]

3) 이 외에도 타인 명의를 모용해 발급받은 신용카드로 ARS나 인터넷을 통해 신용대출을 받

> **생각할 거리**
>
> 만일 X의 신용카드와 우연히 알게 된 비밀번호를 입력하여 2백만원을 인출한 행위였다면?
>
> - 현금은 재산상의 이익이 아니라는 컴퓨터등사용사기죄 부정설과 재물은 재산상의 이익과 대립되는 개념이지만 동시에 재산상의 이익의 특별규정이므로 사기죄가 성립하지 않는 경우 재산상의 이익을 취득한 경우로 해석할 수 있다는 긍정설이 대립된다. 판례는 부정설을 취하면서 이 경우 절도죄의 성립을 인정한다.

[2문]

Ⅰ. 쟁점의 정리

컴퓨터등사용사기에 의해 취득한 재물을 戊가 취득한 경우 장물죄의 성립 여부가 문제된다.

Ⅱ. 장물취득죄의 성부

장물을 취득하면 장물취득죄가 성립한다(제362조 제1항). 그런데 丁의 행위는 컴퓨터 등 정보처리장치에 권한 없이 정보를 입력·변경하여 정보처리를 하게 함으로써 재산상의 이익을 취득한 것이다. 컴퓨터등사용사기죄에 의해 재산상의 이익, 예금채권을 취득한 것이다(2011도4440).

장물죄가 성립하기 위해서는 재산범죄에 의해 영득한 재물이어야 하며 범죄에 의해 작성한 물건이나 재산범죄의 수단으로 쓰인 재물은 장물이 될 수 없다.

컴퓨터등사용사기에 의해 취득한 예금채권은 재물이 아니라 재산상의 이익이므로 戊에게 장물취득죄는 성립할 수 없다(2004도353).

은 경우도 컴퓨터등사용사기죄에 해당한다(2006도3126).

[3문]

Ⅰ. 쟁점의 정리

검사 S의 회유를 통한 甲의 자백이 자백배제법칙에 위반한 자백인지 문제된다.

Ⅱ. 자백배제법칙의 적용 여부

고문, 폭행, 협박, 신체구속의 부당한 장기화 또는 기망 기타의 방법으로 임의로 진술한 것이 아니라고 의심할 만한 이유가 있는 때에 적용된다(형사소송법 제309조).

이 중 기타 방법에 의한 자백에는 약속에 의한 자백, 철야신문 등으로 인한 심리적 압박에 의한 자백이 포함된다. 약속은 형사처벌과 무관한 일반적·세속적 이익도 포함한다. 판례는 불기소 등 소추의 이익과 교환조건으로 받은 자백의 경우 자백배제법칙을 적용한 바 있다(83도712).

수사에 협조하면 출산이 임박한 아내와 휴대폰 통화를 시켜주겠다는 것은 통상의 편의 제공을 넘어 피의자의 심리적 압박을 이용하기 위해 법률상 허용되지 않는 이익을 약속한 것이며 이로 인해 자백에 영향을 미쳤다고 하겠다.

Ⅲ. 사안의 해결

甲의 자백은 자백배제법칙에 의해 증거능력을 인정할 수 없다.

[4문]

Ⅰ. 쟁점의 정리

乙의 자백취지의 진술이 녹음된 경우로 전문증거로서 증거능력 인정요건이 문제 된다.

II. 위법수집증거인지 여부

누구든지 통신비밀보호법, 형사소송법 또는 군사법원법의 규정에 의하지 아니하고는 우편물의 검열, 전기통신의 감청 또는 공개되지 아니한 타인간의 대화를 녹음 또는 청취하지 못한다(통신비밀보호법 제3조). 그러나 대화 당사자 간의 대화녹음은 타인간의 대화에 포함되지 않는다. 설문의 경우 대화 당사자 간 녹음이므로 통신비밀보호법을 위반한 위법수집증거는 아니다.

III. 전문증거로서 증거능력이 있는지 여부

乙이 증거동의를 하면 형사소송법 제318조에 의해 증거능력이 인정된다. 그러나 증거동의를 하지 않으면 진술녹음으로 원진술자와 녹음의 주체에 따라 형사소송법 제311조 내지 제313조를 적용해야 한다는 견해가 통설, 판례이다.

사안의 진술녹음은 피고인 아닌 자가 작성한 피고인의 진술을 기재한 서류와 다를 바 없으므로(2014도10978 전합), 형사소송법 제313조 제1항 단서가 적용되며,[4] 이때 제313조 제1항 단서에 대해 가중요건설, 완화요건설이 대립한다. 판례는 완화요건설의 입장이다(2012도7461).

생각건대 증거능력을 엄격하게 판단하는 가중요건설이 타당하다.

사안의 경우 증거능력이 인정되기 위해서는 가중요건설에 의할 경우 피고인인 乙의 성립의 진정 외에 작성자인 Z의 진술에 의해 성립의 진정이 인정되어야 한다. 그러나 판례의 완화요건설에 의하면 공판기일에 작성자의 진술에 의해 甲이 진술한 대로 녹음된 것임이 증명되고 그 진술이 특히 신빙할 수 있는 상태 하에서 행해졌음이 증명되어야 한다.

---

4) 재전문서류가 아닌 점에 주의해야 한다. 재전문증거는 전문증거가 내용에 다시 전문증거를 포함하는 것으로 원진술자 A의 진술을 들은 B가 C에게 전달하여 C가 법원에 원진술자의 진술내용을 보고하는 경우 원진술자 A의 진술을 들은 B가 A의 진술내용을 서면에 기재하거나 C에게 원진술 내용을 진술하여 C로 하여금 서류에 기재하게 하는 경우이다.

[5문]

Ⅰ. 쟁점의 정리

乙의 범행장면이 녹화된 블랙박스 화면의 법적 성격과 그에 따른 사본 제출시 증거능력 인정요건이 문제되며, 乙이 보낸 협박문자의 증거능력 인정요건이 문제된다.

Ⅱ. 녹화물이 복사된 USB의 증거능력

1. USB 압수의 적법성

차량의 블랙박스 소유자가 제출한 것을 압수한 것이므로 임의제출물의 압수로서 적법하다.

2. USB에 들어 있는 파일의 증거능력

범행 과정이나 전후, 범행장소의 상황 등의 촬영된 경우 이를 현장사진이라 한다. 乙의 범행장면이 담겨 있는 블랙박스 화면의 경우에도 현장사진에 해당한다.

이 경우 증거능력에 대해 사람의 지각에 의한 진술이 아니라는 비진술증거설, 조작의 가능성이 있으므로 전문법칙에 따라 판단해야 한다는 진술증거설, 비진술증거성이 인정되나 현장검증의 성격을 고려하여야 한다는 검증조서유추설이 대립하며, 판례는 비진술증거설의 입장이다(97도1230).

비진술증거설에 의하면 현장사진이 현장의 정확한 영상이라는 사실과 요증사실과의 관련성이 인정되면 족하며, 다만 USB가 복사본이므로 블랙박스 녹화 원본이 있고, 이 녹화 원본이 제출이 불가능하거나 곤란한 사정이 있고, 블랙박스 녹화 영상과 USB 파일의 영상이 동일하다는 증명이 되어야 한다.

그러나 검증조서유추설에 의하면 촬영자가 법관과 수사기관이 아닌 그 밖의 자인 경우이므로 제312조 제6항을 유추적용해야 한다.

Ⅲ. 사진의 증거능력

이는 乙의 협박문자에 대한 사본으로서의 사진에 해당한다. 이 경우 원본 존재 및 진정성립을 인정할 자료가 구비되고 특히 신용할 만한 정황에 의해 작성되었다고 인정될 때에 형사소송법 제315조 제3호에 의해 증거능력을 인정해야 한다는 진술증거설과 비진술증거설이 대립하고 있다. 판례는 사본인 사진, 피의자신문조서의 초본 등에 대해 최량증거법칙에 근거한 비진술증거설과 같은 입장이다(2006도2556).

乙이 보낸 메시지는 메시지 자체가 범행의 직접적인 수단이며 경험자의 진술에 갈음하는 대체물이 아니므로 전문법칙이 적용되는 진술증거가 아니라고 하겠다. 따라서 최량증거법칙에 따라 원본증거인 핸드폰 메시지 화면 자체를 공판정에 제출할 수 없거나 제출이 곤란한 사정이 있고 그 사진의 영상이 핸드폰 화면에 표시된 메시지와 정확히 같다는 사실 및 사건과의 관련성이 증명되면 증거능력 인정될 수 있다.

생각할 거리

甲은 A에게 18억원을 차용하면서 자신의 반포 백합아파트에 4순위 근저당권을 설정해 주기로 약정하였다. 그러나 설정 전에 B에게 채권최고액을 12억원으로 하는 4순위 근저당권을 설정해 주었다. 甲의 죄책은?

- 채무자가 저당권설정계약에 따라 채권자에 대하여 부담하는 저당권을 설정할 의무는 계약에 따라 부담하게 된 채무자 자신의 의무이다. 채무자가 위와 같은 의무를 이행하는 것은 채무자 자신의 사무에 해당할 뿐이므로, 채무자를 채권자에 대한 관계에서 '타인의 사무를 처리하는 자'라고 할 수 없다. 따라서 채무자가 제3자에게 먼저 담보물에 관한 저당권을 설정하거나 담보물을 양도하는 등으로 담보가치를 감소 또는 상실시켜 채권자의 채권 실현에 위험을 초래하더라도 배임죄가 성립한다고 할 수 없다(2019도14340 전합).

<판례연구 9>

○ 대법원 2017. 6. 29. 선고 2017도3808 판결

[부정경쟁방지및영업비밀보호에관한법률위반(영업비밀누설등)·업무상배임][공2017하,1603]

【판시사항】

회사직원이 영업비밀 또는 영업상 주요한 자산을 경쟁업체에 유출하거나 스스로의 이익을 위하여 이용할 목적으로 무단으로 반출한 경우, 업무상 배임죄의 기수시기(=유출 또는 반출시) 및 영업비밀 등을 적법하게 반출하였으나 퇴사시에 회사에 반환하거나 폐기할 의무가 있음에도 같은 목적으로 이를 반환하거나 폐기하지 아니한 경우, 업무상 배임죄의 기수시기(=퇴사시) / 퇴사한 회사직원이 위와 같이 반환하거나 폐기하지 아니한 영업비밀 등을 경쟁업체에 유출하거나 스스로의 이익을 위하여 이용한 행위가 따로 업무상 배임죄를 구성하는지 여부(원칙적 소극) 및 제3자가 위와 같은 유출 내지 이용행위에 공모·가담한 경우, 업무상 배임죄의 공범이 성립하는지 여부(원칙적 소극)

【판결요지】

업무상 배임죄의 주체는 타인의 사무를 처리하는 지위에 있어야 한다. 따라서 회사직원이 재직 중에 영업비밀 또는 영업상 주요한 자산을 경쟁업체에 유출하거나 스스로의 이익을 위하여 이용할 목적으로 무단으로 반출하였다면 타인의 사무를 처리하는 자로서 업무상의 임무에 위배하여 유출 또는 반출한 것이어서 유출 또는 반출 시에 업무상 배임죄의 기수가 된다. 또한 회사직원이 영업비밀 등을 적법하게 반출하여 반출행위가 업무상 배임죄에 해당하지 않는 경우라도, 퇴사시에 영업비밀 등을 회사에 반환하거나 폐기할 의무가 있음에도 경쟁업체에 유출하거나 스스로의 이익을 위하여 이용할 목적으로 이를 반환하거나 폐기하지 아니하였다면, 이러한 행위 역시 퇴사시에 업무상 배임죄의 기수가 된다.

그러나 회사직원이 퇴사한 후에는 특별한 사정이 없는 한 퇴사한 회사직원은 더 이상 업무상 배임죄에서 타인의 사무를 처리하는 자의 지위에 있다고 볼 수 없고, 위와 같이 반환하거나 폐기하지 아니한 영업비밀 등을 경쟁업체에 유출하거나 스스로의 이익을 위하여 이용하더라도 이는 이미 성립한 업무상 배임 행위의 실행행위에 지나지 아니하므로, 그 유출 내지 이용행위가 부정경쟁방지 및 영업비밀보호에 관한 법률 위반(영업비밀

누설등)죄에 해당하는지는 별론으로 하더라도, 따로 업무상 배임죄를 구성할 여지는 없다. 그리고 위와 같이 퇴사한 회사직원에 대하여 타인의 사무를 처리하는 자의 지위를 인정할 수 없는 이상 제3자가 위와 같은 유출 내지 이용행위에 공모·가담하였더라도 타인의 사무를 처리하는 자의 지위에 있다는 등의 사정이 없는 한 업무상 배임죄의 공범 역시 성립할 수 없다.

○ 대법원 2020. 2. 20. 선고 2019도9756 전원합의체 판결

[사기·배임]〈동산을 양도담보로 제공한 채무자가 제3자에게 담보에 제공된 동산을 처분한 경우 배임죄가 성립하는지 여부가 문제 된 사건〉[공2020상,723]

【판시사항】

[1] 배임죄의 주체인 '타인의 사무를 처리하는 자'의 의미 / 채무자가 금전채무를 담보하기 위하여 그 소유의 동산을 채권자에게 양도담보로 제공함으로써 채권자인 양도담보권자에 대하여 담보물의 담보가치를 유지·보전할 의무 내지 담보물을 타에 처분하거나 멸실, 훼손하는 등으로 담보권 실행에 지장을 초래하는 행위를 하지 않을 의무를 부담하게 된 경우, 배임죄의 주체인 '타인의 사무를 처리하는 자'에 해당하는지 여부(소극) 및 이때 채무자가 담보물을 제3자에게 처분하는 등으로 담보가치를 감소 또는 상실시켜 채권자의 담보권 실행이나 이를 통한 채권실현에 위험을 초래한 경우, 배임죄가 성립하는지 여부(소극) / 위와 같은 법리는, 채무자가 동산에 관하여 양도담보설정계약을 체결하여 이를 채권자에게 양도할 의무가 있음에도 제3자에게 처분한 경우에도 적용되는지 여부(적극) 및 주식에 관하여 양도담보설정계약을 체결한 채무자가 제3자에게 해당 주식을 처분한 사안에도 마찬가지로 적용되는지 여부(적극)

[2] 甲 주식회사를 운영하는 피고인이 乙 은행으로부터 대출을 받으면서 대출금을 완납할 때까지 甲 회사 소유의 동산을 점유개정 방식으로 양도담보로 제공하기로 하는 계약을 체결하였음에도 담보목적물인 동산을 丙 등에게 매각함으로써 乙 은행에 대출금 상당의 손해를 가하였다고 하여 배임의 공소사실로 기소된 사안에서, 위 양도담보계약에서 甲 회사와 乙 은행 간 당사자 관계의 전형적·본질적 내용은 대출금 채무의 변제와 이를 위한 담보에 있고, 甲 회사를 통상의 계약에서의 이익대립관계를 넘어서 乙 은행과의 신임관계에 기초하여 乙 은행의 사무를 맡아 처리하는 것으로 볼 수 없는 이상 甲 회사를 운영하는 피고인을 乙 은행에 대한 관계에서 '타인의 사무를 처리하는 자'에 해당한다고 할 수 없다는 이유로, 이와 달리 보아 공소사실을 유죄로 판단한 원심판결에 법리오해의

위법이 있다고 한 사례.

【판결요지】

[1] [다수의견] 배임죄는 타인의 사무를 처리하는 자가 그 임무에 위배하는 행위로써 재산상의 이익을 취득하거나 제3자로 하여금 이를 취득하게 하여 사무의 주체인 타인에게 손해를 가할 때 성립하는 것이므로 범죄의 주체는 타인의 사무를 처리하는 지위에 있어야 한다. 여기에서 '타인의 사무를 처리하는 자'라고 하려면, 타인의 재산관리에 관한 사무의 전부 또는 일부를 타인을 위하여 대행하는 경우와 같이 당사자 관계의 전형적·본질적 내용이 통상의 계약에서의 이익대립관계를 넘어서 그들 사이의 신임관계에 기초하여 타인의 재산을 보호 또는 관리하는 데에 있어야 한다. 이익대립관계에 있는 통상의 계약관계에서 채무자의 성실한 급부 이행에 의해 상대방이 계약상 권리의 만족 내지 채권의 실현이라는 이익을 얻게 되는 관계에 있다거나, 계약을 이행함에 있어 상대방을 보호하거나 배려할 부수적인 의무가 있다는 것만으로는 채무자를 타인의 사무를 처리하는 자라고 할 수 없고, 위임 등과 같이 계약의 전형적·본질적인 급부의 내용이 상대방의 재산상 사무를 일정한 권한을 가지고 맡아 처리하는 경우에 해당하여야 한다.

채무자가 금전채무를 담보하기 위하여 그 소유의 동산을 채권자에게 양도담보로 제공함으로써 채권자인 양도담보권자에 대하여 담보물의 담보가치를 유지·보전할 의무 내지 담보물을 타에 처분하거나 멸실, 훼손하는 등으로 담보권 실행에 지장을 초래하는 행위를 하지 않을 의무를 부담하게 되었더라도, 이를 들어 채무자가 통상의 계약에서의 이익대립관계를 넘어서 채권자와의 신임관계에 기초하여 채권자의 사무를 맡아 처리하는 것으로 볼 수 없다. 따라서 채무자를 배임죄의 주체인 '타인의 사무를 처리하는 자'에 해당한다고 할 수 없고, 그가 담보물을 제3자에게 처분하는 등으로 담보가치를 감소 또는 상실시켜 채권자의 담보권 실행이나 이를 통한 채권실현에 위험을 초래하더라도 배임죄가 성립한다고 할 수 없다.

위와 같은 법리는, 채무자가 동산에 관하여 양도담보설정계약을 체결하여 이를 채권자에게 양도할 의무가 있음에도 제3자에게 처분한 경우에도 적용되고, 주식에 관하여 양도담보설정계약을 체결한 채무자가 제3자에게 해당 주식을 처분한 사안에도 마찬가지로 적용된다.

라. 이와 달리 채무담보를 위하여 동산이나 주식을 채권자에게 양도하기로 약정하거나 양도담보로 제공한 채무자가 채권자인 양도담보권자의 사무를 처리하는 자에 해당함을 전제로 채무자가 담보목적물을 처분한 경우 배임죄가 성립한다고 한 대법원 1983.

3. 8. 선고 82도1829 판결, 대법원 1998. 11. 10. 선고 98도2526 판결, 대법원 2007. 6. 15. 선고 2006도3912 판결, 대법원 2010. 2. 25. 선고 2009도13187 판결, 대법원 2010. 11. 25. 선고 2010도11293 판결, 대법원 2011. 12. 22. 선고 2010도7923 판결을 비롯한 같은 취지의 대법원 판결들은 이 판결의 견해에 배치되는 범위 내에서 모두 변경하기로 한다.

[대법관 김재형, 대법관 김선수의 별개의견] 채무자가 채권담보의 목적으로 점유개정 방식으로 채권자에게 동산을 양도하고 이를 보관하던 중 임의로 제3자에게 처분한 경우 횡령죄가 성립한다고 보아야 한다.

동산 양도담보는 동산소유권을 이전하는 형태의 양도담보이다. 그 법적 구성을 어떻게 할 것인지에 관해서는 논란이 있지만, 현재까지 일관된 판례에 따라 신탁적 양도, 즉 채권담보를 목적으로 소유권을 이전하는 행위로 봄이 타당하다(동산 양도담보에 대해서는 '가등기담보 등에 관한 법률'이 적용되지 않는다).

동산 양도담보를 신탁적 양도로 보는 이상, 그 기능이나 경제적 목적이 채권담보이고, 그에 따라 채권자가 채권담보의 목적 범위에서만 소유권을 행사할 채권적 의무를 부담하더라도, 담보목적물의 소유권은 당사자 사이에 소유권을 양도한다는 합의와 점유개정에 의한 인도에 따라 완전히 채권자에게 이전한다. 따라서 점유개정에 따라 양도담보 목적물을 직접 점유하는 채무자는 '타인의 재물을 보관하는 자'에 해당하고, 그가 채권자의 허락 없이 제3자에게 담보목적물을 양도하는 등 처분한 경우에는 횡령죄가 성립한다고 보아야 한다.

[대법관 민유숙의 반대의견] 채무자가 동산에 관하여 점유개정 등으로 양도담보권을 설정한 이후 채권자에 대하여 부담하는 담보물의 보관의무 및 담보가치 유지의무는 '타인의 사무'에 해당한다. 그 해석이 다수의견이 변경대상으로 지적하는 몇 개의 대법원 판결을 넘어서 최근까지 이루어진 많은 대법원 판결들 및 전원합의체 판결의 흐름에 부합하고, 범행 실체에 따른 처벌 필요성에 부응한다.

배임죄의 성부를 가르는 기준은 담보권설정 약정의 불이행인지, 담보권설정 후 유지관리임무를 위배한 처분인지에 달려 있고, 구체적인 사건에서 동산담보권이 설정되었는지 여부는 사실인정의 문제로서 사실심 재판과정에서 심리되어야 한다.

[2] 甲 주식회사를 운영하는 피고인이 乙 은행으로부터 대출을 받으면서 대출금을 완납할 때까지 甲 회사 소유의 동산인 골재생산기기(크러셔)를 점유개정 방식으로 양도담보로 제공하기로 하는 계약을 체결하였음에도 담보목적물인 동산을 丙 등에게 매각함으

로써 乙 은행에 대출금 상당의 손해를 가하였다고 하여 배임의 공소사실로 기소된 사안에서, 위 양도담보계약은 피고인이 운영하는 甲 회사가 乙 은행에 대한 대출금 채무를 담보하기 위하여 동산에 관하여 양도담보를 설정하고, 甲 회사의 채무 불이행시 양도담보권의 실행, 즉 동산을 처분하여 그 매각대금으로 채무의 변제에 충당하거나 채무의 변제에 갈음하여 乙 은행이 담보목적물을 취득하기로 하는 내용의 전형적인 양도담보계약으로서, 양도담보계약서 제2조, 제4조 등에는 '담보목적물은 설정자가 채권자의 대리인으로서 점유·사용·보전·관리한다', '설정자는 선량한 관리자로서의 주의의무를 다하여 점유·사용·보전·관리하여야 한다' 등과 같이 담보설정자(甲 회사)의 담보목적물의 보전·관리에 관한 내용이 포함되어 있으나, 위와 같은 계약서의 기재 내용만으로 위 양도담보계약이 전형적인 양도담보계약이 아니라거나 양도담보계약과 별도로 乙 은행이 甲 회사에 신임관계에 기초하여 담보목적물의 보관·관리에 관한 사무의 처리를 위탁하는 내용의 특약이 있다고 보기 어려운 점 등을 종합하면, 위 양도담보계약에서 甲 회사와 乙 은행 간 당사자 관계의 전형적·본질적 내용은 대출금 채무의 변제와 이를 위한 담보에 있고, 甲 회사를 통상의 계약에서의 이익대립관계를 넘어서 乙 은행과의 신임관계에 기초하여 乙 은행의 사무를 맡아 처리하는 것으로 볼 수 없는 이상 甲 회사를 운영하는 피고인을 乙 은행에 대한 관계에서 '타인의 사무를 처리하는 자'에 해당한다고 할 수 없다는 이유로, 이와 달리 피고인이 타인의 사무를 처리하는 자의 지위에 있음을 전제로 공소사실을 유죄로 판단한 원심판결에 배임죄에서 '타인의 사무를 처리하는 자' 등에 관한 법리를 오해한 위법이 있다고 한 사례.

○ 대법원 2020. 6. 18. 선고 2019도14340 전원합의체 판결

[특정경제범죄가중처벌등에관한법률위반(배임)]〈부동산 이중저당 사건〉[공2020하,1429]

【판시사항】

[1] 채무자가 금전채무를 담보하기 위한 저당권설정계약에 따라 채권자에게 그 소유의 부동산에 관하여 저당권을 설정할 의무를 부담하게 된 경우, 채권자에 대한 관계에서 '타인의 사무를 처리하는 자'에 해당하는지 여부(소극) / 이때 채무자가 제3자에게 먼저 담보물에 관한 저당권을 설정하거나 담보물을 양도하는 등으로 담보가치를 감소 또는 상실시켜 채권자의 채권 실현에 위험을 초래하는 경우, 배임죄가 성립하는지 여부(소극) / 위와 같은 법리는, 채무자가 금전채무에 대한 담보로 부동산에 관하여 양도담보설정계약을 체결하고 이에 따라 채권자에게 소유권이전등기를 해 줄 의무가 있음에도 제3자에게

그 부동산을 처분한 경우에도 적용되는지 여부(적극)

[2] 피고인이 甲으로부터 18억원을 차용하면서 담보로 피고인 소유의 아파트에 甲 명의의 4순위 근저당권을 설정해 주기로 약정하였음에도 제3자에게 채권최고액을 12억원으로 하는 4순위 근저당권을 설정하여 줌으로써 12억원 상당의 재산상 이익을 취득하고 甲에게 같은 금액 상당의 손해를 가하였다고 하여 특정경제범죄 가중처벌 등에 관한 법률 위반(배임)으로 기소된 사안에서, 피고인이 甲에 대한 관계에서 '타인의 사무를 처리하는 자'에 해당하지 않는다고 한 사례.

【판결요지】

[1] [다수의견] 채무자가 금전채무를 담보하기 위한 저당권설정계약에 따라 채권자에게 그 소유의 부동산에 관하여 저당권을 설정할 의무를 부담하게 되었다고 하더라도, 이를 들어 채무자가 통상의 계약에서 이루어지는 이익대립관계를 넘어서 채권자와의 신임관계에 기초하여 채권자의 사무를 맡아 처리하는 것으로 볼 수 없다.

채무자가 저당권설정계약에 따라 채권자에 대하여 부담하는 저당권을 설정할 의무는 계약에 따라 부담하게 된 채무자 자신의 의무이다. 채무자가 위와 같은 의무를 이행하는 것은 채무자 자신의 사무에 해당할 뿐이므로, 채무자를 채권자에 대한 관계에서 '타인의 사무를 처리하는 자'라고 할 수 없다. 따라서 채무자가 제3자에게 먼저 담보물에 관한 저당권을 설정하거나 담보물을 양도하는 등으로 담보가치를 감소 또는 상실시켜 채권자의 채권실현에 위험을 초래하더라도 배임죄가 성립한다고 할 수 없다.

위와 같은 법리는, 채무자가 금전채무에 대한 담보로 부동산에 관하여 양도담보설정계약을 체결하고 이에 따라 채권자에게 소유권이전등기를 해 줄 의무가 있음에도 제3자에게 그 부동산을 처분한 경우에도 적용된다.

[대법관 김재형, 대법관 민유숙, 대법관 김선수, 대법관 이동원의 반대의견] 채무자가 채권자로부터 금원을 차용하는 등 채무를 부담하면서 채무 담보를 위하여 저당권설정계약을 체결한 경우, 위 약정의 내용에 좇아 채권자에게 저당권을 설정하여 줄 의무는 자기의 사무인 동시에 상대방의 재산보전에 협력할 의무에 해당하여 '타인의 사무'에 해당한다. 다수의견은 거래관계에서 발생하는 당사자 간의 신임관계를 보호하기 위하여 타인의 재산보전에 협력할 의무가 있는 경우에는 배임죄의 주체인 '타인의 사무를 처리하는 자'에 해당한다고 보아 온 대법원 판례와 논리적으로 일관되지 않고, 담보계약에 기초한 신임관계도 배임죄에 의하여 보호되어야 할 법익이 될 수 있다는 점을 도외시한 것으로 찬성할 수 없다.

부동산에 관한 저당권설정계약을 체결한 채무자가 그 신임관계를 저버리고 부동산을 제3자에게 처분함으로써 채권자로 하여금 부동산에 관한 저당권 취득을 불가능하게 하거나 현저히 곤란하게 하였다면, 이러한 행위는 저당권설정계약에서 비롯되는 본질적·전형적 신임관계를 위반한 것으로서 배임죄에 해당한다. 그리고 그렇게 보는 것이 부동산의 이중매매, 이중전세권 설정, 면허권 등의 이중처분에 관하여 배임죄를 인정하여 온 판례의 확립된 태도와 논리적으로 부합한다.

[2] 피고인이 甲으로부터 18억원을 차용하면서 담보로 피고인 소유의 아파트에 甲 명의의 4순위 근저당권을 설정해 주기로 약정하였음에도 제3자에게 채권최고액을 12억원으로 하는 4순위 근저당권을 설정하여 줌으로써 12억원 상당의 재산상 이익을 취득하고 甲에게 같은 금액 상당의 손해를 가하였다고 하여 특정경제범죄 가중처벌 등에 관한 법률 위반(배임)으로 기소된 사안에서, 위 근저당권설정계약에서 피고인과 甲 사이 당사자 관계의 전형적·본질적 내용은 채무의 변제와 이를 위한 담보에 있고, 피고인을 통상의 계약에서의 이익대립관계를 넘어서 甲과의 신임관계에 기초하여 甲의 사무를 맡아 처리하는 것으로 볼 수 없는 이상 甲에 대한 관계에서 '타인의 사무를 처리하는 자'에 해당한다고 할 수 없다는 이유로, 이와 달리 보아 공소사실을 유죄로 인정한 원심판결에 배임죄에서 '타인의 사무를 처리하는 자'의 의미에 관한 법리오해의 잘못이 있다고 한 사례.

사례 10

축구선수인 甲은 방콕의 카지노에 출입하여 바카라 게임을 재미삼아 했다가 5천 달러를 따자 가지고 나왔던 돈 300만원과 5천 달러 모두를 다시 걸고 계속 게임을 했는데 모두 탕진했다. 구경을 위해 동행했던 후배 乙에게도 500달러를 주면서 바카라를 하도록 부추겨 게임을 하게 만들었다(甲은 도박의 습벽이 인정되는 자였다).

甲의 귀국 이틀 후 甲의 아버지가 갑자기 심장병으로 사망하였고, 가족들은 선산이 있는 고향 뒷산에 모시기로 결정했다. 그런데 서울에서 사회과학 전문서점을 그만두고 귀촌한 마을 이장 丙은 장의차가 마을 뒷산으로 올라가는 도로를 자신의 트럭으로 막고, "유해 환경이 조성되니 마을에 발전기부금을 내라"고 요구했다. 500만원을 요구하다 300만원으로 내려도 甲의 가족은 응하지 않았고 결국 2시간 동안 장례가 지체되었다. 甲은 짜증이 확 밀려왔고 자신이 재미삼아 컬러 복사한 뒤 실제 크기로 잘라 둔 5만원권 60장을 병에게 건네 주었다(여기에는 1차적으로 흑백으로 복사한 5만원권 2장도 포함되어 있었다).

甲은 병역문제 해결로 고민하던 중 대법원에서 양심적 병역거부에 대한 판결이 나오자 양심적 병역거부를 하면 되겠다고 생각하였으나 변호사 상담 후 "병역거부가 가능한 종파에 입교하기에는 이미 늦었다"는 답변을 받았다. 이에 예전에 계획한 대로 허리 디스크로 군면제를 받아야겠다고 생각했다. 이에 자신의 사촌 형 丁이 있는 S국립대 병원으로 가 정형외과 진료를 받고 요추 4번과 5번 사이 디스크가 탈출되어 신경을 압박하며 군 복무가 어렵다는 허위 내용의 진단서를 받아 왔다. 실제 丁은 甲이 가져온 J대학병원의 MRI 필름과 X-Ray 사진을 판단한 것이었으나 이는 甲이 이미 디스크로 면제를 받은 자기 팀 동료의 사진을 가져온 것이었다.

1. 甲, 乙, 丙, 丁의 죄책은?
2. 乙은 부업으로 성매매업소를 동업으로 운영해 왔는데 최근 A와의 동업을 정리하였다. A는 동업관계가 깨지면 협박할 용도로 乙의 성매매업소 운영 사실을 입증할 수 있는 Excel 파일(매일 성매매자의 아이디와 전화번호, 성매매 방법 메모)을 몰래 복사해 두었다. A는 시사고발 프로그램을 보고는 감명을 받아 '우리 사회에서 성매매는 사라져야 한다'는 생각에 관할 검찰청의 성매매 담당 검사 S 앞으로 파일을 우송했다. 乙이 기소된 후 공판정에서 범행을 부인하자 S가 이 파일을 제출하였다면 이는 증거능력이 있는가?

3. 사법경찰관 P는 丙이 기존에도 마을회의 업무를 방해했다는 혐의를 바탕으로 압수·수색영장을 발부받아 집행하던 중 적국에 기밀을 누설한 혐의를 추정하게 하는 문서들이 우연히 발견되자 이를 압수했다. 그러나 위법 소지가 있을 것 같다는 생각이 들어 丙에게 환부한 후 바로 다시 제출받았다. 이 경우 발견된 문서들을 증거로 사용하기 위한 요건은 무엇인가?
4. 만일 바카라를 한 혐의로 공판정에서 피고인신문을 받으면서, 乙은 범행을 시인하였으나 甲은 범행을 함께한 사실을 부인하였다. 乙의 진술이 甲의 공소사실을 입증하기 위한 증거로 사용될 수 있는가?
5. 만일 설문 4.에서 甲과 함께 乙의 바카라 게임을 부추기고 乙에게 판돈을 빌려준 K가 사후에 체포되었고, 甲과 乙의 재판 도중이었으므로 이들의 피고사건과 K의 재판이 병합되었다. 그런데 K가 범행을 부인하자 검사 S2는 乙을 증인으로 신청했다. 법원은 어떤 결정을 하여야 하는가?

[1문]

Ⅰ. 쟁점의 정리

Ⅱ. 乙의 죄책

乙은 도박을 처음 한 것이므로 상습성이 부정되고 단순도박죄(형법 제246조 제1항)만 성립한다.

형법의 적용범위에 있어 속인주의 원칙상 처벌 가능하다.

Ⅲ. 丙의 죄책

1. 장례식등방해죄의 성부

장례식, 제사, 예배 또는 설교를 방해하면 장례식등방해죄가 성립한다(제158조). 여기서 장례식이란 사자를 장사지내는 의식이며, 방해는 의식 또는 설교의 평온한 진행에 지장을 주는 일체의 행위를 말한다.

丙은 장례행렬을 차량으로 막아 위력으로 2시간 동안 장례의식의 진행을 지연시켰으므로 장례식등방해죄가 성립한다.

2. 강요죄의 성부

폭행 또는 협박으로 사람의 권리행사를 방해하거나 의무 없는 일을 하게 하면 성립한다. 이때 폭행은 광의의 폭행이며, 상대방에게 공포심을 주어 그 의사결정과 활동에 영향을 미칠 정도에 이르렀는가가 중요하다. 장의차가 통행하지 못하도록 길을 폐쇄하는 것은 피강요자의 신체에 강제적 영향력을 행사한 것이므로 폭행이 되며, 2시간 지체시켜 의무 없는 일을 하게 만든 것이다.[1)]

1) 공갈죄의 경우 '마을 발전기금'이 재물의 교부인지 문제되는데 이는 제3자에게 재물의 교부를 받게 한 경우이며 마을 공동의 이익을 위한 경우에도 제3자와 공갈자의 관계에 따라 재물의 교부를 인정할 여지도 있다. 불법이득의사가 문제될 수 있으나 유해환경이 조성된

3. 일반교통방해죄의 성부

육로, 수로 또는 교량을 손괴 또는 불통하게 하거나 기타 방법으로 교통을 방해하면 일반교통방해죄가 성립한다(제185조). 여기서 육로란 사실상 일반공중의 왕래에 공용되는 육상의 통로를 널리 일컫는 것으로서 그 부지의 소유관계나 통행권리관계 또는 통행인의 많고 적음 등을 가리지 않는다(2001도6903). 차량을 세워두는 것은 불통에 해당하며 미필적 고의로도 범할 수 있다.

따라서 설문의 도로는 불특정 다수인 또는 차마가 자유롭게 통행할 수 있는 공공성을 지닌 장소가 아니라고 볼 사정이 없으므로 동죄가 성립한다.

4. 위조통화취득죄의 성부

행사할 목적으로 위조 또는 변조한 특정 통화를 취득하면 위조통화취득죄가 성립한다(제208조). 위조통화인 정을 알면서 취득해야 본죄가 성립하므로 丙의 경우 본죄는 성립하지 않는다.

IV. 丁의 죄책

의사, 한의사, 치과의사 또는 조산사가 진단서, 검안서 또는 생사에 관한 증명서를 허위로 작성한 때에는 허위진단서작성죄가 성립한다.

공무원인 의사가 이러한 행위를 한 경우 허위진단서작성죄와 허위공문서작성죄의 상상적 경합이라는 견해와 허위공문서작성죄만 성립한다는 견해가 대립된다. 판례는 허위공문서작성죄설이다(2003도7762).

생각건대 공무원이면서 의사인 자가 직무와 관련하여 작성한 것이므로 상경설이 타당하다.

다고 하더라도 권리 실행의 수단방법이 사회통념상 허용되는 범위를 넘을 경우 인정할 수 있으므로(94도2422) 인정 가능할 것이다. 다만 처분행위의 직접성이 인정되어야 하는데 짜증이 확 밀려와서 준 것이므로 이는 외포심이 아닌 다른 이유이므로 공갈미수가 된다. 이때 권리행사방해를 하고 계속 갈취행위를 한 경우 강요죄는 개인의 자유를 보호하는 범죄 가운데 가장 일반적인 범죄이므로 포괄하여 공갈죄 일죄가 되며(84도2083), 따라서 공갈죄 미수만 성립할 것이다.

설문에서 S국립대 병원의 의사인 丁은 MRI 필름과 X-Ray 사진이 타인의 것인지 몰랐으므로 고의가 부정되고 어느 견해에 의하든 허위공문서작성죄는 성립하지 않는다.

Ⅴ. 甲의 죄책

1. 상습도박죄의 교사범의 성부

상습성은 객관적·행위자 관련적 요소로서 신분으로 취급되는데, 신분 있는 자가 신분 없는 자에게 부진정신분범을 교사한 경우이다.

학설은 형법 제33조 단서가 적용되어 신분자는 중한 부진정신분범의 교사범으로 처벌된다는 견해와, 형법 제31조 제1항이 적용되어 공범종속성의 일반원칙을 따라 신분자도 정범인 비신분자의 범죄에 대한 교사범이 성립된다는 견해(다)가 대립된다.

판례는 형법 제33조 단서가 우선 적용된다고 하여 부진정신분범의 교사범을 인정한다(84도195).

생각건대 교사범은 공범종속성의 원칙상 종범의 범죄성립 정도를 넘어설 수 없으므로 후자의 견해가 타당하다.

다수설에 의하면 丙의 죄책은 도박죄의 교사범, 판례에 따르면 상습도박죄의 교사범에 해당된다.

2. 상습도박죄의 성부

甲에게는 이미 반복하여 도박행위를 하는 습벽이 인정된다고 하였으므로 상습도박죄가 성립한다(제246조 제2항).

이 경우 상습도박죄와 상습도박 교사죄의 관계가 문제인데, 판례는 상습범이 도박과 도박방조를 한 경우 무거운 죄에 포괄시켜 일죄인 상습도박죄만 성립한다고 판시하므로(84도195) 이 견해에 의하면 상습도박죄만 성립하나, 상습성만을 이유로 수죄를 일죄로 취급하는 것은 타당할 수 없으므로 별죄가 성립한다고 하겠다.

3. 통화위조죄의 성부

행사할 목적으로 통용하는 대한민국의 화폐, 지폐 또는 은행권을 위조하면 통화위조죄가 성립한다(제207조). 발행권자 아닌 자가 통용되는 통화의 외관을 가지는 물건을 만들어 냈으므로 단순한 변조가 아니라 위조에 해당한다. 甲의 복사행위는 흑백복사가 아닌 컬러 복사이며 5만원권의 실제 크기였으므로 진화로서의 혼동의 위험이 있다(4297형상35).

그런데 본죄가 성립하기 위해서는 초과주관적 구성요건요소로 행사의 목적이 있어야 한다. 즉 위조통화를 진화로서 통용하겠다는 목적이 있어야 하므로 기념용 또는 교육용, 자신의 신용력을 증명하기 위해 타인에게 보일 목적이면 행사의 목적은 없다. 甲의 경우처럼 재미삼아 컬러복사기로 복사한 것에는 이러한 목적이 인정되지 않는다.

아울러 흑백으로 복사한 5만원권 2장은 위조의 정도가 일반인이 진정한 통화라고 오인할 우려가 있는 외관을 갖추지 못했으므로 위조가 아니다.

4. 위조통화행사죄의 성부

위조된 통화의 점유 또는 처분권을 타인에게 이전하여 유통될 수 있게 하면 성립한다(제210조). 이때에는 위조된 통화를 행사한다는 고의만 있으면 족하며, 신용력을 보이는 것을 넘었다면 행사를 인정할 수 있다.

판례도 위조통화임을 알고 있는 자에게 교부한 경우에도 피교부자가 유통시키리라는 것을 예상 또는 인식하였다면 행사죄를 인정한다(2002도3340).

5. 허위진단서작성죄 등의 간접정범 성부

판례에 의하면 허위진단서작성죄 등의 간접정범이 성립하느냐가 문제되는데, 본죄는 진정신분범으로 신분 없는 자가 신분자를 이용해 간접정범을 범할 수는 없다.

허위공문서작성죄의 경우도 비공무원은 허위공문서작성죄의 간접정범이 될 수 없다는 것이 통설, 판례이다. 따라서 양 죄 모두 성립하지 않는다.[2)]

---

2) 다만 위계에 의한 공무집행방해죄는 성립할 수 있다.

[2문]

Ⅰ. 쟁점의 정리

사인의 위법수집증거의 위법수집증거배제법칙의 적용 여부, Excel 파일의 전문증거로서 증거능력 인정 요건이 문제된다.

Ⅱ. 사인의 위법수집증거에 대한 위법수집증거배제법칙의 적용 여부

위법수집증거배제법칙에서의 위법은 증거수집절차에 중대한 위법이 있는 때로 헌법이 보장하고 있는 권리를 침해한 때이다.

사인이 위법수집한 증거의 증거능력에 대해, 위법수집증거배제법칙의 적용을 부정하는 부정설, 침해되는 권리의 중요성을 기준으로 하는 권리범위설, 공익과 개인적 이익울 비교형량하는 이익형량설이 대립하고, 판례는 효과적인 형사소추 및 형사소송에서의 진실발견이라는 공익과 개인의 사생활의 보호이익을 비교형량하여 그 허용 여부를 결정한다고 하여 이익형량설을 취하고 있다(97도1230).

기본권의 대사인효, 권리의 중요성이라는 기준의 명확성을 고려할 때 이익형량설이 타당하다.

사안의 경우 성매매 근절이라는 효과적인 형사소추 및 진실발견이라는 공익이 개인의 사생활의 보호이익보다 크다고 할 수 있으며, 수인해야 할 기본권의 제한범위 내에 있으므로 Excel 파일은 증거능력이 인정된다.

Ⅲ. Excel 파일의 전문증거로서 증거능력 인정 여부

상업장부, 항해일지, 기타 업무상 필요로 작성한 통상문서로, 기타 특히 신용할 만한 정황에 의하여 작성된 문서는 당연히 증거로 할 수 있다(형사소송법 제315조).

성매매업소에서 성구매자들의 정보 메모는 ‘영업상 필요로 작성한 통상문서'로서 당연히 증거능력이 있다고 하겠다(2007도3219).

그렇다고 하더라도 이는 복사본이므로, 사본으로서 동일성, 무결성이 담보되어야 한다. 원본이 존재하고, 이 원본이 제출이 불가능하거나 곤란한 사정이 있고, 원본과 USB 파일의 영상이 동일하다는 증명이 있어야 한다.

Ⅳ. 사안의 해결

Excel 파일이 원본이 존재하고, 이 원본이 제출이 불가능하거나 곤란한 사정이 있고, 원본과 USB 파일의 영상이 동일하다는 증명이 있으면 증거능력이 인정될 수 있다.

[3문]

Ⅰ. 쟁점의 정리

압수·수색의 관련성과 위법수집된 2차 증거의 인과관계 희석 내지 단절의 요건이 문제된다.

Ⅱ. 간첩죄 증거 압수의 적법성

업무방해 혐의와 관련된 압수·수색 도중 간첩죄에 대한 증거를 발견한 경우 관련성이 있는 것에 한정하여 압수·수색하여야 한다(형사소송법 제215조 제1항). 무관한 별개의 증거를 압수하였을 경우 이는 원칙적으로 유죄 인정의 증거로 사용할 수 없다. 그러나 압수·수색의 목적이 된 범죄나 이와 관련된 범죄의 경우에는 그 압수·수색의 결과를 유죄의 증거로 사용할 수 있다.

이때 관련성은 압수·수색영장에 기재한 혐의사실과 객관적 관련성이 있고 압수·수색영장 대상자와 피의자 사이에 인적 관련성이 있는 범죄를 의미한다. 그중 혐의사실과의 객관적 관련성은 압수·수색영장에 기재된 혐의사실 자체 또는 그와 기본적 사실관계가 동일한 범행과 직접 관련되어 있는 경우는 물론 범행 동기와 경위, 범행 수단과 방법, 범행 시간과 장소 등을 증명하기 위한 간접증거나 정황증거 등으로 사용될 수 있는 경우에도 인정될 수 있다(2017도13458).

업무방해와 간첩죄 간에는 객관적 관련성이 없다고 하겠으며 위법한 압수이다.

Ⅲ. 환부 후 임의제출물의 압수로서 적법하기 위한 요건

업무방해와 간첩죄 간에는 객관적 관련성이 없다고 하겠으며 위법한 압수이며, 위법수집증거배제법칙에 의해 위법하다.

그러나 수사기관이 그 별개의 증거를 피압수자 등에게 환부하고 후에 이를 임의제출받아 다시 압수한 경우, 그 증거를 압수한 최초의 절차 위반행위와 최종적인 증거수집 사이의 인과관계가 단절되었다고 평가할 수 있으면 적법한 증거가 된다. 지체 없이 환부, 임의성이 확실히 보장, 환부 후 재제출과정에서 수사기관의 우월적 지위에 의해 실질적으로 강제적인 압수가 행해질 수 있으므로 제출의 임의성에 관해 검사가 합리적 의심을 배제할 수 있을 정도로 증명해야 한다(2013도11233).[3]

[4문]

Ⅰ. 쟁점의 정리

공범인 공동피고인이 증인이 아닌 피고인의 지위에서 행한 공판정 자백의 증거능력이 문제된다.

---

3) 2차 증거로서 독수독과의 인과관계 단절 내지 희석으로 해결하려는 견해에 의하면 업무방해 수색 도중 나온 무관증거로 간첩혐의 증거가 1차적 증거, 임의제출받은 간첩혐의 증거가 2차적 증거로, 최초의 절차위반행위와 최종적인 증거 수집 사이에 인과관계가 단절 내지 희석되면 증거능력이 인정될 수 있다.

II. 乙의 진술의 증거능력

공판정 자백의 증거능력은 피고인의 증인적격과 관련 있는데, 긍정설에 의할 경우 증인적격을 가지므로 증인신문의 방법에 의하여야 하고 단순히 공동피고인의 지위에서 한 자백은 증거능력이 인정되지 않는다. 그러나 절차를 분리하지 않는 한 증인으로 신문할 수 없다는 부정설과 공범인 공동피고인은 증인적격이 없다는 절충설을 취할 경우 피고인의 지위에서 행한 자백, 공범자 자백의 증거능력이 문제된다. 공범인 공동피고인은 변론을 분리하지 않는 한 서로의 사건에 대해 증인이 될 수 없기 때문이다.

이 경우에는 공범자가 증인이 아닌 피고인의 지위에서 행한 공판정의 자백을 다른 피고인에 대한 유죄의 증거로 사용할 수 있는지 여부가 다시 문제된다. 이에 대해 피고인 신문절차에서 피고인이 사실상 반대신문권을 행사할 수 있었으며 공동피고인의 자백은 법관 앞에서 행해졌으며 공동피고인 자신에 대해서도 유죄의 증거로 사용된다는 점을 근거로 하는 긍정설, 공동피고인에게는 반대신문권이 보장되어 있지 않으며 반대신문을 해도 진술을 거부하면 목적을 달성할 수 없으며, 공동피고인의 자백은 허위자백의 위험이 있기 때문이라는 부정설, 피고인이 공범자인 공동피고인에 대해 공판정에서 실제 충분히 반대신문을 하였거나 반대신문의 기회가 주어졌던 경우에 한해 증거능력이 인정된다는 절충설이 대립된다.

판례는 반대신문권이 보장되어 있어 증인으로 신문한 것과 다를 바 없으므로 독립한 증거능력이 있다고 하여 긍정설의 입장이다(2006도1944).

생각건대 공범자의 책임전가적 자백의 위험성을 고려할 때 반대신문의 기회 보장이 매우 중요하므로 절충설이 타당하다.

III. 사안의 해결

긍정설에 의하면 증거능력이 인정되나, 절충설에 의하면 충분히 반대신문을 하였거나 반대신문의 기회가 주어졌을 경우에 인정된다.

[5문]

Ⅰ. 쟁점의 정리

공범인 공동피고인의 증인적격 인정 여부가 문제 된다.

Ⅱ. 법원의 조치

K와 乙은 임의적 공범 관계로 공범인 공동피고인의 증인적격 인정 문제에서 공범에는 필요적 공범과 임의적 공범 모두 포함된다. 특정 사건에서 증인이 될 수 있는 자격, 공동피고인의 진술은 다른 피고인의 사건에서는 제3자의 진술임과 동시에 자기 사건의 진술로서의 의미를 가진다.

이 때문에 공동피고인의 증인적격에 대하여는 견해가 대립되는데, 제3자이므로 변론 분리 없이도 증인적격을 인정할 수 있다는 긍정설[4]과, 공동피고인도 진술거부권이 인정되어 반대신문을 할 수 없으므로 공범 여부에 관계없이 변론을 분리하지 않는 한 증인적격이 없다는 부정설, 실질적 관련성을 기준으로 실질적 관련성이 없거나 공범이 아닌 경우 증인적격이 있다는 절충설이 대립된다.

판례는 별개 범죄사실로 기소되어 병합심리 중인 공범 아닌 공동피고인은 증인의 지위에 있다고 보고 공범인 공동피고인은 변론을 분리해야 가능하다는 입장으로(2010도10028), 절충설의 입장이다.

변론의 분리·병합이라는 기술적 절차보다는 실질적 관련성을 기준으로 판단하는 것이 타당하며 일률적으로 증인적격을 인정할 경우 진술거부권과 충돌되므로 절충설이 타당하다. 공범인 공동피고인이므로 증인적격이 인정되지 않으므로 변론이 분리되지 않는 한 증인적격이 없어 기각결정을 해야 한다(제295조).

법원은 증인신청 기각결정을 하여야 한다.

---

4) 긍정설에 의할 경우 증인으로 선서하고 진술해야 다른 피고인에 대한 증거로 사용할 수 있으며, 공동피고인의 지위에서 한 진술은 사용할 수 없다.

<판례연구 10>

○ 대법원 2014. 7. 24. 선고 2014도6206 판결

[일반교통방해치사·일반교통방해치상·폭력행위등처벌에관한법률위반(집단·흉기등협박)·도로교통법위반][공2014하,1759]

【판시사항】

[1] 교통방해치사상죄의 성립 요건 및 교통방해 행위와 사상의 결과 사이에 상당인과관계를 인정할 수 있는 경우

[2] 피고인이 고속도로 2차로를 따라 자동차를 운전하다가 1차로를 진행하던 甲의 차량 앞에 급하게 끼어든 후 곧바로 정차하여, 甲의 차량 및 이를 뒤따르던 차량 두 대는 급정차하였으나, 그 뒤를 따라오던 乙의 차량이 앞의 차량들을 연쇄적으로 추돌케 하여 乙을 사망에 이르게 하고 나머지 차량 운전자 등 피해자들에게 상해를 입힌 사안에서, 피고인에게 일반교통방해치사상죄를 인정한 원심판단이 정당하다고 한 사례.

【판결요지】

[1] 형법 제188조에 규정된 교통방해에 의한 치사상죄는 결과적 가중범이므로, 위 죄가 성립하려면 교통방해 행위와 사상(사상)의 결과 사이에 상당인과관계가 있어야 하고 행위 시에 결과의 발생을 예견할 수 있어야 한다. 그리고 교통방해 행위가 피해자의 사상이라는 결과를 발생하게 한 유일하거나 직접적인 원인이 된 경우만이 아니라, 그 행위와 결과 사이에 피해자나 제3자의 과실 등 다른 사실이 개재된 때에도 그와 같은 사실이 통상 예견될 수 있는 것이라면 상당인과관계를 인정할 수 있다.

[2] 피고인이 고속도로 2차로를 따라 자동차를 운전하다가 1차로를 진행하던 甲의 차량 앞에 급하게 끼어든 후 곧바로 정차하여, 甲의 차량 및 이를 뒤따르던 차량 두 대는 연이어 급제동하여 정차하였으나, 그 뒤를 따라오던 乙의 차량이 앞의 차량들을 연쇄적으로 추돌케 하여 乙을 사망에 이르게 하고 나머지 차량 운전자 등 피해자들에게 상해를 입힌 사안에서, 편도 2차로의 고속도로 1차로 한가운데에 정차한 피고인은 현장의 교통상황이나 일반인의 운전 습관·행태 등에 비추어 고속도로를 주행하는 다른 차량 운전자들이 제한속도 준수나 안전거리 확보 등의 주의의무를 완전하게 다하지 않을 수도 있다는 점을 알았거나 충분히 알 수 있었으므로, 피고인의 정차 행위와 사상의 결과 발생 사이에 상당인과관계가 있고, 사상의 결과 발생에 대한 예견 가능성도 인정된다는 이유로,

피고인에게 일반교통방해치사상죄를 인정한 원심판단이 정당하다고 한 사례.

○ 대법원 2019. 8. 29. 선고 2018도13792 전원합의체 판결

[직권남용권리행사방해 · 강요(일부인정된죄명:강요미수) · 강요미수 · 사기미수 · 증거인멸교사 · 특정범죄가중처벌등에관한법률위반(뇌물) · 특정범죄가중처벌등에관한법률위반(뇌물)(인정된죄명:뇌물수수) · 국회에서의증언 · 감정등에관한법률위반 · 범죄수익은닉의규제및처벌등에관한법률위반 · 특정범죄가중처벌등에관한법률위반(알선수재)]〈공무원과 비공무원이 공모한, 기업 대표 등에 대한 뇌물 수수와 강요 등 사건〉[공2019하,1891]

【판시사항】

[1] 전문증거의 증거능력 / 다른 사람의 진술을 내용으로 하는 진술이 전문증거인지 본래증거인지 판단하는 기준 / 어떤 진술이 기재된 서류가 그 내용의 진실성이 범죄사실에 대한 직접증거로 사용될 경우, 전문증거인지 여부(적극) 및 어떠한 내용의 진술을 하였다는 사실 자체에 대한 정황증거로 사용될 것이라는 이유로 서류의 증거능력을 인정한 다음 그 사실을 다시 진술 내용이나 그 진실성을 증명하는 간접사실로 사용하는 경우, 그 서류는 전문증거에 해당하는지 여부(적극)

[2] 공무원과 공무원이 아닌 사람(비공무원)에게 뇌물수수죄의 공동정범이 성립하기 위한 요건 / 공무원이 뇌물공여자로 하여금 공무원과 뇌물수수죄의 공동정범 관계에 있는 비공무원에게 뇌물을 공여하게 한 경우, 제3자뇌물수수죄가 성립하는지 여부(소극) / 금품이나 이익 전부에 관하여 뇌물수수죄의 공동정범이 성립한 이후 뇌물이 실제로 공동정범인 공무원 또는 비공무원 중 누구에게 귀속되었는지가 이미 성립한 뇌물수수죄에 영향을 미치는지 여부(소극)

[3] 뇌물죄에서 뇌물의 내용인 이익의 의미 / 뇌물수수죄에서 말하는 '수수'의 의미 및 뇌물에 대한 법률상 소유권을 취득하여야 하는지 여부(소극) / 뇌물수수자가 뇌물로 제공된 물건에 대한 법률상 소유권 취득의 요건을 갖추지 않았더라도 그 물건 자체를 뇌물로 받은 것으로 볼 수 있는 경우 / 뇌물수수자가 뇌물공여자에 대한 내부관계에서 물건에 대한 실질적인 사용 · 처분권한을 취득하였으나 뇌물수수 사실을 은닉하거나 뇌물공여자가 계속 그 물건에 대한 비용 등을 부담하기 위하여 소유권 이전의 형식적 요건을 유보하는 경우, 뇌물수수죄가 성립하는지 여부(적극)

[4] 제3자뇌물수수죄에서 '뇌물'과 '부정한 청탁'의 의미 및 직무와 관련된 뇌물에 해당하는지 또는 부정한 청탁이 있었는지 판단하는 기준

[5] 강요죄의 수단인 '협박'의 의미와 내용 및 협박받는 사람에게 공포심 또는 위구심을 일으킬 정도의 해악을 고지하였는지 판단하는 기준 / 직무상 또는 사실상 상대방에게 영향을 줄 수 있는 직업이나 지위에 있는 행위자가 직업이나 지위에 기초하여 상대방에게 어떠한 이익 등의 제공을 요구한 경우, 곧바로 그 요구 행위를 협박이라고 단정할 수 있는지 여부(소극) 및 이때 그 요구 행위가 강요죄의 수단으로서 해악의 고지에 해당하는지 판단하는 기준

【판결요지】

[1] 형사소송법은 제310조의2에서 원칙적으로 전문증거의 증거능력을 인정하지 않고, 제311조부터 제316조까지 정한 요건을 충족하는 경우에만 예외적으로 증거능력을 인정한다. 다른 사람의 진술을 내용으로 하는 진술이 전문증거인지는 요증사실이 무엇인지에 따라 정해진다. 다른 사람의 진술, 즉 원진술의 내용인 사실이 요증사실인 경우에는 전문증거이지만, 원진술의 존재 자체가 요증사실인 경우에는 본래증거이지 전문증거가 아니다.

어떤 진술이 기재된 서류가 그 내용의 진실성이 범죄사실에 대한 직접증거로 사용될 때는 전문증거가 되지만, 그와 같은 진술을 하였다는 것 자체 또는 진술의 진실성과 관계없는 간접사실에 대한 정황증거로 사용될 때는 반드시 전문증거가 되는 것이 아니다. 그러나 어떠한 내용의 진술을 하였다는 사실 자체에 대한 정황증거로 사용될 것이라는 이유로 서류의 증거능력을 인정한 다음 그 사실을 다시 진술 내용이나 그 진실성을 증명하는 간접사실로 사용하는 경우에 그 서류는 전문증거에 해당한다. 서류가 그곳에 기재된 원진술의 내용인 사실을 증명하는 데 사용되어 원진술의 내용인 사실이 요증사실이 되기 때문이다. 이러한 경우 형사소송법 제311조부터 제316조까지 정한 요건을 충족하지 못한다면 증거능력이 없다.

[2] [다수의견] 신분관계가 없는 사람이 신분관계로 인하여 성립될 범죄에 가공한 경우에는 신분관계가 있는 사람과 공범이 성립한다(형법 제33조 본문 참조). 이 경우 신분관계가 없는 사람에게 공동가공의 의사와 이에 기초한 기능적 행위지배를 통한 범죄의 실행이라는 주관적·객관적 요건이 충족되면 공동정범으로 처벌한다. 공동가공의 의사는 공동의 의사로 특정한 범죄행위를 하기 위하여 일체가 되어 서로 다른 사람의 행위를 이용하여 자기의 의사를 실행에 옮기는 것을 내용으로 한다. 따라서 공무원이 아닌 사람(이하 '비공무원'이라 한다)이 공무원과 공동가공의 의사와 이를 기초로 한 기능적 행위지배를 통하여 공무원의 직무에 관하여 뇌물을 수수하는 범죄를 실행하였다면 공무원이

직접 뇌물을 받은 것과 동일하게 평가할 수 있으므로 공무원과 비공무원에게 형법 제129조 제1항에서 정한 뇌물수수죄의 공동정범이 성립한다.

형법은 제130조에서 제129조 제1항 뇌물수수죄와는 별도로 공무원이 그 직무에 관하여 뇌물공여자로 하여금 제3자에게 뇌물을 공여하게 한 경우에는 부정한 청탁을 받고 그와 같은 행위를 한 때에 뇌물수수죄와 법정형이 동일한 제3자뇌물수수죄로 처벌하고 있다. 제3자뇌물수수죄에서 뇌물을 받는 제3자가 뇌물임을 인식할 것을 요건으로 하지 않는다. 그러나 공무원이 뇌물공여자로 하여금 공무원과 뇌물수수죄의 공동정범 관계에 있는 비공무원에게 뇌물을 공여하게 한 경우에는 공동정범의 성질상 공무원 자신에게 뇌물을 공여하게 한 것으로 볼 수 있다. 공무원과 공동정범 관계에 있는 비공무원은 제3자뇌물수수죄에서 말하는 제3자가 될 수 없고, 공무원과 공동정범 관계에 있는 비공무원이 뇌물을 받은 경우에는 공무원과 함께 뇌물수수죄의 공동정범이 성립하고 제3자뇌물수수죄는 성립하지 않는다.

뇌물수수죄의 공범들 사이에 직무와 관련하여 금품이나 이익을 수수하기로 하는 명시적 또는 암묵적 공모관계가 성립하고 공모 내용에 따라 공범 중 1인이 금품이나 이익을 주고받았다면, 특별한 사정이 없는 한 이를 주고받은 때 그 금품이나 이익 전부에 관하여 뇌물수수죄의 공동정범이 성립하고, 금품이나 이익의 규모나 정도 등에 대하여 사전에 서로 의사의 연락이 있거나 금품 등의 구체적 금액을 공범이 알아야 공동정범이 성립하는 것은 아니다.

금품이나 이익 전부에 관하여 뇌물수수죄의 공동정범이 성립한 이후에 뇌물이 실제로 공동정범인 공무원 또는 비공무원 중 누구에게 귀속되었는지는 이미 성립한 뇌물수수죄에 영향을 미치지 않는다. 공무원과 비공무원이 사전에 뇌물을 비공무원에게 귀속시키기로 모의하였거나 뇌물의 성질상 비공무원이 사용하거나 소비할 것이라고 하더라도 이러한 사정은 뇌물수수죄의 공동정범이 성립한 이후 뇌물의 처리에 관한 것에 불과하므로 뇌물수수죄가 성립하는 데 영향이 없다.

[대법관 조희대, 대법관 안철상, 대법관 이동원의 별개의견] 공무원과 비공무원이 공동가공의 의사와 이를 기초로 한 기능적 행위지배를 통하여 공무원의 직무에 관하여 뇌물을 수수하는 범죄를 실행하였다면 공무원과 비공무원에게 형법 제129조 제1항에서 정한 뇌물수수죄의 공동정범이 성립할 수 있다. 그러나 공무원과 비공무원이 뇌물을 받으면 뇌물을 비공무원에게 귀속시키기로 미리 모의하거나 뇌물의 성질에 비추어 비공무원이 전적으로 사용하거나 소비할 것임이 명백한 경우에 공무원이 증뢰자로 하여금 비공무

원에게 뇌물을 공여하게 하였다면 형법 제130조의 제3자뇌물수수죄의 성립 여부가 문제될 뿐이며, 공무원과 비공무원에게 형법 제129조 제1항의 뇌물수수죄의 공동정범이 성립한다고 할 수는 없다.

[대법관 박상옥의 별개의견] 다수의견의 논리 중 공무원과 비공무원 사이의 뇌물수수죄의 공동정범 성립에 관한 일반론 부분에 대하여는 동의하지만, 뇌물을 비공무원에게 전적으로 귀속시키기로 모의하거나 뇌물의 성질상 비공무원이 사용하거나 소비할 것인데도 비공무원이 뇌물을 받은 경우까지 뇌물수수죄의 공동정범이 성립한다고 하는 부분에 대하여는 동의하지 않는다. 우리 형법이 제129조 제1항의 뇌물수수죄와 별도로 제130조에서 제3자뇌물수수죄를 규정하고 있는 이상 공무원이 아닌 비공무원인 제3자가 뇌물을 수수한 경우에는 뇌물의 귀속주체와 성질이 어떠한지에 따라 그 뇌물수수죄 또는 제3자뇌물수수죄가 성립하는지를 달리 평가하여야 한다.

[3] 뇌물죄에서 뇌물의 내용인 이익은 금전, 물품 그 밖의 재산적 이익과 사람의 수요 욕망을 충족시키기에 충분한 일체의 유형·무형의 이익을 포함한다. 뇌물수수죄에서 말하는 '수수'란 받는 것, 즉 뇌물을 취득하는 것이다. 여기에서 취득이란 뇌물에 대한 사실상의 처분권을 획득하는 것을 의미하고, 뇌물인 물건의 법률상 소유권까지 취득하여야 하는 것은 아니다. 뇌물수수자가 법률상 소유권 취득의 요건을 갖추지는 않았더라도 뇌물로 제공된 물건에 대한 점유를 취득하고 뇌물공여자 또는 법률상 소유자로부터 반환을 요구받지 않는 관계에 이른 경우에는 그 물건에 대한 실질적인 사용·처분권한을 갖게 되어 그 물건 자체를 뇌물로 받은 것으로 보아야 한다.

뇌물수수자가 뇌물공여자에 대한 내부관계에서 물건에 대한 실질적인 사용·처분권한을 취득하였으나 뇌물수수 사실을 은닉하거나 뇌물공여자가 계속 그 물건에 대한 비용 등을 부담하기 위하여 소유권 이전의 형식적 요건을 유보하는 경우에는 뇌물공여자와 뇌물수수자 사이에서는 소유권을 이전받은 경우와 다르지 않으므로 그 물건을 뇌물로 받았다고 보아야 한다. 뇌물수수자가 교부받은 물건을 뇌물공여자에게 반환할 것이 아니므로 뇌물수수자에게 영득의 의사도 인정된다.

[4] 형법 제130조 제3자뇌물수수죄는 공무원 또는 중재인이 직무에 관하여 부정한 청탁을 받고 제3자에게 뇌물을 공여하게 하는 행위를 구성요건으로 한다. 여기에서 뇌물이란 공무원의 직무에 관하여 부정한 청탁을 매개로 제3자에게 교부되는 위법·부당한 이익을 말하고, 형법 제129조 뇌물죄와 마찬가지로 직무관련성이 있으면 인정된다.

'부정한 청탁'이란 청탁이 위법·부당한 직무집행을 내용으로 하는 경우는 물론, 청탁의 대상이 된 직무집행 그 자체는 위법·부당하지 않더라도 직무집행을 어떤 대가관계와 연결시켜 직무집행에 관한 대가의 교부를 내용으로 하는 경우도 포함한다. 청탁의 대상인 직무행위의 내용을 구체적으로 특정할 필요도 없다. 부정한 청탁의 내용은 공무원의 직무와 제3자에게 제공되는 이익 사이의 대가관계를 인정할 수 있을 정도로 특정하면 충분하고, 이미 발생한 현안뿐만 아니라 장래 발생될 것으로 예상되는 현안도 위와 같은 정도로 특정되면 부정한 청탁의 내용이 될 수 있다. 부정한 청탁은 명시적인 의사표시가 없더라도 청탁의 대상이 되는 직무집행의 내용과 제3자에게 제공되는 금품이 직무집행에 대한 대가라는 점에 대하여 당사자 사이에 공통의 인식이나 양해가 있는 경우에는 묵시적 의사표시로 가능하다.

제3자뇌물수수죄에서 직무와 관련된 뇌물에 해당하는지 또는 부정한 청탁이 있었는지를 판단할 때에는 직무와 청탁의 내용, 공무원과 이익 제공자의 관계, 이익의 다과, 수수 경위와 시기 등의 여러 사정과 아울러 직무집행의 공정, 이에 대한 사회의 신뢰와 직무수행의 불가매수성이라고 하는 뇌물죄의 보호법익에 비추어 이익의 수수로 말미암아 사회 일반으로부터 직무집행의 공정성을 의심받게 되는지 등이 기준이 된다.

[5] [다수의견] 강요죄는 폭행 또는 협박으로 사람의 권리행사를 방해하거나 의무 없는 일을 하게 하는 범죄이다. 여기에서 협박은 객관적으로 사람의 의사결정의 자유를 제한하거나 의사실행의 자유를 방해할 정도로 겁을 먹게 할 만한 해악을 고지하는 것을 말한다. 이와 같은 협박이 인정되기 위해서는 발생 가능한 것으로 생각할 수 있는 정도의 구체적인 해악의 고지가 있어야 한다.

해악의 고지는 반드시 명시적인 방법이 아니더라도 말이나 행동을 통해서 상대방에게 어떠한 해악을 끼칠 것이라는 인식을 갖도록 하면 충분하고, 제3자를 통해서 간접적으로 할 수도 있다. 행위자가 그의 직업, 지위 등에 기초한 위세를 이용하여 불법적으로 재물의 교부나 재산상 이익을 요구하고 상대방이 불응하면 부당한 불이익을 입을 위험이 있다는 위구심을 일으키게 하는 경우에도 해악의 고지가 된다. 협박받는 사람이 공포심 또는 위구심을 일으킬 정도의 해악을 고지하였는지는 행위 당사자 쌍방의 직무, 사회적 지위, 강요된 권리·의무에 관련된 상호관계 등 관련 사정을 고려하여 판단해야 한다.

행위자가 직무상 또는 사실상 상대방에게 영향을 줄 수 있는 직업이나 지위에 있고 직업이나 지위에 기초하여 상대방에게 어떠한 요구를 하였더라도 곧바로 그 요구 행위를 위와 같은 해악의 고지라고 단정하여서는 안 된다. 특히 공무원이 자신의 직무와 관련한 상대방에게 공무원 자신 또는 자신이 지정한 제3자를 위하여 재산적 이익 또는 일체의 유·무형의 이익 등을 제공할 것을 요구하고 상대방은 공무원의 지위에 따른 직무에 관하여 어떠한 이익을 기대하며 그에 대한 대가로서 요구에 응하였다면, 다른 사정이 없는 한 공무원의 위 요구 행위를 객관적으로 사람의 의사결정의 자유를 제한하거나 의사실행의 자유를 방해할 정도로 겁을 먹게 할 만한 해악의 고지라고 단정하기는 어렵다.

행위자가 직업이나 지위에 기초하여 상대방에게 어떠한 이익 등의 제공을 요구하였을 때 그 요구 행위가 강요죄의 수단으로서 해악의 고지에 해당하는지 여부는 행위자의 지위뿐만 아니라 그 언동의 내용과 경위, 요구 당시의 상황, 행위자와 상대방의 성행·경력·상호관계 등에 비추어 볼 때 상대방으로 하여금 그 요구에 불응하면 어떠한 해악에 이를 것이라는 인식을 갖게 하였다고 볼 수 있는지, 행위자와 상대방이 행위자의 지위에서 상대방에게 줄 수 있는 해악을 인식하거나 합리적으로 예상할 수 있었는지 등을 종합하여 판단해야 한다. 공무원인 행위자가 상대방에게 어떠한 이익 등의 제공을 요구한 경우 위와 같은 해악의 고지로 인정될 수 없다면 직권남용이나 뇌물 요구 등이 될 수는 있어도 협박을 요건으로 하는 강요죄가 성립하기는 어렵다.

[대법관 박정화, 대법관 민유숙, 대법관 김선수의 별개의견] 다수의견이 지적한 것처럼 행위자가 상대방에게 영향을 줄 수 있는 지위에 있다는 사실만으로 곧바로 그 지위에 기초한 요구를 해악의 고지로 평가할 수는 없다. 이러한 요구를 해악의 고지로 평가할 수 있는지는 행위자와 상대방 사이의 관계와 지위뿐 아니라 그 요구의 내용, 요구 당시의 상황과 언행, 상대방이 요구에 응하게 된 경위와 당사자가 그 과정에서 보인 태도 등을 종합적으로 고려하여 판단하여야 한다.

대법원은 종래 해악의 고지는 언어나 거동에 의하여 상대방으로 하여금 어떠한 해악에 이르게 할 것이라는 인식을 갖도록 하는 것이면 충분하고, 행위자가 그 지위 등에 기한 불법한 위세를 이용하여 특정 요구를 함으로써 상대방으로 하여금 그에 응하지 아니한 때에는 부당한 불이익을 초래할 위험이 있다는 위구심을 야기하는 경우에도 해악의 고지가 된다고 일관되게 판시하여 왔다. 이는 행위자의 요구가 강요죄의 수단으로서 해악의 고지에 해당하는지는 구체적인 사정을 두루 참작하여 판단하여야 하고 개별적인 사정을 단편적으로 보아 판단할 것은 아니라는 것이다.

○ 대법원 2019. 7. 11. 선고 2018도20504 판결

[부정경쟁방지및영업비밀보호에관한법률위반(영업비밀누설등)·업무상배임]〈판사의 날인이 누락된 압수수색영장에 기초하여 수집한 증거가 위법수집증거에 해당하는지 여부에 관한 사건〉[공2019하,1609]

【판시사항】

[1] 위법수집증거 배제 원칙을 명시한 형사소송법 제308조의2의 취지 / 적법한 절차에 따르지 않고 수집한 증거 및 이를 기초로 하여 획득한 2차적 증거의 증거능력 유무(원칙적 소극) / 위법수집증거의 증거능력을 예외적으로 인정할 수 있는 경우 및 이에 해당하는지 판단하는 기준 / 위법수집증거를 기초로 하여 획득한 2차적 증거의 증거능력을 예외적으로 인정할 수 있는 경우

[2] 전자정보가 담긴 저장매체 또는 복제본을 수사기관 사무실 등으로 옮겨 복제·탐색·출력하는 경우, 피압수자나 변호인에게 참여 기회를 보장하고 혐의사실과 무관한 전자정보의 임의적인 복제 등을 막기 위한 적절한 조치를 취하지 않은 경우, 압수·수색이 적법한지 여부(소극) / 피압수자 측이 위와 같은 절차나 과정에 참여하지 않는다는 의사를 명시적으로 표시하였거나 절차 위반행위가 이루어진 과정의 성질과 내용 등에 비추어 피압수자에게 절차 참여를 보장한 취지가 실질적으로 침해되었다고 볼 수 없는 경우, 압수·수색이 적법한지 여부(적극) 및 수사기관이 저장매체 또는 복제본에서 혐의사실과 관련된 전자정보만을 복제·출력한 경우에도 마찬가지인지 여부(적극)

【판결요지】

[1] 형사소송법 제308조의2는 '위법수집증거의 배제'라는 제목으로 "적법한 절차에 따르지 아니하고 수집한 증거는 증거로 할 수 없다"라고 정하고 있다. 이는 위법한 압수·수색을 비롯한 수사과정의 위법행위를 억제하고 재발을 방지함으로써 국민의 기본적 인권 보장이라는 헌법 이념을 실현하고자 위법수집증거 배제 원칙을 명시한 것이다.

헌법 제12조는 기본적 인권을 보장하기 위하여 압수·수색에 관한 적법절차와 영장주의 원칙을 선언하고 있고, 형사소송법은 이를 이어받아 실체적 진실 규명과 개인의 권리보호 이념을 조화롭게 실현할 수 있도록 압수·수색절차에 관한 구체적 기준을 마련하고 있다. 이러한 헌법과 형사소송법의 규범력을 확고하게 유지하고 수사과정의 위법행위를 억제할 필요가 있으므로, 적법한 절차에 따르지 않고 수집한 증거는 물론 이를 기초로 하여 획득한 2차적 증거 또한 기본적 인권 보장을 위해 마련된 적법한 절차에

따르지 않고 확보한 것으로서 원칙적으로 유죄 인정의 증거로 삼을 수 없다고 보아야 한다.

그러나 법률에 정해진 절차에 따르지 않고 수집한 증거라는 이유만을 내세워 획일적으로 증거능력을 부정하는 것은 헌법과 형사소송법의 목적에 맞지 않는다. 실체적 진실 규명을 통한 정당한 형벌권의 실현도 헌법과 형사소송법이 형사소송 절차를 통하여 달성하려는 중요한 목표이자 이념이기 때문이다.

수사기관의 절차 위반행위가 적법절차의 실질적인 내용을 침해하는 경우에 해당하지 않고, 오히려 증거능력을 배제하는 것이 헌법과 형사소송법이 형사소송에 관한 절차 조항을 마련하여 적법절차의 원칙과 실체적 진실 규명의 조화를 도모하고 이를 통하여 형사 사법 정의를 실현하려 한 취지에 반하는 결과를 초래하는 것으로 평가되는 예외적인 경우라면, 법원은 그 증거를 유죄 인정의 증거로 사용할 수 있다고 보아야 한다. 이에 해당하는지는 수사기관의 증거 수집 과정에서 이루어진 절차 위반행위와 관련된 모든 사정, 즉 절차 조항의 취지, 위반 내용과 정도, 구체적인 위반 경위와 회피 가능성, 절차 조항이 보호하고자 하는 권리나 법익의 성질과 침해 정도, 이러한 권리나 법익과 피고인 사이의 관련성, 절차 위반행위와 증거 수집 사이의 관련성, 수사기관의 인식과 의도 등을 전체적·종합적으로 고찰하여 판단해야 한다. 이러한 법리는 적법한 절차에 따르지 않고 수집한 증거를 기초로 하여 획득한 2차적 증거에 대해서도 마찬가지로 적용되므로, 절차에 따르지 않은 증거 수집과 2차적 증거 수집 사이 인과관계의 희석이나 단절 여부를 중심으로 2차적 증거 수집과 관련된 모든 사정을 전체적·종합적으로 고려하여 예외적인 경우에는 유죄 인정의 증거로 사용할 수 있다.

[2] 형사소송법 제219조, 제121조는 '수사기관이 압수·수색영장을 집행할 때에는 피압수자 또는 변호인은 그 집행에 참여할 수 있다'고 정하고 있다. 저장매체에 대한 압수·수색 과정에서 범위를 정하여 출력·복제하는 방법이 불가능하거나 압수의 목적을 달성하기에 현저히 곤란한 예외적인 사정이 인정되어 전자정보가 담긴 저장매체, 하드카피나 이미징(imaging) 등 형태(이하 '복제본'이라 한다)를 수사기관 사무실 등으로 옮겨 복제·탐색·출력하는 경우에도, 피압수자나 변호인에게 참여 기회를 보장하고 혐의사실과 무관한 전자정보의 임의적인 복제 등을 막기 위한 적절한 조치를 취하는 등 영장주의 원칙과 적법절차를 준수하여야 한다. 만일 그러한 조치를 취하지 않았다면 압수·수색이 적법하다고 평가할 수 없다. 다만 피압수자 측이 위와 같은 절차나 과정에 참여하지 않는다는 의사를 명시적으로 표시하였거나 절차 위반행위가 이루어진 과정의 성질과

내용 등에 비추어 피압수자에게 절차 참여를 보장한 취지가 실질적으로 침해되었다고 볼 수 없는 경우에는 압수·수색의 적법성을 부정할 수 없다. 이는 수사기관이 저장매체 또는 복제본에서 혐의사실과 관련된 전자정보만을 복제·출력한 경우에도 마찬가지이다.

사례 11

사설 성인오락실을 운영하는 甲은 연쇄 교통사고로 자신의 외제 승용차(시가 5억원 상당) 파손에 대하여 J화재보험으로부터 보험금을 지급받았는데, 이 회사가 구상금을 청구하는 소송을 제기하여 전부승소받자 채권자들로부터 자신 소유의 재산이 강제집행 당할지도 모른다는 생각을 했다. 이에 나중에 아들이 결혼하면 줄 생각으로 최근 매수한 아파트의 등기를 어머니와 상의하여 매도인 S로부터 어머니 명의로 곧바로 이전하기로 하고 소유권이전등기를 어머니 앞으로 경료하였다.

甲은 보험회사 직원이 찾아오는 등 짜증나는 상황을 피하고자 서울 교외의 고급 빌라촌으로 이사하였다. 그런데 시에서 쓰레기 자동집하시설을 인근에 설치한다는 계획을 발표하자, 건립 반대를 위한 비상대책위원회를 꾸렸고 자신이 위원장을 맡고는 입주민 100명의 동의를 받아 시에 건립 반대 민원을 제기하였다. 시 업무담당자는 아파트 관리사무소로 회신문서를 발송하였고 관리사무소장 X는 이 회신문서를 입주민 누구와도 상의하지 않고 아파트 엘리베이터마다 게시판에 부착하였다. 甲은 1층에서 엘리베이터에 탔다가 마침 CCTV가 수리 중이자 12세 여아 V를 보고는 갑자기 대각선 뒤에서 옷을 벗고는 성기를 만지다가 깜짝 놀란 V에게 밀착하였고 V가 울면서 10층에서 내리자, 자신도 비대위에 불리한 내용을 담고 있던 회신문서를 황급히 제거하고 16층에서 내렸다.

사실 관리소장 X가 위 회신문서를 붙인 것은 시의원 乙의 부탁을 받은 것이었으며, 乙은 아내 명의의 사업체가 쓰레기 자동집하시설 공사 입찰에서 낙찰받을 것을 예상했기 때문이었다. 乙은 최근 세무서로부터 세금탈루에 대한 소명자료를 제출하라는 우편물을 받고 지방국세청장인 丙에게 추징세액을 대폭 낮추어 달라고 부탁하면서 3억원을 귤 박스에 담아 집으로 배달시켰다. 丙은 관할 국장을 거치지 않고 실무 담당자인 Y팀장을 통해 추징 예상세액이 32억원이라는 보고를 받은 후 대폭 낮춰 8억원으로 세액을 결정하라고 지시하였다. 그러나 Y는 하반기 본청 종합감사가 걱정되어 이 지시를 따르지 않고 32억원으로 통보하였다.

순찰 중이던 사법경찰관 P1과 P2는 간판도 없는 甲의 사설 오락실에 성인 남성들이 연이어 들어가는 것을 이상하게 생각하고 건물로 몰래 따라 들어갔다. 이들은 사설 도박 오락기의 기판을 현장에서 압수하여 경찰서로 가져왔다. 방범과장인 丁은 자신의 절친한 고교 동창 甲의 오락실임을 보고받고는 P1, P2에게 압수물을 수사계에 인계하라는 지시를 내리지 않고 계속 보관하였다. 사실 丁은 보름 전에도 甲에게 사설 오락실 단속정보를 알려 주었기 때문이었다.

1. 甲, 乙, 丙, 丁의 형사책임은?
2. 검사 S는 丙의 혐의를 조사하여 기소했다. 그런데 丙을 조사하던 중 지방국세청 소속 A 국장이 Y팀장의 행동을 빌미로 丙에게 승진을 요구하며 각서를 받은 혐의를 발견하였다. 그런데 그의 공범인 B로부터 "내가 A와 함께 丙에게 각서를 받았다"라는 말을 들은 W의 진술이 기재된 사법경찰관 작성의 조서와 법정 증언이 있었다. 이 조서와 W의 법정증언은 A의 범죄사실에 대한 증거로 사용할 수 있는가?
3. 사법경찰관 P3가 밑줄 친 혐의에 대하여 甲을 검거한 후 현장검증을 하고, 검증조서를 작성하였다. 여기에는 甲이 현장에서 행한 자백진술이 기재되어 있었고, 범행재연사진이 첨부되어 있었는데, 1회 공판기일에서 "조서에 기재된 대로 현장검증 당일 그런 말과 행동을 하였으나, 제정신이 아닌 상태여서 사실과 다른 것들이다"라고 하였다면 증거능력이 있는가?
4. 乙은 모 인터넷신문에서 '지역 국세청장 비리혐의 내사' 기사가 나자, 귤 박스를 전달한 사정을 회사의 전 고문 변호사 L에게 상담하였고, L은 검토내용을 법무팀에 법률의견서 형식의 메일로 보내 주었다. 사법경찰관 P4는 乙의 혐의를 잡고 압수·수색을 실시하였고, 그 과정에서 L의 법률의견서 이메일을 발견하자 출력하여 증거로 제출하였다. 그런데 L이 공판정에서 진정성립 등에 대해 진술하지 않고 업무상 위탁받은 타인의 비밀임을 이유로 정당하게 증언거부권을 행사했다. L의 법률의견서는 증거능력이 있는가?

[1문]

Ⅰ. 쟁점의 정리

Ⅱ. 甲의 죄책

1. 강제집행면탈죄의 성부

강제집행을 면할 목적으로 재산을 손괴, 은닉, 허위양도, 허위채무부담을 통해 채권자를 해할 경우 강제집행면탈죄가 성립한다(형법 제327조). 강제집행면탈죄는 채권자를 보호하기 위한 것이므로 강제집행의 대상이 될 수 있는 채무자의 재산만이 객체가 된다. 또한 강제집행을 받을 객관적 상태가 있어야 한다.

부동산 실권리자명의 등기에 관한 법률 제4조에 의하면 매도인과 부동산 매매계약을 체결한 후 이전등기를 모친 앞으로 한 중간생략명의신탁에서 이전등기는 무효이고 부동산의 소유권은 매도인이 그대로 보유한다. 이 경우 매매계약으로 甲은 소유권을 취득한 바 없으므로 이 토지에 대해서는 강제집행이나 보전처분의 대상이 될 수 없다(2007도2168).

따라서 아파트의 소유권을 취득한 적이 없는 甲에게 강제집행면탈죄 성립하지 않는다.

2. 손괴죄의 성부

타인의 재물, 문서 또는 전자기록등 특수매체기록을 손괴 또는 은닉 기타 방법으로 효용을 해하면 손괴죄가 성립한다(제366조). 문서손괴죄는 문서의 소유자가 문서를 소유하면서 사용하는 것을 보호하려는 것이므로, 문서에 대한 종래의 사용상태가 문서 소유자의 의사에 반하여 또는 문서 소유자의 의사와 무관하게 이루어진 경우에는 단순히 종래의 사용상태를 제거하거나 변경시키는 것에 불과하고 손괴, 은닉하는 등으로 새로이 문서 소유자의 문서 사용에 지장을 초래하지 않는 경우에는 문서의 효용을 일시적으로도 해하였다고 할 수 없다(2014도13083).

사안에서 시청의 회신문서 소유자는 수취인인 입주민들이며, X는 이들의 의사나 추정적 의사에 따라 게시한 것이 아니므로, 甲이 문서를 떼어낸 것은 단순히 종래의 사용상태를 제거 또는 변경한 것에 불과하여 문서 사용에 지장을 초래한 것이 아니다. 따라서 손괴죄는 성립하지 않는다.

3. 성폭력범죄의처벌등에관한특례법위반(13세 미만의 미성년자에 대한 강제추행)죄의 성부

성폭력범죄의 처벌 등에 관한 특례법 제7조 제5항은 위계 또는 위력으로써 13세 미만의 사람을 간음하거나 추행한 사람은 제1항부터 제3항까지의 예에 따라 처벌한다고 규정하고 있는데, 이는 아동·청소년의 성보호에 관한 법률 제7조의 경우에도 동일하게 규정되어 있다. 그런데 전자의 법정형이 높으므로 아동·청소년의 성보호에 관한 법률과 특별법 관계에 있다고 하겠다.

의도적으로 협소하고 폐쇄적인 엘리베이터 내 공간을 이용하여 甲이 도움을 청할 수 없고 즉시 도피할 수도 없는 상황을 만들어 범행을 한 점 등에 비추어 볼 때, 비록 甲의 신체에 직접적인 접촉을 하지 아니하였고 엘리베이터가 멈춘 후 V가 위 상황에서 바로 벗어날 수 있었다고 하더라도, 甲의 행위는 V의 성적 자유의사를 제압하기에 충분한 세력에 의하여 추행행위에 나아간 것으로서 위력에 의한 추행에 해당한다(2011도7164). 따라서 성폭력범죄의처벌등에관한특례법위반죄가 성립한다.

4. 도박장소등개설죄의 성부

영리의 목적으로 도박을 하는 장소나 공간을 개설하면 도박장소등개설죄가 성립한다(제247조). 甲은 영리의 목적으로 도박을 하는 장소인 사설 성인용 오락실을 개설하였으므로 본죄가 성립한다.

Ⅲ. 乙의 죄책

뇌물을 약속, 공여 또는 공여의 의사를 표하면 뇌물공여죄가 성립한다(제133조 제1항). 乙은 직무상 결정권을 지닌 공무원인 丙에게 추징세액을 낮춰 달라며 직무에 관한 부당한 이익인 뇌물 3억원을 공여하였으므로 뇌물공여죄가 성립한다.

Ⅳ. 丙의 죄책

1. 특정범죄가중처벌등에관한법률위반(뇌물)죄의 성부

공무원이 수뢰죄를 범하여 부정한 행위를 한 때에는 수뢰후부정처사죄가 성립한다(제131조 제1항). 수뢰 후 부정처사 행위는 단순수뢰 등과는 법조경합의 특별관계이다. 부정처사는 부정한 행위로 적극적·소극적으로 그 직무에 위배하는 일체의 행위를 말한다. 그런데 수수·요구 또는 약속한 뇌물의 가액이 3천만원 이상이면 이에 따라 특정범죄 가중처벌 등에 관한 법률 제2조 위반이 되는데, 본죄의 경우도 동법 제2조가 적용된다. 형법 제131조 제1항은 공무원 또는 중재인이 형법 제129조, 제130조의 죄를 범한 후에 부정한 행위를 한 때에 가중처벌한다는 규정이므로, 형법 제131조 제1항의 죄를 범한 자는 특정범죄 가중처벌 등에 관한 법률 제2조 제1항의 형법 제129조, 제130조에 규정된 죄를 범한 자에 해당되는 것이다(2003도8077).

부정처사에는 위법부당한 행위뿐만 아니라 직권남용행위도 포함한다. 실무담당자인 Y팀장에게 추징세액을 낮추라는 지시를 하였으므로 이는 부정처사에 해당하며 특정범죄가중처벌등에관한법률위반(뇌물)죄가 성립한다.

2. 직권남용죄의 성부

공무원이 직권을 남용하여 사람으로 하여금 의무 없는 일을 하게 하거나 사람의 권리행사를 방해한 때에는 직권남용죄가 성립한다(제123조). 의무 없는 일의 강요는 법령상 작위의무 없는 자에게 이를 하게 하는 것으로 위법부당한 직권의 남용에 의한 것이어야 하는데 추징세액을 낮추라는 상급자의 지시는 여기에 해당한다(2004도7356).

직권남용죄의 기수시기에 대해 결과범설과 추상적 위험범설이 대립되며, 판례는 직권남용행위가 있었다 할지라도 현실적으로 의무 없는 일을 하게 하거나 권리행사를 방해하는 결과가 발생해야 기수가 인정된다고 한다(2007도9287).

사안의 경우 직권남용의 결과 발생이 없는데 미수처벌 규정마저 없으므로 이 경우 불처벌된다고 하겠다(75도2665).

Ⅴ. 丁의 죄책

1. 직무유기죄의 성부

공무원이 정당한 이유 없이 그 직무수행을 거부하거나 그 직무를 유기한 때에는 직무유기죄가 성립한다(제122조). 공무원인 경찰서의 방범과장이 직무상의 의무에 따라 압수물을 수사계에 인계하고 검찰에 송치하여 범죄 혐의의 입증에 사용하도록 하는 등의 적절한 조치를 취하지 않은 것은 직무의 의식적 방임으로 직무유기에 해당한다(2005도3909).[1)]

2. 공무상비밀누설죄의 성부

공무원 또는 공무원이었던 자가 법령에 의한 직무상 비밀을 누설한 때에는 공무상비밀누설죄가 성립한다(제127조). 이때 비밀은 반드시 법령에 의해 비밀로 분류된 것이라는 견해가 있지만, 판례는 여기에 제한되지 않고 객관적·일반적으로 외부에 알리지 않음으로써 국가에 상당한 이익이 되는 것도 포함된다는 입장이다(95도780).

오락실 단속정보를 알려주는 것은 설사 법령에 의해 비밀로 분류되지 않았

1) 수사계에 인계하라는 지시를 내리지도 않고 오락기 기판을 계속 보관한 행위가 증거은닉에 해당할 경우 작위범인 증거은닉죄만 성립하고 부작위범인 직무유기죄는 성립하지 않을 것이다(2005도3909 전합 참조). 그러나 증거은닉은 증거의 소재를 불명하게 하여 그 발견을 곤란하게 하는 행위로 단순히 신고를 하지 않는 부작위 등은 제외된다. 그렇다면 丁의 행위를 은닉이라고 보기는 어려울 것이다.

다고 하더라도 단속업무의 특성상 외부에 알려지지 않음으로써 국가에 상당한 이익이 되는 것이므로 공무상 비밀누설에 해당한다고 할 것이다.

[2문]

Ⅰ. 쟁점의 정리

A의 공범 B로부터 말을 들은 W의 진술이 기재된 것으로 전문진술이 기재된 전문서류, 재전문서류의 증거능력이 문제된다.

Ⅱ. W의 진술조서의 증거능력

W는 A와 공범도 아니며 별개로 기소되어 공동피고인도 아닌 관계이다. 사법경찰관 작성의 W의 진술조서의 실질은 B로부터 들은 내용인 전문진술이 서면에 기재된 진술조서이다. 이는 피고인 아닌 자, 즉 A의 공범인 B로부터 말을 들은 W의 진술이 기재된 것으로 전문진술이 기재된 전문서류로 재전문서류가 된다.

이에 대해 이중의 예외인 재전문증거의 증거능력을 부정하는 부정설, 재전문증거에 포함된 진술이 각각 전문법칙의 예외 인정요건을 충족하는 경우에는 증거능력을 인정할 수 있다는 긍정설 등이 대립된다.

판례는 재전문서류는 증거능력을 인정하나 재전문진술이나 재전문진술을 기재한 조서는 증거능력을 부정하면서(제한적 긍정설), 전자의 경우 제312조 또는 제314조의 요건과 제316조의 요건을 모두 충족할 것을 요구한다(2009도159).

검토하건대 전문증거와 재전문증거는 타인의 원진술이 요증사실의 증거로 사용된다는 점에서 실질적인 차이가 없으며 재전문서류와 재전문진술도 이중의 전문이라는 점에서 본질적인 차이가 없어 긍정설이 타당하다.

전문진술이 기재된 조서이므로 긍정설 내지 판례에 의하면 결론이 동일하다. 다만 판례에 의할 경우 피고인이 아닌 자(W)의 진술이 피고인 아닌 자(B)의 진술을 내용으로 조서 형태로 기재된 것이므로 각각의 요건, 즉 제312조 제4항의 요건과 제316조 제2항의 요건을 충족하여야 한다. 적법절차와 방식, 실질적 진정성립, 반대신문의 기회 보장, 특신상태가 인정되어야 하며, 다음으로 원진술자가 사망, 질병, 외국거주, 소재불명 그 밖에 이에 준하는 사유로 인하여 진술할 수 없고, 그 진술이 특히 신빙할 수 있는 상태 하에서 행하여졌음이 증명된 때에 한하여 증거로 할 수 있다. 그런데 원진술자인 W가 법정에 나와 증언하였으므로 제316조 제2항의 요건을 충족할 수 없어 증거동의를 하지 않는 한 증거능력이 없다.

Ⅲ. W의 법정증언의 증거능력

피고인이 아닌 자(W)의 진술이 피고인 아닌 자(B)의 진술을 내용으로 하므로 제316조 제2항의 문제가 된다.

W의 공판준비 또는 공판기일에서의 진술이 피고인 아닌 타인의 진술을 그 내용으로 하는 것인 때에는 ① 원진술자가 사망, 질병, 외국거주, 소재불명 그 밖에 이에 준하는 사유로 인하여 진술할 수 없고, ② 그 진술이 특히 신빙할 수 있는 상태 하에서 행하여졌음이 증명된 때에 한하여 이를 증거로 할 수 있다. 그런데 사안의 경우 원진술자인 B가 공범으로서 법정에 출석하고 있으므로 첫 번째 요건을 충족하지 못하여 증거능력을 인정할 수 없다.

[3문]

Ⅰ. 쟁점의 정리

검증조서에 기재된 자백진술과 범행재연사진의 증거능력이 문제된다.

II. P3의 검증조서에 기재된 자백진술과 범행재연사진의 증거능력

1. 乙의 자백진술의 증거능력

현장지시와 현장진술을 구분하지 않고 검증조서에 기재된 진술을 검증조서로 보지 않고 피의자인 경우 형사소송법 제312조 제1항과 제2항, 참고인인 경우 동조 제4항이 적용되나, 사법경찰관 작성의 검증조서는 제312조 제3항과 제4항이 적용된다는 비구별설과, 현장지시와 현장진술을 구분하여 현장지시는 검증조서와 일체를 이루어 제312조 제6항에 따라 증거능력을 판단하고, 현장진술은 검증조서의 작성 주체와 진술자에 따라 제312조 제1항 내지 제4항을 적용하여 증거능력을 판단하자는 구별설, 구별설을 수정하여 현장지시가 검증활동의 동기를 설명하는 비진술증거로 이용될 경우에는 검증조서와 일체를 이루므로 제312조 제6항에 따라 증거능력을 판단하지만, 범죄사실을 인정하기 위한 진술증거로 이용될 때에는 현장진술과 동일하게 취급하여 검증주체와 진술자에 따라 제312조 제1항 내지 제4항이 적용된다는 수정구별설이 주장되고 있다.

판례는 사법경찰관 작성의 검증조서에 기재된 진술내용 및 범행 재연 부분에 대해 피의자였던 피고인이 성립의 진정 및 내용을 부인하고 있는 경우, 검증조서 중 범행에 부합하는 피고인의 진술을 기재한 부분과 범행을 재연한 부분을 제외한 나머지 부분만을 증거로 채택하여야 한다고 하여(2007도1794), 현행 형사소송법 제312조 제3항이 적용된다는 입장이다.

생각건대, 현장지시도 실질에 따라 구분하여 진술 자체가 범죄사실을 인정하기 위한 진술증거로 이용되는 때에는 현장진술과 같이 취급하는 수정구별설이 타당하다고 하겠다.

사안의 경우, 사법경찰관 P3 작성의 검증조서이므로 乙의 자백진술에는 제312조 제3항이 적용되어, 乙이 내용 인정을 하여야 전문법칙의 예외로서 증거능력이 인정될 수 있다. 그러나 乙은 '사실과 다른 것이다'라며 이를 부인하고 있으므로 증거능력이 없다고 하겠다.

2. 乙의 범행재연사진의 증거능력

위의 현장자백진술과 같이 범행재연사진의 증거능력을 판단할 수 있는지가 문제된다. 생각건대 범행재연사진은 행동적 진술로서 자백에 해당하는 것으로, 乙의 자백진술과 일체로 보아 제312조 제3항에 의해 증거능력을 판단함이 타당하다. 따라서 乙이 내용을 부인하는 이상 증거능력이 부정된다고 하겠다.

[4문]

Ⅰ. 쟁점의 정리

변호사 L이 작성한 법률의견서의 법적 성격과 증거능력 인정 요건이 문제된다.

Ⅱ. 진술기재서면의 증거능력

1. 진술기재서면인지 여부

변호사 L이 작성한 법률의견서는 변호인의견서로 의뢰인의 질의 내용에 대해 법률전문가로서 법적 분쟁 또는 쟁점에 대한 의견을 개진하는 서류이다. 압수된 디지털 저장매체로부터 출력한 문건이지만 실질에 있어서 형사소송법 제313조 제1항에 규정된 '피고인 아닌 자가 작성한 진술서나 그 진술을 기재한 서류' 중 진술서에 해당한다.

여기서 압수된 디지털 저장매체로부터 출력한 문건을 진술증거로 사용하는 경우 그 기재 내용의 진실성이 문제되므로 형사소송법 제313조에 따라 그 작성자 또는 진술자의 진술에 의하여 그 성립의 진정함이 증명된 때에 한하여 이를 증거로 사용할 수 있으며, 압수물인 디지털 저장매체로부터 출력한 문건을 증거로 사용하려면 디지털 저장매체 원본에 저장된 내용과 출력한 문건의 동일성이 인정되어야 하고, 이를 위하여는 디지털 저장매체 원본이 압수된 이후 문건 출력에 이르기까지 변경되지 아니하였음이 담보되어야 한다(2007도7257).

설문에서는 출력된 법률의견서가 원본과 동일하다는 점이 제시되지 않았으며, 공판준비 또는 공판기일에서 진술자인 L 변호사의 진술에 의하여 성립의 진정함이 증명되지 아니하였으므로 위 규정에 의하여 증거능력을 인정할 수 없다.

2. 제314조의 적용 가부

한편 형사소송법 제312조 또는 제313조의 경우에 공판준비 또는 공판기일에 진술을 요하는 자가 사망·질병·외국거주·소재불명 그 밖에 이에 준하는 사유로 인하여 진술할 수 없는 때에는 그 조서 및 그 밖의 서류를 증거로 할 수 있다. 설문의 경우 L의 증언거부권 행사가 그 밖에 이에 준하는 사유에 해당되는지 문제된다.

사실상 증언을 회피하기 위하여 증언을 거부한 때에 제한적으로 긍정하는 견해가 있으나, 현행 형사소송법 제314조의 문언과 개정 취지, 증언거부권 규정의 내용 등에 비추어 보면, 법정에 출석한 증인이 정당하게 증언거부권을 행사하여 증언을 거부한 경우는 해당하지 아니한다고 봄이 타당하다. 판례도 동일한 입장이다(2009도6788 전합).

따라서 사안의 경우 공판기일에 출석한 변호사 L이 그 진정성립 등에 관하여 진술하지 아니한 것은 형사소송법 제149조에서 정한 바에 따라 정당하게 증언거부권을 행사한 경우에 해당하므로 제314조가 적용될 수 없고 증거능력이 부정된다.

III. 사안의 해결

공판기일에서 진술자인 L의 진술에 의하여 성립의 진정함이 증명되지 아니하였으므로 위 규정에 의하여 증거능력을 인정할 수 없다.

<판례연구 11>

○ 대법원 2017. 12. 22. 선고 2017도12346 판결

[특정범죄가중처벌등에관한법률위반(뇌물)·제3자뇌물수수·위계공무집행방해·금융실명거래및비밀보장에관한법률위반·뇌물공여]〈뇌물수수 등 사건〉[공2018상,379]

【판시사항】

[1] 뇌물죄에서 뇌물성을 인정하는 데 특별히 의무위반 행위나 청탁의 유무 등을 고려할 필요 또는 금품수수 시기와 직무집행 행위의 전후를 가릴 필요가 있는지 여부(소극) 및 뇌물죄에서 말하는 '직무'의 범위

[2] 뇌물수수죄의 성립요건인 직무관련성 / 공무원이 장래에 담당할 직무에 대한 대가로 이익을 수수한 경우, 뇌물수수죄가 성립할 수 있는지 여부(적극) 및 이때 수수한 이익과 장래에 담당할 직무와의 관련성 정도

[3] 형법 제132조에서 말하는 '다른 공무원의 직무에 속한 사항의 알선에 관하여 뇌물을 수수한다'는 의미 / 알선뇌물수수죄가 성립하기 위하여 뇌물을 수수할 당시 상대방에게 알선에 의하여 해결을 도모하여야 할 현안이 반드시 존재하여야 하는지 여부(소극) 및 '알선할 사항'의 특정 정도

[4] 금융실명거래 및 비밀보장에 관한 법률이 불법·탈법적 목적에 의한 타인 실명의 금융거래를 처벌하는 취지 / 같은 법 제3조 제3항에서 규정한 탈법행위의 목적으로 타인의 실명으로 금융거래를 함으로써 같은 법 제6조 제1항 위반죄가 성립하는지 여부(적극) 및 타인의 의사와 관계없이 자유롭게 금융거래를 할 수 있는 경우에만 위 범죄가 성립하는지 여부(소극)

【판결요지】

[1] 뇌물죄는 직무집행의 공정과 이에 대한 사회의 신뢰에 기초하여 직무행위의 불가매수성을 보호법익으로 하고 있고, 직무에 관한 청탁이나 부정한 행위를 필요로 하지 않으므로 뇌물성을 인정하는 데 특별히 의무위반 행위나 청탁의 유무 등을 고려할 필요가 없고, 금품수수 시기와 직무집행 행위의 전후를 가릴 필요도 없다. 뇌물죄에서 말하는 '직무'에는 법령에 정하여진 직무뿐만 아니라 그와 관련 있는 직무, 관례상이나 사실상 소관하는 직무행위, 결정권자를 보좌하거나 영향을 줄 수 있는 직무행위, 과거에 담당하였거나 장래에 담당할 직무 외에 사무분장에 따라 현실적으로 담당하고 있지 않아도 법

령상 일반적인 직무권한에 속하는 직무 등 공무원이 그 직위에 따라 담당할 일체의 직무를 포함한다.

[2] 형법 제129조 제1항의 뇌물수수죄가 성립하려면 공무원이 그 직무에 관하여 뇌물을 수수하여야 한다. 따라서 공무원이 이익을 수수한 행위가 공무원의 직무와 관련이 없다면 뇌물수수죄는 성립하지 않는다. 공무원이 장래에 담당할 직무에 대한 대가로 이익을 수수한 경우에도 뇌물수수죄가 성립할 수 있지만, 그 이익을 수수할 당시 장래에 담당할 직무에 속하는 사항이 그 수수한 이익과 관련된 것임을 확인할 수 없을 정도로 막연하고 추상적이거나, 장차 그 수수한 이익과 관련지을 만한 직무권한을 행사할지 자체를 알 수 없다면, 그 이익이 장래에 담당할 직무에 관하여 수수되었다거나 그 대가로 수수되었다고 단정하기 어렵다.

[3] 형법 제132조에서 말하는 '다른 공무원의 직무에 속한 사항의 알선에 관하여 뇌물을 수수한다'라고 함은, 다른 공무원의 직무에 속한 사항을 알선한다는 명목으로 뇌물을 수수하는 행위로서 반드시 알선의 상대방인 다른 공무원이나 그 직무의 내용을 구체적으로 특정할 필요까지는 없다. 알선행위는 장래의 것이라도 무방하므로, 뇌물을 수수할 당시 상대방에게 알선에 의하여 해결을 도모하여야 할 현안이 반드시 존재하여야 할 필요는 없지만, 알선뇌물수수죄가 성립하려면 알선할 사항이 다른 공무원의 직무에 속하는 사항으로서 뇌물수수의 명목이 그 사항의 알선에 관련된 것임이 어느 정도는 구체적으로 나타나야 한다. 단지 상대방으로 하여금 뇌물을 수수하는 자에게 잘 보이면 어떤 도움을 받을 수 있다거나 손해를 입을 염려가 없다는 정도의 막연한 기대감을 갖게 하는 정도에 불과하고, 뇌물을 수수하는 자 역시 상대방이 그러한 기대감을 가질 것이라고 짐작하면서 수수하였다는 사정만으로는 알선뇌물수수죄가 성립하지 않는다.

[4] 금융실명거래 및 비밀보장에 관한 법률(이하 '금융실명법'이라고 한다)은 실지 명의(이하 '실명'이라고 한다)에 의한 금융거래를 실시하고 그 비밀을 보장하여 금융거래의 정상화를 꾀함으로써 경제정의를 실현하고 국민경제의 건전한 발전을 도모함을 목적으로 하고 있고(제1조), 금융거래란 금융회사 등이 금융자산을 수입, 매매, 환매 등을 하는 행위를 말하며(제2조 제3호), 실명이란 주민등록표상의 명의, 사업자등록증상의 명의 등을 말한다고 규정하면서(제2조 제4호), 누구든지 특정 금융거래정보의 보고 및 이용 등에 관한 법률 제2조 제3호에 따른 불법재산의 은닉, 제4호에 따른 자금세탁행위 또는 제5호에 따른 공중협박자금조달행위 및 강제집행의 면탈, 그 밖에 탈법행위를 목적으로 타인의 실명으로 금융거래를 하여서는 아니 되고(제3조 제3항), 위와 같은 목적으로 타인

의 실명으로 금융거래를 하는 행위를 처벌하도록 규정하고 있다(제6조 제1항).

위와 같은 금융실명법의 입법목적과 내용을 종합해 보면, 불법·탈법적 목적에 의한 타인 실명의 금융거래를 처벌하는 것은 이러한 금융거래를 범죄수익의 은닉이나 비자금 조성, 조세포탈, 자금세탁 등 불법·탈법행위나 범죄의 수단으로 악용하는 것을 방지하는 데에 목적이 있으므로, 위와 같은 탈법행위의 목적으로 타인의 실명으로 금융거래를 하였다면 이로써 금융실명법 제6조 제1항의 위반죄가 성립하고, 타인의 의사와 관계없이 자유롭게 금융거래를 할 수 있는 경우만 위 범죄가 성립하는 것이 아니다.

○ 대법원 2018. 2. 13. 선고 2014도11441 판결

[특정범죄가중처벌등에관한법률위반(뇌물)·특정경제범죄가중처벌등에관한법률위반(공갈)·뇌물공여·부정처사후수뢰·뇌물수수·직권남용권리행사방해·자본시장과금융투자업에관한법률위반·공무상비밀누설][공2018상,610]

【판시사항】

[1] 직권남용권리행사방해죄에서 ‘직권의 남용’의 의미 및 남용에 해당하는지 판단하는 기준

[2] 공무상비밀누설죄의 구성요건과 보호법익 / 공무상비밀누설죄에서 ‘법령에 의한 직무상 비밀’의 의미와 범위

[3] 검사가 수사의 대상, 방법 등에 관하여 사법경찰관리에게 지휘한 내용을 기재한 수사지휘서의 기재 내용과 이에 관계된 수사상황이 수사기관 내부의 비밀에 해당하는지 여부(적극)

【판결요지】

[1] 형법 제123조의 직권남용권리행사방해죄에서 ‘직권의 남용’이란 공무원이 일반적 직무권한에 속하는 사항을 불법하게 행사하는 것, 즉 형식적, 외형적으로는 직무집행으로 보이나 그 실질은 정당한 권한 이외의 행위를 하는 경우를 의미하고, 남용에 해당하는지는 구체적인 직무행위의 목적, 그 행위가 당시의 상황에서 필요성이나 상당성이 있는 것이었는지, 직권행사가 허용되는 법령상의 요건을 충족했는지 등의 여러 요소를 고려하여 결정하여야 한다.

[2] 형법 제127조는 공무원 또는 공무원이었던 자가 법령에 의한 직무상 비밀을 누설하는 것을 구성요건으로 하고, 비밀 그 자체를 보호하는 것이 아니라 공무원의 비밀엄수의무의 침해에 의하여 위험하게 되는 이익, 즉 비밀 누설에 의하여 위협받는 국가의 기

능을 보호하기 위한 것이다. 여기에서 '법령에 의한 직무상 비밀'이란 반드시 법령에서 비밀로 규정되었거나 비밀로 분류 명시된 사항에 한정되지 않고, 정치·군사·외교·경제·사회적 필요에 따라 비밀로 된 사항은 물론 정부나 공무소 또는 국민이 객관적, 일반적인 입장에서 외부에 알려지지 않는 것에 상당한 이익이 있는 사항도 포함하나, 실질적으로 그것을 비밀로서 보호할 가치가 있다고 인정할 수 있는 것이어야 한다.

[3] 검사가 수사의 대상, 방법 등에 관하여 사법경찰관리에게 지휘한 내용을 기재한 수사지휘서는 당시까지 진행된 수사의 내용뿐만 아니라 향후 수사의 진행방향까지 가늠할 수 있게 하는 수사기관의 내부문서이다. 수사기관이 특정 사건에 대하여 내사 또는 수사를 진행하고 있는 상태에서 수사지휘서의 내용이 외부에 알려질 경우 피내사자나 피의자 등이 증거자료를 인멸하거나 수사기관에서 파악하고 있는 내용에 맞추어 증거를 준비하는 등 수사기관의 증거 수집 등 범죄수사 기능에 장애가 생길 위험이 있다. 또한 수사지휘서의 내용이 누설된 경로에 따라서는 사건관계인과의 유착 의혹 등으로 수사의 공정성과 신뢰성이 훼손됨으로써 수사의 궁극적인 목적인 적정한 형벌권 실현에 지장이 생길 우려도 있다. 그러므로 수사지휘서의 기재 내용과 이에 관계된 수사상황은 해당 사건에 대한 종국적인 결정을 하기 전까지는 외부에 누설되어서는 안 될 수사기관 내부의 비밀에 해당한다.

사례 12

제약회사의 부장인 甲은 납품하던 병원의 원장 A와 접대 차 점심을 한 후 회사차를 운전해 회사로 복귀하던 중 주차장 내의 출구 주변에 세워 둔 X의 차량의 범퍼를 경미하게 충격하였다. 甲은 충격의 정도가 경미하여 괜찮을 것이라고 판단하였으나, 병원장에게 식사를 접대하면서 소주 1병을 나눠마신 것 때문에(혈중알코올농도는 0.07%로 추정), 다음 달에 있을 임원 인사에서 승진하지 못할 수도 있다는 생각에 계약직 직원 乙에게 乙이 운전한 것처럼 해 달라고 부탁했다.

다음 날 오후, 차주의 신고로 조사를 받은 乙은 서대문경찰서 소속 담당 사법경찰관 P1에게 자신이 차량을 운전하였다고 진술하였다. 乙은 조사가 길어져 저녁도 먹지 못하고 지하철을 타고 귀가하였다. 그런데 경복궁역에서 갑자기 중학생들이 대거 타면서 객차가 발 디딜 틈 없이 만차 상태가 되었고, 乙은 막대처럼 가만히 서 있었다. 그런데 앞에 있던 여대생 Y가 갑자기 "아저씨 자꾸 앞으로 밀착하면 신고해요"라고 말하자, 사복을 입고 순찰 중이던 지하철경찰대 소속 사법경찰관 P2가 아무 말 없이 "지하철수사대로 갑시다"라며 연행하려고 하였다. 乙은 P2의 연행이 불법하다고 생각하여 저항하였고 버둥대다가 P2를 팔꿈치 부위로 밀쳐 피하출혈상을 입혔다.

乙은 경찰 조사 며칠 후 "이 모든 일이 甲 때문이다"라고 생각했다. 이에 거짓말인지 알면서 甲을 혼내 주고자 '甲의 리베이트 제공행위를 엄히 벌해 달라'며 동작경찰서에 투서를 넣었다. 투서의 내용은 甲이 의사들에게 해외 세미나 비용을 대납해 주는 등 리베이트를 제공해 약사법을 위반했다는 것이었다.

乙은 신고 후 술을 한 잔 마시고 귀가하는데 자신의 원룸 창문에 불이 켜진 것을 보고는 이상하게 생각했다. 이에 집 앞에서 대기하다 때마침 순찰을 돌며 지나가던 경찰관 P3에게 말하여 함께 대문을 열고 들어갔다. 빈집을 털던 丙은 이들이 들어오는 것을 보고 깜짝 놀라 집에 있던 아령으로 乙과 P3를 때려 각각 얼굴에 열상을 입힌 후 도주하였다.

1. 甲, 乙, 丙의 형사책임은?
2. 만일 甲이 술을 마시고 차를 운전해가는 것을 목격한 의사 A가 甲의 음주운전 사건의 증인으로 소환되었는데, 증언거부권을 고지받지 못하고 범행을 부인하는 甲의 진술에 부합하는 허위진술을 한 경우 A의 죄책은 무엇인가?
3. 만일 <u>甲이 수사 무마를 위해 고위 경찰관 B에게 돈을 건네자 B가 받아 넣는 것</u>을 소속

지방경찰청 감찰과 소속 P4가 목격하였는데, P4가 감사에 착수하지 않고 오히려 옷을 벗도록 하겠다고 협박하여 두려움을 느낀 B로부터 500만원을 받았다. 1심 법원에서 P4에 대해 직무유기와 공갈 모두 유죄가 인정되어 징역 2년이 선고되었는데, P4만 무죄 취지로 항소하였다. 항소심 법원은 직무유기에 대해 무죄를, 공갈에 대해 유죄를 인정해 징역 2년을 선고하였다. 이에 검사가 무죄부분만 상고하였고 대법원은 유죄의 취지로 파기환송하였다면 항소심은 어떠한 판단을 하여야 하는가?

4. 만일 설문 3.의 밑줄 친 부분에서 甲과 B에 대해 경찰과 검찰 단계 모두 혐의사실을 인정하는 피의자신문조서가 작성되었다. 그런데 甲이 1심 공판과정에서 혐의를 부인하면서 경찰에서의 자백은 허위였음을 주장하고 검사가 제출한 증거에 대해 일체 동의하지 않았다. 변론이 분리되어 甲의 피고사건에 증인으로 출석한 B도 혐의를 부인한 경우 B의 증언의 증명력을 다투기 위해 사법경찰관이 작성한 甲의 피의자신문조서를 증거로 사용할 수 있는가?
5. 甲에 대해 징역 1년, 집행유예 2년의 집행유예의 판결이 확정되었는데 집행유예 기간 중 甲이 특정범죄가중처벌등에관한법률위반(보복협박)의 재범을 범하여 징역 6월의 확정판결이 나 집행유예가 실효되고 유예된 형을 복역하게 되었다. 만일 집행유예 판결에 대한 재심이 개시되었고 재심판결에서 새로이 형을 정하고 재심판결 확정일을 기산일로 하는 징역 6월, 집행유예 1년의 집행유예 판결을 내릴 수 있는가?

[1문]

Ⅰ. 쟁점의 정리

Ⅱ. 乙의 형사책임

1. 범인도피죄의 성부

벌금 이상의 법정형에 해당하는 죄를 범한 범인을 도피하게 하면 범인도피죄가 성립한다(형법 제151조 제1항).

사고장소가 주차장 입구라고 하더라도 주취운전의 경우 처벌공간의 확장도 있어(도로교통법 제2조 제26호) 혈중알코올농도는 0.07%로 추정되는 甲의 운전행위는 도로교통법상 벌금 이상의 법정형에 해당하는 죄에 해당한다. 도피란 수사기관의 발견체포를 곤란하게 하거나 불가능하게 하는 은닉 이외의 일체의 행위를 말하는데, 수사기관에 허위에 진술하는 것은 장소적 관련성이 없는 것으로 은닉이 아니라 도피에 해당한다.

수사기관에 객관적인 제반 증거를 수집·조사할 의무가 있다고 하더라도 乙의 행위는 적극적으로 수사기관을 기만하여 착오에 빠뜨린 행위이므로 범인도피죄가 성립한다(96도1016).

2. 위계에 의한 공무집행방해죄의 성부

위계로써 공무원의 직무집행을 방해하면 위계에 의한 공무집행방해죄가 성립한다(제137조). 진범 등 실체진실 발견이 수사기관의 의무이며, 수사란 모든 가능성, 피의자나 참고인의 진술이 허위일 가능성도 염두에 두고 진행하여야 하므로 단순히 수사기관에 허위의 진술을 한 것만으로는 본죄가 성립하지 않는다고 하겠다. 판례도 동일한 입장이다(76도3685).

3. 공무집행방해 및 폭행치상죄의 성부

P2는 乙을 강제로 연행한 것이므로 임의동행은 아니며, 영장주의의 예외에 해당하는 현행범 체포 내지 긴급체포에 해당하는지 먼저 검토되어야 한다.

현행범인은 누구든지 영장 없이 체포할 수 있다(형사소송법 제212조). 그러나 현행범 체포라고 보더라도 체포이유 고지 등의 적법절차가 준수되어야 하나 P2는 이를 지키지 않았으므로 적법한 공무집행이 아니며, 따라서 공무집행방해죄는 성립하지 않는다.

다수설과 판례(99도383)는 공무원에게 폭행의 정도를 넘어 상해를 입힌 경우 양 죄의 상상적 경합을 인정하고 있으나, 저항 과정에서의 甲의 폭행행위는 위법성이 조각되어 폭행치상죄도 성립하지 않는다고 하겠다.[1)]

4. 무고죄의 성부

타인으로 하여금 형사처분 또는 징계처분을 받게 할 목적으로 공무소 또는 공무원에 대하여 허위의 사실을 신고하면 무고죄가 성립한다(제156조). 여기서 허위사실이란 객관적 진실에 반하는 사실을 의미한다. 乙이 신고한 리베이트 제공의 약사법 위반 사실은 형사처분을 받게 하기에 충분한 허위의 사실이다.

주관적 구성요건으로 고의의 경우 허위의 사실을 신고한다는 인식이 있어야 하는데, 허위의 사실의 인식이 확정적 고의를 요하는가에 대해 확정적 인실설과 허위의 가능성을 인식하면 족하다는 미필적 인식설이 대립된다. 판례는 미필적 인식으로도 족하다고 한다(2003도5114). 어느 견해에 의하더라도 乙은 거짓이라는 점을 알았으므로 고의가 인정된다.

乙은 甲을 혼내 주려고 약사법 위반의 허위 사실을 투서하였으므로 무고죄의 기수가 된다.

---

1) 구성요건설에 의하면 구성요건적 착오, 위법성설에 의하면 정당방위 또는 정당행위로 위법성이 조각된다.

III. 甲의 형사책임

1. 도로교통법 위반(음주운전)죄의 성부

甲이 사고 낸 장소가 주차장이라고 하더라도 주취운전의 경우 처벌공간의 확장이 있어(제2조 제26호) 혈중알코올농도는 0.07%로 추정되는 甲에게는 도로교통법 위반(음주운전)죄가 성립한다. 도로교통법 제44조 제1항은 누구든지 술에 취한 상태에서 자동차 등을 운전하여서는 아니 된다고 규정하면서, 이때 운전이 금지되는 술에 취한 상태의 기준은 운전자의 혈중알코올농도가 0.03% 이상인 경우로(동조 제4항, 동법 제148조의2 제2항) 甲의 경우 제148조의2 제3항 제3호에 해당한다.

2. 도로교통법 위반(업무상 과실재물손괴)죄의 성부

차의 운전자가 업무상 필요한 주의를 게을리하거나 중대한 과실로 다른 사람의 건조물이나 그 밖의 재물을 손괴한 경우에 본죄가 성립한다(제151조). 본죄의 경우 처벌공간이 확장되지 않으므로 도로 외의 곳에서의 운전은 해당되지 않는다. 甲의 사고장소는 주차장 내이며 경미한 충격으로 손괴라고 보기도 어려워 본죄는 성립하지 않는다. 따라서 사고 후 미조치 및 미신고죄도 성립한다고 보기 어렵다.[2)]

3. 범인도피죄 교사범의 성부

벌금 이상의 법정형에 해당하는 죄를 범한 범인이 타인을 교사한 경우로, 타인을 교사하여 범죄를 범하게 하는 것은 범인의 자기비호권의 한계를 일탈한 것으로 교사범이 성립한다는 긍정설과 정범적격이 없는 자는 공범으로도 처벌할 수 없다는 부정설이 대립한다. 판례는 방어권의 남용에 해당된다는 이유로

---

2) 만일 손괴라는 점이 인정된다면 제156조에서는 주·정차된 차만 손괴한 것이 분명한 경우에 제54조(사고 발생시의 조치) 제1항 제2호에 따라 피해자에게 인적 사항을 제공하지 아니한 사람의 경우 20만원 이하의 벌금이나 구류 또는 과료에 처하도록 규정하고 있다. 따라서 이 경우 제156조 규정에 위반한 책임이 인정될 수 있을 것이다.

긍정설을 취하고 있다(2000도20).

생각건대 정범적격이 없는 자는 공범으로도 처벌할 수 없으며 친족간의 특례와의 형평상 부정설이 타당하다고 하겠다.

부정설에 따르면 교사범 성립 불가능하다. 그러나 판례에 따르면 범인도피죄의 교사범이 성립한다.

Ⅳ. 丙의 죄책

1. 주거침입죄의 성부

사람의 주거, 관리하는 건조물, 선박이나 항공기 또는 점유하는 방실에 침입하면 주거침입죄가 성립한다(제319조). 丙은 절도 목적으로 乙의 빈집에 들어갔으므로 주거침입죄가 성립한다.

2. 강도상해죄의 성부

절도가 체포면탈을 목적으로 乙과 P3를 폭행하여 열상을 입혔으므로 준강도와 강도상해죄가 문제된다. 이 경우 위험한 물건인 아령을 휴대한 시점을 기준으로 특수강도의 준강도를 판단해야 한다는 폭행협박기준설과 절도의 행위태양을 기준으로 판단하는 절취행위기준설, 양자를 모두 고려해 하나라도 가중사유가 있으면 특수강도의 준강도가 된다는 종합설이 대립된다. 판례는 폭행·협박기준설을 취하고 있다(73도1553). 준강도는 절취에 폭행·협박이 결합된 사후강도라는 점에서 폭행협박기준설이 타당하며 丙에게는 특수강도의 준강도가 성립한다.

절도가 체포면탈 목적으로 여러 명의 피해자에게 같은 기회에 폭행하여 상해를 입힌 경우로 1인에게만 상해를 가한 때에는 포괄하여 하나의 강도상해죄만 성립한다는 것이 통설과 판례(2001도3447)이며, 강도가 수인을 폭행협박하여 상해한 경우에는 수개의 강도상해죄의 경합범이 된다고 한다(87도527).

강도상해죄는 재산적 측면보다 인신에 대한 공격의 측면을 중시하는 것이므로 피해자에 따라 죄수를 정하는 것이 타당하며 乙과 P3에 대해 각각 강도상해죄를 인정함이 타당하다고 하겠다.

3. 특수공무집행방해치상죄의 성부

체포를 면할 목적으로 경찰관에게 폭행·협박한 경우 준강도죄는 물론 (특수)공무방해치상죄가 성립하며, 양 죄는 상상적 경합관계이다(92도917).

丙의 경우 아령을 집어 들어 체포면탈을 위해 폭행하고 상해를 입혔으므로 특수공무집행방해치상죄가 성립한다. 견해 대립이 있을 수 있으나 강도상해죄와는 상상적 경합관계라고 하겠다(94도2482).

[2문]

Ⅰ. 쟁점의 정리

증언거부권을 고지받지 않고 허위진술을 한 경우 위증죄의 성부가 문제된다.

Ⅱ. 견해의 대립

1. 학 설

소송법규정의 위반이 증인의 진술의 자유를 침해하거나 본질적인 법치국가 원칙에 반하는 경우가 아닌 한 위증죄의 성립에 영향을 주지 못한다는 견해, 증언거부권의 고지가 없는 증인신문은 그 자체가 무효이며, 무효인 증인신문의 과정에서의 증인의 진술을 위증죄의 기초로 파악하여 위증죄를 인정할 수는 없다는 견해, 증인의 진정한 의사를 기준으로 불고지로 인해 증언거부권 행사에 사실상의 장애가 초래되었는지 여부를 판단해야 한다는 견해가 있다.[3]

---

3) 크게 분류해 보면 위증죄 긍정설(독일의 양형설)과 부정설(독일의 증거능력설), 개별판단설(독일의 보호목적설)이다.

2. 판 례

증언거부사유가 발생했음에도 불구하고 재판장으로부터 증언거부권을 고지받음이 없이 허위의 진술을 한 경우에는 위증죄가 성립하지 않는 것이 원칙이지만, 예외적으로 자기부죄거부특권에 관한 것이거나 기타 증언거부사유가 있음에도 불구하고 증언거부권을 고지받지 못함으로 인해 그 증언거부권을 행사하는 데 사실상 장애가 초래되었다고 볼 수 있는 때에는 위증죄의 성립을 부정해야 한다는 입장이다(2008도942 전합).

Ⅲ. 검토 및 설문의 해결

생각건대 증언거부권의 고지가 없는 증인신문은 무효라고 할 것이므로 부정설이 타당하다. 설문의 경우 부정설에 의하면 위증죄 불성립한다. 그러나 개별판단설에 의하면 증인 본인인 A가 처벌받는 경우가 아니며 근친자도 아닌 제3자 甲이 형사처벌을 받을 염려가 있는 경우인데, 증언거부권을 고지받았더라도 사실상의 장애 없이 허위진술을 했을 것이라고 볼 수 있어 위증죄는 성립한다고 하겠다.[4]

[3문]

Ⅰ. 쟁점의 정리

일부상소시 상소심의 심판범위와 파기판결의 기속력, 파기환송된 경우 환송심에서도 불이익변경금지원칙이 적용되는지 여부가 문제된다.

Ⅱ. 일부상소시 상소심의 심판범위

일부상소는 재판의 일부에 대한 상소로 수개의 사건이 병합심리되고 그 결

4) 반대의 결론도 가능할 수 있다.

과 판결 주문이 수개인 경우 재판의 일부에 대한 상소를 말한다.

일부상소시 심판범위에 대하여 원칙적으로는 상소된 부분만 상소심의 심판범위가 되나, 경합범 중 일부에 대해 무죄가 나와 검사만 무죄 부분에 대해 상소하여 이유가 인정된 경우 일부파기설과 전부파기설이 대립된다. 판례는 상고심에 계속 중인 사건은 무죄판결에 대한 공소뿐이라고 하여 일부파기설을 취하고 있다(91도1402 전합).

생각건대 상소제도의 본질상 일부파기설이 타당하다. 경합범 관계의 죄 중 검사의 일부상고로 소송계속된 직무유기만 파기대상이 되며, 따라서 항소심 심판범위는 직무유기 부분만 해당된다.

Ⅲ. 파기판결의 기속력

법원조직법 제8조는 상급법원 재판에서의 판단은 해당 사건에 관하여 하급심을 기속한다고 규정하고 있다. 상소심에서 원심판결을 파기하여 환송·이송한 경우 상급심의 판단이 하급심을 어느 범위에서 기속하는지 문제된다.

적극적·긍정적 판단에도 미친다는 견해가 있으나 상고심은 법률심으로 새로운 증거제출이나 증거조사가 허용되지 않으므로 원판결의 사실상 및 법률상 판단이 정당하지 않다는 소극적·부정적 판단에만 미친다. 판례도 파기판결의 기속력은 파기의 직접 이유가 된 원심판결에 대한 소극적인 부정 판단에 한하여 생긴다는 입장이다(2004도340).

따라서 환송심은 직무유기에 대해 유죄판결해야 한다.

Ⅳ. 불이익변경금지원칙의 적용 여부

불이익변경금지원칙은 파기자판뿐만 아니라 파기환송, 이송의 경우에도 적용된다(86도402). 환송 전의 원심판결과 환송 후의 원심판결에도 적용된다.

그러나 불이익변경금지원칙은 피고인이 상소한 사건이나 피고인을 위하여 상소한 사건에 한하므로 검사만 상소한 사건에는 적용되지 않는다. 문제는 1심 판결에 대해서는 피고인만 항소하였고 그 항소심 판결에 대해 검사만 상고한 경우에도 불이익변경금지원칙이 적용되는가인데, 파기인지 자판인지에 따라 피고인의 지위가 불리하게 변해서는 안 되며 항소심의 잘못 때문에 피고인이 불이익을 받게 되는 것은 상소권을 법이 보장한 취지에도 반하므로 파기환송받은 항소심에서도 불이익변경금지원칙을 따라야 할 것이다. 판례도 동일한 입장이다(86도402).

따라서 환송 후 항소심은 환송 전 항소심의 형을 고려하여 1심에서 선고된 형보다 중형을 선고할 수 없으며, 그 결과 이미 확정된 환송 전 항소심의 형으로 인하여 유죄를 선고하면서 형법 제39조 제1항과 형사소송법 제321조 제1항에 따라 형의 면제를 선고하거나 과형 없는 유죄판결을 선고하여야 한다.

생각할 거리

甲은 평소 알고 있던 여자친구 A 명의의 예금계좌 아이디와 비밀번호를 기화로 인터넷 뱅킹으로 2019. 7. 1. 200만원, 7. 11. 500만원, 7. 13. 500만원을 각각 자신의 계좌로 이체하여 인출했다. 검사가 위 세 사건을 모두 밝혀내 증거도 충분하다고 판단하여 컴퓨터사용사기의 포괄일죄로 기소하였다. 그런데 1심 법원은 첫 번째 사건은 무죄, 나머지 사건은 유죄를 선고하여 甲만 항소한 경우 항소심 법원의 심판범위는?

- 상소불가분의 원칙(형소법 342조 제2항)에 의거 재판의 일부만 불복하더라도 상소의 효력은 전부에 미친다. 이때 일죄에는 단순일죄는 물론 포괄일죄, 상상적 경합도 포함되므로 포괄일죄에서 일부 유죄, 일부 무죄로 선고된 경우 검사가 무죄 부분만 상소하면 유죄 부분까지 상소심의 심판대상이 된다. 그러나 피고인이 유죄 부분에 대해서 상소하고 검사는 무죄 부분에 대해 상소하지 않은 경우 심판대상에 대해 피고인의 실질적 이익을 위해 포괄일죄와 상경의 경우 사실상 일부상소의 효과를 인정해야 한다는 일부대상설과 상소인이 누군지에 따라 상소의 효과가 미치는 범위를 달리 볼 수 없으므로 상소불가분의 원칙에 따라 모두 상소심의 심판대상이라는 전부대상설, 피고인의 경우 일부상소 허용되나 검사의 경우 상소불가분 원칙 적용된다는 이원설이 대립하며, 판례는 피고인만 유죄 부분에 상소한 경우 나머지 부분도 상소심에 이심되기는 하지만 이미 공격·방어의 대상으로 벗어나 사실상 심판대상에서 제외되며, 검사만 무죄 부분에 대해 상소한 경우 나머지 부분도 상소심에 이심되어 심판대상이 된다는 입장이다.
- 전부대상설에 의하면 제1사건도 심판대상이 되나, 판례에 의하면 상소심에 이심되기는 하지만 심판대상에서 제외된다.

[4문]

Ⅰ. 쟁점의 정리

탄핵증거의 자격과 대상, 허용범위가 문제된다.

Ⅱ. 증거능력이 부정되는 피의자신문조서와 탄핵증거 사용 가부

형사소송법 제312조 제3항에 따라 甲이 내용을 부인함으로써 사법경찰관 작성의 피의자신문조서는 증거능력이 인정되지 않으나 탄핵증거로는 사용 가능하다.

Ⅲ. 공판정 외의 진술로 공판정 진술을 탄핵할 수 있는지 여부

명문의 규정에도 불구하고 피고인의 공판정 진술이 공판 외의 진술로 탄핵의 대상이 될 수 있는가에 대하여, 명문의 규정상 허용되므로 인정된다는 적극설, 전문법칙의 형해화 우려가 있으므로 피고인 보호 관점에서 제318조의2 제1항의 규정을 축소해석해야 한다는 부정설이 대립된다.

판례는 임의로 작성된 것이 아니라고 의심할 만한 사정이 없는 한 사용될 수 있다는 입장으로 적극설의 입장이다(2005도2617).

생각건대 문언해석상 적극설이 타당하며 탄핵증거로 사용 가능하다고 하겠다.

Ⅳ. 탄핵증거의 허용범위

탄핵증거로 할 수 있는 증거의 범위와 관련하여 동일인의 법정에서의 진술과 상이한 법정 외의 진술인 자기모순의 진술에 제한된다는 한정설, 비한정설, 자기모순의 진술 이외에 증인의 신빙성에 대한 보조사실을 입증하기 위한 증거도 포함된다는 절충설, 검사는 자기모순의 진술, 피고인은 제한 없이 탄핵증거를 제출할 수 있다는 이원설이 대립된다.

탄핵증거는 진술자, 특히 증인의 신빙성을 다투는 증거이므로 자기모순의 진술에 한정할 필요가 없으며 진술자의 신빙성에 대한 보조사실을 입증하는 증거도 탄핵증거로 사용될 필요하다는 점에서 절충설이 타당하다.

한정설에 의하면 B의 증언과 甲의 피의자신문조서는 동일인의 상반된 진술이 아니어서 자기모순의 진술이 될 수 없고, 위 피의자신문조서에 B의 증언의 신빙성에 대한 보조사실이 포함된 것도 보이지 않는다. 따라서 절충설에 의할 경우에도 불가능하다.

이와 달리 비한정설에 의하면 탄핵증거로 사용 가능하다.

V. 사안의 해결

甲이 내용을 부인한 사법경찰관 작성의 피의자신문조서는 탄핵증거로 사용이 가능하며 B의 증언은 공범인 공동피고인이지만 변론이 분리된 상태에서 증언하였기에 증거능력이 인정된다. 이 경우 적극설에 의해 공판정의 진술도 공판정 외의 진술로 탄핵할 수 있다.

그러나 탄핵증거의 허용범위에 있어 절충설에 의할 경우 한 사람의 상반된 진술도 아니며 B의 증언에 신빙성에 대한 보조사실이 담겨있다고 보기 어려우므로 탄핵증거로 사용될 수 없다.

[5문]

I. 쟁점의 정리

재심법원이 집행유예 판결을 선고할 수 있는지와 관련하여 집행유예 판결의 기산점과 불이익변경금지원칙이 문제된다.

II. 재심법원이 집행유예 판결을 선고할 수 있는지 여부

1. 집행유예 판결의 기산점

형법이 집행유예 기간의 시기에 관하여 명문의 규정을 두고 있지는 않지만, 형사소송법 제459조가 재판은 이 법률에 특별한 규정이 없으면 확정한 후에 집행한다라고 규정한 취지나 집행유예 제도의 본질 등에 비추어 보면 집행유예를 함에 있어 그 집행유예 기간의 시기는 집행유예를 선고한 판결 확정일로 하여야 한다(2000도4637).

2. 불이익변경금지의 원칙 위반 여부

재심심판절차는 원판결의 당부를 심사하는 종전 소송절차의 후속 절차가 아니라 사건 자체를 처음부터 다시 심판하는 완전히 새로운 소송절차로서 재심판결이 확정되면 원판결은 당연히 효력을 잃는다. 이는 재심의 본질에서 비롯된다. 그러므로 재심판결이 확정됨에 따라 원판결이나 그 부수처분의 법률적 효과가 상실되고 형 선고가 있었다는 기왕의 사실 자체의 효과가 소멸하는 것은 재심의 본질상 당연한 것으로서, 원판결의 효력 상실 그 자체로 인하여 피고인이 어떠한 불이익을 입는다 하더라도 이를 두고 재심에서 보호되어야 할 피고인의 법적 지위를 해치는 것이라고 볼 것은 아니다(2015도15782).

재범 판결 확정으로 집행유예가 실효되고 갑에게 유예된 형이 집행된 경우, 재심판결에서 갑에게 또다시 집행유예를 선고할 경우 그 집행유예 기간의 시기는 재심대상판결의 확정일이 아니라 재심판결의 확정일로 보아야 하고, 그로 인하여 재심대상판결이 선고한 집행유예의 실효 효과까지 없어진다고 하더라도, 이는 재심판결이 확정되면 재심대상판결은 효력을 잃게 되는 재심의 본질상 당연한 결과이므로, 재심판결에서 정한 형이 재심대상판결의 형보다 중하지 않은 이상 불이익변경금지의 원칙이나 이익재심의 원칙에 반하지 않는다(2018도13382).

따라서 재심법원은 甲에 대하여 집행유예 판결을 선고할 수 있다.

<판례연구 12>

○ 대법원 2000. 11. 24. 선고 2000도4078 판결
[범인도피] [공2001.1.15.(122), 220]

【판시사항】

[1] 형법 제151조 소정의 범인도피죄의 의의, 같은 조 소정의 '벌금 이상의 형에 해당하는 죄를 범한 자'의 의미와 그에 대한 인식 여부의 판단 기준 및 범인이 아닌 자가 수사기관에 범인임을 자처하고 허위사실을 진술하여 진범의 체포와 발견에 지장을 초래한 경우, 범인도피죄의 성립 여부(적극)

[2] 범인도피죄의 성립을 인정한 사례

【판결요지】

[1] 형법 제151조에서 규정하는 범인도피죄는 범인은닉 이외의 방법으로 범인에 대한 수사, 재판 및 형의 집행 등 형사사법의 작용을 곤란 또는 불가능하게 하는 행위를 말하는 것으로서, 그 방법에는 어떠한 제한이 없고, 또한 위 죄는 위험범으로서 현실적으로 형사사법의 작용을 방해하는 결과가 초래될 것이 요구되지 아니할 뿐만 아니라, 같은 조 소정의 '벌금 이상의 형에 해당하는 죄를 범한 자'라 함은 범죄의 혐의를 받아 수사대상이 되어 있는 자도 포함하고, 벌금 이상의 형에 해당하는 자에 대한 인식은 실제로 벌금 이상의 형에 해당하는 범죄를 범한 자라는 것을 인식함으로써 족하고 그 법정형이 벌금 이상이라는 것까지 알 필요는 없으며, 범인이 아닌 자가 수사기관에 범인임을 자처하고 허위사실을 진술하여 진범의 체포와 발견에 지장을 초래하게 한 행위는 위 죄에 해당한다.

[2] 범인에 대하여 적용 가능한 죄가 도로교통법위반죄로부터 교통사고처리특례법위반죄를 거쳐 상해죄에 이르기까지 다양하고, 그 죄들은 모두 벌금 이상의 형을 정하고 있으며 범인에게 적용될 수 있는 죄가 교통사고처리특례법위반죄에 한정된다고 하더라도 자동차종합보험 가입사실만으로 범인의 행위가 형사소추 또는 처벌을 받을 가능성이 없는 경우에 해당한다고 단정할 수 없을 뿐 아니라, 피고인이 수사기관에 적극적으로 범인임을 자처하고 허위사실을 진술함으로써 실제 범인을 도피하게 하였다는 이유로 범인도피죄의 성립을 인정한 사례.

○ 대법원 2019. 10. 17. 선고 2019도11540 판결

[성폭력범죄의처벌등에관한특례법위반(통신매체이용음란)][공2019하,2168]

【판시사항】

[1] 불이익변경금지원칙을 적용할 때에는 주문을 전체적·실질적으로 고찰하여 판단하여야 하는지 여부(적극) / 취업제한명령의 성격(=보안처분) / 피고인만이 항소한 경우, 항소심이 제1심판결에서 정한 형과 동일한 형을 선고하면서 제1심에서 정한 취업제한기간보다 더 긴 취업제한명령을 부가하는 것이 허용되는지 여부(소극)

[2] 2018. 12. 11. 법률 제15904호로 개정된 장애인복지법의 시행 전에 성범죄를 범한 피고인에 대하여, 제1심이 개정법 시행일 이전에 유죄를 인정하여 징역 1년과 120시간의 성폭력 치료프로그램 이수명령, 아동·청소년 관련 기관 등에 5년간의 취업제한명령을 선고하였고, 이에 대하여 피고인만 양형부당을 이유로 항소하였는데, 개정법 시행일 이후에 판결을 선고한 원심이 개정법 부칙 제2조와 개정법 제59조의3 제1항에 따라 판결 선고와 동시에 아동·청소년 관련 기관 등에 대한 취업제한명령뿐 아니라 장애인복지시설에 대한 취업제한명령을 선고하여야 한다는 이유로 제1심판결을 직권으로 파기하고 유죄를 인정하면서 제1심과 동일한 형 등과 함께 장애인복지시설에 5년간의 취업제한명령을 선고한 사안에서, 원심의 판단에 불이익변경금지원칙에 관한 법리오해의 잘못이 있다고 한 사례

【판결요지】

[1] 피고인만이 항소한 사건에 대하여는 제1심판결의 형보다 중한 형을 선고하지 못한다. 불이익변경금지원칙을 적용할 때에는 주문을 개별적·형식적으로 고찰할 것이 아니라 전체적·실질적으로 고찰하여 판단하여야 한다. 취업제한명령은 범죄인에 대한 사회내 처우의 한 유형으로서 형벌 그 자체가 아니라 보안처분의 성격을 가지는 것이지만, 실질적으로 직업선택의 자유를 제한하는 것이다. 따라서 원심이 제1심판결에서 정한 형과 동일한 형을 선고하면서 제1심에서 정한 취업제한기간보다 더 긴 취업제한명령을 부가하는 것은 전체적·실질적으로 피고인에게 불리하게 변경한 것이므로, 피고인만이 항소한 경우에는 허용되지 않는다.

[2] 2018. 12. 11. 법률 제15904호로 개정된 장애인복지법(이하 '개정법'이라 한다)의 시행 전에 성범죄를 범한 피고인에 대하여, 제1심이 개정법 시행일 이전에 유죄를 인정하여 징역 1년과 120시간의 성폭력 치료프로그램 이수명령, 아동·청소년 관련기관 등에 5년간의 취업제한명령을 선고하였고, 이에 대하여 피고인만 양형부당을 이유로 항

소하였는데, 개정법 시행일 이후에 판결을 선고한 원심이 개정법 부칙 제2조와 개정법 제59조의3 제1항(이하 '개정규정'이라 한다)에 따라 판결 선고와 동시에 아동·청소년 관련기관 등에 대한 취업제한명령뿐 아니라 장애인복지시설에 대한 취업제한명령을 선고하여야 한다는 이유로 제1심판결을 직권으로 파기하고 유죄를 인정하면서 제1심과 동일한 형 등과 함께 장애인복지시설에 5년간의 취업제한명령을 선고한 사안에서, 개정규정과 개정법 부칙 제1조, 제2조, 제3조 제1항 각호, 제4조의 내용과 취지 등에 비추어 보면, 피고인은 구 장애인복지법(2018. 12. 11. 법률 제15904호로 개정되기 전의 것) 제59조의3 제1항에 따라 취업제한을 받는 사람으로서, 개정법 시행 전에 징역 1년을 선고한 제1심판결에 대하여 검사와 피고인이 항소하지 않아 제1심판결이 확정되었다면 별도의 취업제한명령의 선고가 없더라도 개정법 부칙 제3조 제1항 제2호에 따라 장애인복지시설에 취업이 제한되는 기간은 3년이 되었을 것인데, 원심은 개정법 부칙 제2조에 따라 개정규정을 적용하여 피고인에게 제1심과 동일한 형 등과 함께 장애인복지시설에 5년간의 취업제한명령을 선고하였으므로, 결국 제1심판결에 대하여 피고인만이 항소하였는데도, 원심은 제1심과 동일한 형 등을 선고하면서 개정법 부칙에서 정한 취업제한기간보다 더 긴 5년간의 취업제한명령을 선고함으로써 피고인에게 불리하게 제1심판결을 변경한 것이어서 허용되지 않는다는 이유로, 원심의 판단에 불이익변경금지원칙에 관한 법리를 오해한 잘못이 있다고 한 사례.

○ 대법원 2019. 2. 28. 선고 2018도13382 판결

[폭력행위등처벌에관한법률위반(집단·흉기등상해)(인정된죄명:특수상해)·폭력행위등처벌에관한법률위반(집단·흉기등재물손괴등)(인정된죄명:특수재물손괴)·도로교통법위반(음주운전)·도로교통법위반(무면허운전)][공2019상,835]

【판시사항】

[1] 재심심판절차의 성격 및 재심판결이 확정되면 원판결은 당연히 효력을 잃는지 여부(적극) / 재심판결 확정의 효력 범위 및 원판결의 효력 상실 자체로 인하여 피고인이 입는 불이익이 재심에서 보호되어야 할 피고인의 법적 지위를 해치는 것인지 여부(소극)

[2] 집행유예를 할 때 집행유예 기간의 시기(시기)(=집행유예를 선고한 판결 확정일)

[3] 피고인이 재심대상판결에서 정한 집행유예의 기간 중 특정범죄 가중처벌 등에 관한 법률 위반(보복협박등)죄로 징역 6개월을 선고받아 그 판결이 확정됨으로써 위 집행유예가 실효되고 피고인에 대하여 유예된 형이 집행되었는데, 재심판결인 원심판결에서

새로이 형을 정하고 원심판결 확정일을 기산일로 하는 집행유예를 다시 선고한 사안에서, 재심판결에서 정한 형이 재심대상판결의 형보다 중하지 않은 이상 불이익변경금지원칙이나 이익재심원칙에 반하지 않는다고 본 원심판결이 정당하다고 한 사례

【판결요지】

[1] 재심심판절차는 원판결의 당부를 심사하는 종전 소송절차의 후속 절차가 아니라 사건 자체를 처음부터 다시 심판하는 완전히 새로운 소송절차로서 재심판결이 확정되면 원판결은 당연히 효력을 잃는다. 이는 확정된 판결에 중대한 하자가 있는 경우 구체적 정의를 실현하기 위하여 그 판결의 확정력으로 유지되는 법적 안정성을 후퇴시키고 사건 자체를 다시 심판하는 재심의 본질에서 비롯된 것이다. 그러므로 재심판결이 확정됨에 따라 원판결이나 그 부수처분의 법률적 효과가 상실되고 형 선고가 있었다는 기왕의 사실 자체의 효과가 소멸하는 것은 재심의 본질상 당연한 것으로서, 원판결의 효력 상실 그 자체로 인하여 피고인이 어떠한 불이익을 입는다 하더라도 이를 두고 재심에서 보호되어야 할 피고인의 법적 지위를 해치는 것이라고 볼 것은 아니다.

[2] 우리 형법이 집행유예 기간의 시기에 관하여 명문의 규정을 두고 있지는 않지만, 형사소송법 제459조가 "재판은 이 법률에 특별한 규정이 없으면 확정한 후에 집행한다"라고 규정한 취지나 집행유예 제도의 본질 등에 비추어 보면 집행유예를 함에 있어 그 집행유예 기간의 시기는 집행유예를 선고한 판결 확정일로 하여야 한다.

[3] 피고인이 재심대상판결에서 정한 집행유예의 기간 중 특정범죄 가중처벌 등에 관한 법률 위반(보복협박등)죄로 징역 6개월을 선고받아 그 판결이 확정됨으로써 위 집행유예가 실효되고 피고인에 대하여 유예된 형이 집행되었는데, 재심판결인 원심판결에서 새로이 형을 정하고 원심판결 확정일을 기산일로 하는 집행유예를 다시 선고한 사안에서, 재심판결에서 피고인에게 또다시 집행유예를 선고할 경우 그 집행유예 기간의 시기는 재심대상판결의 확정일이 아니라 재심판결의 확정일로 보아야 하고, 그로 인하여 재심대상판결이 선고한 집행유예의 실효 효과까지 없어지더라도, 재심판결이 확정되면 재심대상판결은 효력을 잃게 되는 재심의 본질상 당연한 결과이므로, 재심판결에서 정한 형이 재심대상판결의 형보다 중하지 않은 이상 불이익변경금지원칙이나 이익재심원칙에 반하지 않는다고 본 원심판결이 정당하다고 한 사례.

○ 대법원 2018. 2. 28. 선고 2015도15782 판결

[상해][공2018상,657]

【판시사항】

[1] 경합범 관계에 있는 수 개의 범죄사실을 유죄로 인정하여 1개의 형을 선고한 불가분의 확정판결 중 일부 범죄사실에만 재심청구의 이유가 있으나 판결 전부에 대하여 재심개시결정을 한 경우, 재심법원이 재심사유가 없는 범죄에 대하여 새로이 양형을 하는 것이 헌법상 이중처벌금지 원칙에 반하는지 여부(소극) 및 이때 불이익변경금지 원칙이 적용되는지 여부(적극)

[2] 형사소송법 제439조에서 '재심에는 원판결의 형보다 중한 형을 선고하지 못한다'고 규정한 취지 / 재심심판절차의 성격 및 재심판결이 확정되면 원판결은 당연히 효력을 잃는지 여부(적극)와 재심판결 확정의 효력 범위 / 원판결이 선고한 집행유예가 실효 또는 취소됨이 없이 유예기간이 지난 후에 새로운 형을 정한 재심판결이 선고되고, 재심판결의 확정에 따라 원판결이 효력을 잃게 되는 결과 집행유예의 법률적 효과까지 없어졌으나 재심판결의 형이 원판결의 형보다 중하지 않은 경우, 불이익변경금지 원칙이나 이익재심 원칙에 반하는지 여부(소극)

【판결요지】

[1] 경합범 관계에 있는 수 개의 범죄사실을 유죄로 인정하여 1개의 형을 선고한 불가분의 확정판결에서 그중 일부의 범죄사실에 대하여만 재심청구의 이유가 있는 것으로 인정되었으나 형식적으로는 1개의 형이 선고된 판결에 대한 것이어서 그 판결 전부에 대하여 재심개시의 결정을 한 경우, 재심법원은 재심사유가 없는 범죄에 대하여는 새로이 양형을 하여야 하는 것이므로 이를 헌법상 이중처벌금지의 원칙을 위반한 것이라고 할 수 없고, 다만 불이익변경의 금지 원칙이 적용되어 원판결의 형보다 중한 형을 선고하지 못할 뿐이다.

[2] 형사소송법은 유죄의 확정판결과 항소 또는 상고의 기각판결에 대하여 각 그 선고를 받은 자의 이익을 위하여 재심을 청구할 수 있다고 규정함으로써 피고인에게 이익이 되는 이른바 이익재심만을 허용하고 있으며(제420조, 제421조 제1항), 그러한 이익재심의 원칙을 반영하여 제439조에서 "재심에는 원판결의 형보다 중한 형을 선고하지 못한다"라고 규정하고 있는데, 이는 단순히 원판결보다 무거운 형을 선고할 수 없다는 원칙만을 의미하는 것이 아니라 실체적 정의를 실현하기 위하여 재심을 허용하지만 피고인의 법적 안정성을 해치지 않는 범위 내에서 재심이 이루어져야 한다는 취지이다.

다만 재심심판절차는 원판결의 당부를 심사하는 종전 소송절차의 후속절차가 아니라 사건 자체를 처음부터 다시 심판하는 완전히 새로운 소송절차로서 재심판결이 확정되면 원판결은 당연히 효력을 잃는다. 이는 확정된 판결에 중대한 하자가 있는 경우 구체적 정의를 실현하기 위하여 그 판결의 확정력으로 유지되는 법적 안정성을 후퇴시키고 사건 자체를 다시 심판하는 재심의 본질에서 비롯된 것이다. 그러므로 재심판결이 확정됨에 따라 원판결이나 그 부수처분의 법률적 효과가 상실되고 형 선고가 있었다는 기왕의 사실 자체의 효과가 소멸하는 것은 재심의 본질상 당연한 것으로서, 원판결의 효력 상실 그 자체로 인하여 피고인이 어떠한 불이익을 입는다 하더라도 이를 두고 재심에서 보호되어야 할 피고인의 법적 지위를 해치는 것이라고 볼 것은 아니다.

따라서 원판결이 선고한 집행유예가 실효 또는 취소됨이 없이 유예기간이 지난 후에 새로운 형을 정한 재심판결이 선고되는 경우에도, 그 유예기간 경과로 인하여 원판결의 형 선고 효력이 상실되는 것은 원판결이 선고한 집행유예 자체의 법률적 효과로서 재심판결이 확정되면 당연히 실효될 원판결 본래의 효력일 뿐이므로, 이를 형의 집행과 같이 볼 수는 없고, 재심판결의 확정에 따라 원판결이 효력을 잃게 되는 결과 그 집행유예의 법률적 효과까지 없어진다 하더라도 재심판결의 형이 원판결의 형보다 중하지 않다면 불이익변경금지의 원칙이나 이익재심의 원칙에 반한다고 볼 수 없다.

[저자 약력]

이 승 준(李 承 俊)

연세대학교 법학과와 동 대학원(법학박사)을 졸업하였다. 대전대학교와 충북대학교 교수를 거쳐 현재 연세대학교 법학전문대학원 교수로 형사법을 담당하고 있다.

학술활동으로 한국형사법학회, 한국형사정책학회, 한국비교형사법학회, 한국피해자학회 상임이사 및 편집위원 등으로 활동하고 있다. 베를린 자유대학교(Freie Uni.)에서 방문학자로 지냈으며, 한국형사·법무정책연구원 학술상(제13회)과 한국비교형사법학회 해전학술상(제21회)을 수상하였다.

외부 활동으로는 현재 농림축산식품부 보통징계위원회 위원, 국세청 보통징계위원회 위원, 고위공직자범죄수사처 수사심의위원회 위원, 대검찰청 검찰수사심의위원회 위원 등으로 활동하고 있다.

과거 변호사시험 등 각종 국가시험 출제·채점위원, 대한변호사협회 검사평가특별위원회 부위원장, 국가연구개발사업 과제 평가단 평가위원 등을 지냈다.

주요 저서로는 기업범죄론(충북대학교 출판부), 형사법 사례연습(도서출판 정독) 등이 있으며, 논문으로는 자율주행자동차 사고시 형사책임에 따른 '자율주행자동차의 운행과 책임에 관한 법률안' 시도, 기업집단 내 계열회사간 합병의 배임행위 소고 외 60여 편의 논문이 있다.

형사법의 판례와 사례의 이해

초판발행 2024년 2월 23일

지은이 이승준
펴낸이 김중용

편 집 심성보·김인숙

펴낸곳 도서출판 정독
경기도 고양시 일산서구 하이파크로 113, 102-204
등록 제406-2014-000093호
전 화 031)924-7203 팩 스 02)718-8554
홈페이지 www.jeongdok.co.kr 이메일 admin@jeongdok.co.kr
ISBN 979-11-6858-217-0 93360

정 가 20,000원